Sineb El Masrar

Emanzipation im Islam – eine Abrechnung mit ihren Feinden

Sineb El Masrar

Emanzipation im Islam – eine Abrechnung mit ihren Feinden

HERDER

FREIBURG · BASEL · WIEN

www.herder.de

Satz: Daniel Förster
Herstellung: CPI books GmbH, Leck

Printed in Germany

ISBN 978-3-451-34276-9

Selbst denken ist der höchste Muth

(Bettina von Arnim)

O Frauen des Propheten, ihr seid nicht wie irgendeine von den (übrigen) Frauen. Wenn ihr gottesfürchtig seid, dann seid nicht unterwürfig im Reden, damit nicht derjenige, in dessen Herzen Krankheit ist, begehrlich wird, sondern sagt geziemende Worte.

(Koran, Sure 33 Vers 32)

INHALT

1. WARTEN AUF PROPHETIN?

Berlin ...

Seit beinahe zehn Jahren lebe ich nun in diesem sonderbaren Berlin, das wie keine andere Stadt damit wirbt, arm und sexy zu sein. Der Slogan verfehlt seinen Zweck offenbar nicht. Jährlich pilgern Scharen von Touristen aus aller Welt in diese einstmals geteilte Stadt, die ich heute mein Zuhause nenne.

Ein Zuhause, das vor der Wende für viele eine Insel war. Welche Stadt kann das schon von sich behaupten? Dazu brauchte es gerade einmal einen Weltkrieg, diverse Siegermächte und unterschiedliche Herrschaftssysteme. Wozu Erdplatten, die sich über Jahrtausende hinweg verschieben? Sozialismus und Kapitalismus machten es möglich, und nicht nur das. Das muss Mensch Berlin also lassen, dieser schmuddeligen, launischen und wandelbaren Stadt, die sich nach der Wende noch einen provinziellen Charme zugelegt hat, den man wohl eher in Reutlingen oder Oldenburg anzutreffen vermutet, weniger in einer Weltmetropole.

Aber vielleicht sind meine Erinnerungen an dieses alte Berlin auch einfach nur von meinem kindlichen Blick getrübt. Von einem Kind, das aus der niedersächsischen Provinz ihre Tante in dieser aufregenden Stadt West-Berlin besuchte und damit einen Hauch vom großen Abenteuer Sozialismus tapfer und mit noch größeren Augen erlebte. Ein zugegebenermaßen überschaubares Abenteuer. Auf der Durchfahrt zwischen Niedersachsen, dem heutigen Sachsen-Anhalt und Brandenburg gab es auf dem Rücksitz im Wagen meiner Eltern nicht viel zu erleben. Mehr als sich den Popo plattzusitzen, die Nasenspitze ans Seitenfenster zu drücken und DDR-Grenzbeamte schüchtern anzustarren, bis sie zurückstarrten, um mich dann in meinen Pulli, mein Kleidchen oder der dicken Winterjacke eingeschüchtert zu verstecken, war nicht drin. Und in noch jüngeren Jahren, als ich nicht mal in der Lage war, eigenständig zu stehen, und auch nicht ansatzweise begriff, dass wir als vermeintliche Klassenfeinde der DDR deren Straßen befuhren, schlummerte ich die gesamte Strecke über friedlich vor mich hin. Denn im Auto zu schlafen, so meine Mutter, darin war ich als Baby Meisterin. Nichts brachte mich besser zum Einschlafen und vor allem zum Durchschlafen als das Gerüttel und monotone Gesumme unseres Mercedes Einspritzers.

Eine DDR und Bundeshauptstadt später ist Berlin so vielfältig wie damals schon. Daran hat sich nichts geändert, und wer die Wendezeit schmecken möchte, geht einfach in den nächsten Supermarkt und gönnt sich Halloren-Kugeln und Rotkäppchensekt. Wohl bekomm's! Für mich als Alkohol-Verschmäherin und Halloren-Kugel-Verächterin – es sei denn, ich zerbrösle die Kugeln im Muffin-Kirsch-Teig – geht's für ein bisschen Orientfieber in den nächstgelegenen arabischen oder türkischen Supermarkt, an dem außer einigen Produkten und der Halalfleischtheke nur die Musik und die gesprochenen Worte arabisch oder türkisch sind. Aber was tun so kleine Großstadtabenteurerinnen wie ich nicht alles für ein bisschen Selbstbetrug. Also schlendere ich zwischen den Regalen und lausche der Supermarktmusik, die nicht wie bei den großen Handelsketten zwischen den Milch- und Tierfutterregalen auf das Super-Duper-Angebot der Woche hinweist, sondern einfach so funktioniert wie der dauereingeschaltete Fernseher in vielen arabisch- oder türkischstämmigen Haushalten: als Nebengeräuschkulisse. Und wenn die Musik für die Käse- und Sucukregale auffüllenden Angestelltinnen nicht genug Laune macht, dann wird schon mal das Smartphone ausgepackt und der neuste Turkish-Pop-Hit abgespielt. Unerwartet schreckt meine Wenigkeit zwischen Datteln, Zupfkäse und American Cookies auf. Aber kein Grund, das Weite zu suchen. Ganz im Gegenteil: einmal mehr ein Beweis dafür, wie Mädchen und Frauen aus muslimischen Familien das Beste aus ihrer Situation machen – sofern sie einen Raum hierfür finden. Für mich als Kundin gilt es währenddessen, noch eine Packung Halloumi in den Einkaufskorb zu werfen, und ab zur Kasse. Das nächste Spektakel lässt auch nicht lange auf sich warten.

Früh übt sich. Leider!

Vor mir in der Kassenschlange stehen wie ich zwei arabischsprachige Frauen samt pubertierendem Sohn. Ihre Einkaufsmethode ist mir neu und beweist wieder einmal, dass es im Leben nichts gibt, was es nicht gibt. Sie scheren aus der Schlange aus, lassen ihren mit Dosenprodukten halbgefüllten Korb vor mir stehen und verschwinden irgendwo im Supermarkt zum Weitersuchen von Nahrungsmitteln. Der Sohnemann hat sich derweil zum Süßwarenregal Nähe Kassenbereich verdrückt und brüllt durch den Laden, ob er Halalgummibären und Co. haben darf, während ich den schweren Korb mit meinen Füßen vor mir herschiebe. Nicht das schlechteste Beinmuskeltraining. Drei Meter Herumschieben später kehren die beiden Frauen mit vollen Händen zurück. Um mich gleich forsch zu ermahnen, dass es sich bei dem Korb am Boden um den ihrigen handele. Was ich mir da bloß erlaube! Und als wäre das nicht genug, erscheint plötzlich die junge Tochter mit einer Tüte von der Fleischtheke. Ich hatte sie vorher nicht bemerkt, sie musste wohl schon länger dort angestanden haben. Auch dem Mädchen bleibt nichts erspart, auch sie erhält einen deftigen Anschiss. Wo sie denn die ganze Zeit geblieben sei und warum das alles so lange gedauert habe? Schließlich seien sie gleich mit Bezahlen dran. Das Mädchen blickt beschämt erst ihre Mutter an, dann mich. Während seine Schwester unter den mahnenden Worten ihrer Mutter noch dabei ist, die Waren erst aufs Band und dann in die Einkaufstüten zu packen, reißt der Sohn seine vielen Süßwarenpackungen an sich und öffnet sie umgehend nach dem Abkassieren. Was zwar keifendes Schimpfen seitens der Mutter zur Folge hat, aber zu keinen weiteren Konsequenzen führt. Multitasking ist eben nicht jederMANNS Sache. So versorgt er seine Freunde Karius und Baktus mit Nachschub, während seine Schwester sich weiter mit den Einkaufstüten abmüht.

Eine Szene, wie ich sie sehr häufig schon beobachtet habe, egal ob im Ausland oder in Deutschland. Ich weiß nicht, ob dieses Mädchen ein Jahr jünger oder älter war als ihr Bruder. Im Grunde spielt das auch keine Rolle. Denn eigentlich ist beiden Geschlechtern zuzumuten, im Haushalt und beim Einkaufen mitzuhelfen. Dass es kleine Jungs nach dem dritten Lebensjahr nicht mehr mit derselben Verve tun wie vielleicht zuvor, bedeutet nicht, dass es nur den Mädchen zugemutet werden muss. Nicht selten wird kleinen und interessierten Jungs gar untersagt, sogenannter Mädchen- und Frauenarbeit nachzugehen. Kein Wunder, dass sich dieser Junge lieber um Treibstoff für den nächsten Hyperaktivitätsschub kümmerte.

Mit zweierlei Maß zu messen, hat noch keinem gut getan. Egal, ob die unterschiedliche Behandlung aufgrund des sozialen

Standes, der Herkunft oder, wie hier, aufgrund des Geschlechts erfolgt. Dass wir Mädchen und Frauen Belastungen immer wieder meistern, bedeutet nicht, dass es deshalb gerecht ist oder gar unsere Bestimmung. Vielmehr stemmen wir diese Herausforderungen oder geben nach, um den Familien- oder Partnerschaftsfrieden zu wahren. Es bleibt nicht nur beim unterwürfigen Handeln, sondern äußert sich häufig auch in der Kleidung der Mädchen und Frauen. Der Junge tat nicht nur, wonach ihm der Kopf stand, er kleidete sich auch so, wie Jungs sich in diesem Alter gerne kleiden. Jeans, wild bedrucktes T-Shirt und ein Lederjacken-Imitat aus Polyamid. Das Mädchen dagegen war eingehüllt in ein weißes Kopftuch. Und trotz ihrer himmelblauen Hose und der hellen Daunenjacke wirkte sie alles andere als fröhlich und bestätigte unfreiwillig jedes Klischee über traurige muslimische Mädchen. Doch dafür war mitnichten das weiße Tuch auf ihrem Kopf verantwortlich, eher schon die Bedeutung, die diesem Tuch beigemessen wird. Von allen Seiten, sei es von der Trägerin, denjenigen, die als Außenstehende darauf blicken, oder vom Umfeld des Mädchens, die es zu einer obligatorischen und religiösen Regel erklären. Es steht niemandem zu, einem Menschen zu sagen, wie er sich zu kleiden hat. Es zählt allein, worin er oder sie sich wohlfühlt und gefällt. Gleichzeitig ist es nicht von der Hand zu weisen, dass dem Konzept des als religiös erklärten Kopftuchs oder Schleiers ein mehr als fragwürdiges Fundament zugrunde liegt: nämlich das der gesellschaftlichen Geschlechtertrennung. Je nach religiöser Auslegung gilt es obendrein, Männer sexuell nicht zu verwirren oder Frauen und Mädchen in den heimischen Raum zu verweisen oder sie als die Unterstützerin für die Sache des Mannes und der Familie zu definieren.

Es gibt eine Selbstbestimmung mit Kopftuch. Diese Frauen lassen sich nicht für dumm verkaufen, sie schrecken nicht davor zurück, sich von ihrem Partner zu trennen und auch als Alleinerziehende ihren Weg zu gehen. Im Gegensatz zu manchem ihrer Brüder leben sie nicht mit über dreißig noch im Hotel Mama. Sie sind berufstätig, studieren und arbeiten. Auch schon mal in anderen Städten oder Ländern. Sie geben nichts aufs Gerede von anderen Frauen oder religiösen Moralaposteln, die finden, dass sich ihr Verhalten für eine Tuch-tragende Frau nicht ziemt. Weil ihr Verhalten angeblich unislamisch sei. Weil sie Ketten- oder Shisharaucherinnen sind, Wein trinken und eine selbstbestimmte Sexualität haben. Weil sie lieben, wen sie lieben – und dazu gehört nicht immer nur das andere Geschlecht. Kurzum: Sie haben ihren eigenen Kopf, den sie auch fürs Selberdenken nutzen. Vielen anderen hingegen stehen fehlender Mut, Unsicherheit und Einschüchterung im Weg. Denn für Muslime, die fest im Sattel des Patriarchats sitzen, ist die Sache klar: Dieses weibliche Wesen muss so früh wie möglich in ihre gehorsame Rolle eingeführt werden. Nur dann ist es ehrbar und eine gute Muslima. Zahlreiche Ver-, Gebote und Forderungen, die nur für sie, nicht aber für ihn gelten, ebnen den Weg für das mentale Korsett, wo Selbstbestimmung nicht existiert. Wer so denkt, führt die Mädchen auch ans Kopftuch heran, was dann schon mal vor dem Eintreten der ersten Blutung erfolgt, wenn das Mädchen den Übergang zur Frau beinahe vollzogen hat. Frau wird es nach traditionellen Vorstellungen aller patriarchalen Gruppen erst durch die Heirat und den Vollzug der Ehe. Bis dahin hat das Mädchen von ihren weiblichen Familienmitgliedern alles zu erlernen, was eine gute Ehe- und Hausfrau einmal beherrschen muss. Und das kann nach sozialem Stand sehr unterschiedlich ausfallen. Die einen werden zur perfekten Hausfrau erzogen, die anderen nehmen sich diese zur Haushälterin, während sie selbst »islamkonforme« Karrieren als Ärztin, Anwältin oder Berufsaktivistin machen.

Zumindest dem Mädchen im Supermarkt wurde das ohne Umschweife sehr deutlich gemacht. Ihre Mutter war ihre beste Lehrerin, wenn sie auch für die Lektion »logisches Einkaufen« zugegebenermaßen nicht das passende Vorbild war. Doch sie war eine würdige Vertreterin jener Mütter, die tradierte Rollenmuster ohne Umwege an die Folgegeneration weitergeben. Allen Klischees von Frauen zum Trotz, die unter dem Patriarchat leben, war sie kein leises, unterwürfiges Muttchen. Sie war laut, dickköpfig und nicht anpassungswillig – gegenüber allem, was nicht mit der traditionellen Frauenrolle zu tun hat. Eigentlich nicht die schlechteste Voraussetzung, um sich Benachteiligungen entgegenzustellen. Doch offensichtlich nutzt sie diese Eigenschaften nicht, um Unterdrückung und schädliche Traditionen zu überdenken und zu bekämpfen. (Wo ginge das schließlich besser als in der eigenen Familie?) Stattdessen ist sie daran beteiligt, eine weitere unmündige Frauengeneration heranzuziehen, auf die die Menschheit heute und in Zukunft gut und gerne verzichten könnte. Und das in einem Land, wo es auch andere, positive Lebensmodelle gibt. Wo es Frauen möglich ist, sich weitgehend frei zu entfalten. Warum also begegnet uns dieses festgefahrene Denken auch noch im 21. Jahrhundert?

Schließlich hatte meine Einwanderergeneration beziehungsweise deren hier geborene Nachkommenschaft sich doch größtenteils schon mit Erfolg davon befreien können. Nicht wenige von uns Muslimas in Deutschland hatten um ihre Freiheiten kämpfen müssen. Weil aus Sicht der Eltern an jeder Ecke Gefahren für uns lauerten, vor denen sie uns mit ihrer ängstlichen Eigenart bewahren wollten. Wir müssten es besser wissen. Gehen wir also gerade einen oder gleich mehrere Schritte zurück?

Diese Mutter vor mir im Supermarkt, die nicht einmal doppelt so alt war wie ich, erzog ihre Kinder, wie es vielleicht die Großelterngeneration getan hatte, die es meist nicht besser wusste. Warum? War nicht ausreichend Leid über die Mütter und Großmütter und die vorherigen Frauengenerationen hereingebrochen? Nicht ohne Grund kämpften Frauen weltweit für ihre Rechte und für ihre Emanzipation. Auch in zahlreichen muslimischen Ländern. Von Marokko über Ägypten bis in den Iran holten sich die Frauen zurück, was ihnen über Jahrhunderte schrittweise entzogen worden war: Würde, Respekt, Freiheit und Rechte. Je nachdem, wo Frau lebte, mal mehr, mal weniger erfolgreich oder nur von kurzer, befreiender Dauer. Heute aber, mitten in meinem Stammsupermarkt, reinkarniert vor meiner Nase in einem blutjungen Burschenkörper erneut ein Machopascha, dem die Mädchen als Dienerinnen alles hinterhertragen sollen und das wahrscheinlich auch tun werden. Wir sind erneut Zeuginnen davon, wie sich männliche Dominanz kontinuierlich behauptet. Es genügt ein schwacher Moment der Harmoniesehnsucht, und schon schmiegt sich die Schlinge der Männerdominanz langsam um unser Handgelenk und führt uns mal brutal, mal schmeichelnd zum Diktat. Viel zu oft wird die Herrschaft des Männlichen als natürlich und selbstverständlich wahrgenommen, die Frau hingegen als schwaches Geschlecht. Welches Geschlecht im wahren Leben überlebensfähiger ist, darüber sollte jede und jeder sich aufrichtig noch einmal eigene Gedanken machen.

Umso bemerkenswerter ist, dass trotz oder gerade wegen all der Freiheiten, die jungen Männern im Gegensatz zu ihren Schwestern weltweit zur Verfügung stehen – egal welcher Konfession oder Ethnie –, ihnen noch viel zu oft nichts Besseres einfällt, als kriminell zu werden, ihren Frust in Alkoholkonsum zu ertränken oder Menschen auf verschiedene Arten zu terrorisieren.

All das Leid wahrzunehmen, das beispielsweise von Tausenden dschihadistischer Extremisten in Europa, den USA oder in muslimischen Ländern ausgeht, ist erschütternd. Aber auch rechte Gewalt hat Menschenleben in der Vergangenheit und in unserer Gegenwart massenhaft ausgelöscht. Das alles zu sehen, lässt einen nicht nur ratlos zurück, sondern wirft umso mehr die Frage auf: Wie kann es immer wieder zu solchen Attacken kommen? Worin könnten die Wurzeln liegen? Und welche Rolle spielen die Geschlechter in diesem Zusammenhang? Kaum zu glauben ist die Tatsache, dass sich auch junge Frauen, angezogen von Gewalt und Brutalität oder von den falschen, lieblichen Versprechungen eines Kämpfers, in diesen Krisenherd des sogenannten Islamischen Staats aufmachen. Und dabei wie ihre Meister nicht vor Gewalt und Unterdrückung zurückschrecken, wenn es darum geht, Andersgläubigen die Würde zu nehmen, wie es beispielsweise im Umgang mit den Ezidinnen der Fall ist. Offenkundig ist aber, dass physische Gewalt zumeist nicht von Frauen ausgeht, sondern von Männern. Sie sind es, die nicht nur aggressiv in ihrem Handeln sind, sondern auch in ihren Worten und ihrem Denken. Und sie sind es, die die islamischen Quellen auslegen, deuten und daraus Gesetze und Regeln ableiten. Ausgehend davon stellt sich unweigerlich auch die Frage: Was ist mit jenen Frauen, die hierzulande fernab von Krieg und Terror nicht die Klaviatur der Brutalität spielen? Frauen, die nicht um ihr Leben fürchten müssen? Was ist mit all jenen, die nicht von Terror, brutaler Unterdrückung und Angst betroffen sind? Welche Rolle wird den muslimischen Frauen im Islam und in muslimischen Gesellschaften zugewiesen, und warum lassen sie sich diese aufzwingen? All jene Muslime, die weltweit von Ungerechtigkeit betroffen sind, sind nicht zu Unrecht verzweifelt. Aber was bedeutet das für unsere Gegenwart und Zukunft? Was können wir Frauen und auch Männer ausrichten? Lassen sich Muslimas womöglich schon zu lange an der Nase herumführen? Oder glauben sie gar daran, dass all das Frauenfeindliche irgendwie zum Islam gehört und Leiden der Schlüssel zum Paradies ist? Oder hoffen sie sogar heimlich auf neu herabgesandte Suren oder auf eine Prophetin, die ihnen die Hand reicht auf ihrem Weg zu mehr Gleichbehandlung? Oder liegt das Problem nicht ganz woanders?

Aufwachen!

Der Prophet Mohammed gilt den Muslimen als der letzte und wichtigste Prophet, den Gott seinen Gläubigen gesandt hat. Darauf zu warten, dass noch jemand herabgesandt wird und neue, noch deutlichere Frauenrechte postuliert oder diktiert, wäre Zeitvergeudung. Es wäre obendrein auch viel zu bequem und feige. Warum sollten wir Frauen und vor allem die Männer es leichter haben als der Prophet selbst? Als Gott durch den Engel Gabriel die Offenbarungen auf ihn herabsandte, begann für ihn in Mekka nicht die Zeit der Free-Hugs-for-Muslims. Ganz im Gegenteil.

Die Zeit des Ausharrens und Wartens sollte daher schon lange vorbei sein. Muslimas werden sich endlich erheben müssen, wenn sie nicht weiter auf die Gunst und Milde des Mannes oder genauer gesagt des übermächtigen Vaters, des Patriarchen als Herrscher über alles Weltliche und über die Lehren hoffen wollen. Es ist an der Zeit, mutig und kompromisslos seine gottgegebenen Rechte einzufordern. Denn lang genug sind wir bescheiden einen Schritt zurückgetreten, um Männern nicht das Gefühl zu geben, sie seien von uns bedroht. Das ist allerdings ihr Problem, nicht unseres. Wer sich damit auseinandersetzen will, findet heutzutage sogar professionelle psychologische Hilfe. Bezahlt von Krankenkassen. Diesen Herren fehlt es eindeutig am Willen und uns zahlreichen

Frauen an Mut. Warum nutzen wir das dritte Jahrtausend nicht dazu, um die Mutheldin in uns zu entfachen?!

Denn all die Ungerechtigkeit, dic im Privaten ihren Lauf nimmt, breitet sich auch im öffentlichen Raum aus. Was sich nicht zu selten darin äußert, dass Frauen und Schwache zu Unterdrückten werden. Wann immer es möglich ist, wird nach unten getreten. Irgendeinen gesellschaftlich Niederen wird der Tritt schon treffen. Denn es findet sich fast immer jemand, an dem Mensch seinen Frust und seine Machtgelüste ausleben kann.

»Aufwachen!«, möchte ich rufen. Es geht auch anders! Denn Jahrhunderte vor unserer Zeit war es auch anders möglich. Vorausgesetzt, wir lassen es zu. Wir müssen es nur endlich gesellschaftlich in muslimischen Familien und Institutionen breiter verankern, wir müssen das Recht auf Gleichberechtigung und auf freie Entfaltung wirklich wollen, um es gegen alle Widerstände einfordern zu können. Zahlreichen Muslimen ist ein Mentalitätswechsel möglich – in ihrem eigenen Interesse und für ihr eigenes Seelenheil. Wem dafür das religiöse Fundament wichtig ist, wird genug Beispiele in der Historie des Islam, in der Prophetentradition und im Koran vorfinden. Vorausgesetzt, wir verschieben das nicht auf morgen und warten nicht auf Wunder, die uns unserer Verantwortung entziehen können.

Vor allem wir Frauen dürfen nicht darauf warten, dass man uns unsere Rechte, die uns zustehen und einst geschenkt worden sind, einfach so zurückgibt. Von selbst wird das nicht geschehen! Geduldig darauf zu warten, hat noch keine Frau zu ihrem Recht geführt. Wir Muslimas müssen mutiger werden, uns mehr zutrauen. Niemand kann uns dabei unseren Glauben oder unseren Platz im Paradies streitig machen. Wer einem das abspricht, erhebt sich über Allah. Denn das Tor zum Paradies liegt allein in Allahs Ermessen! Auf Gott vertrauen wir Muslime. Denn von

Gott kommen wir, und zu Gott kehren wir zurück. Keine Muslima darf sich etwas anderes einreden lassen! Werfen wir den Ballast der Feigheit über Bord und krempeln wir die Ärmel hoch. Es ist höchste Zeit für Mut. Schluss mit der Missachtung des weiblich-islamischen Erbes. Die Zeit für den Aufstand könnte kaum günstiger sein. Wir genießen Bildung, sind zum Teil unabhängig und global vertreten. Worauf warten wir also noch? Beschreiten wir den Pfad unseres weiblich-islamischen Erbes!

> Im Namen Gottes, des Erbarmers, des Barmherzigen. Lob sei Gott, dem Weltenherrn, Dem Erbarmer, dem Barmherzigen, Dem Herrscher am Tage des Gerichts. Dir dienen wir und zu Dir rufen wir um Hilfe.
> Leite uns den rechten Pfad, den Pfad derer, denen Du gnädig bist, nicht derer, denen Du zürnst, und nicht der Irrenden.
>
> *(Al-Fatiha – Die Eröffnungssure)*

Be Happy Or Not

Es gibt viele Erwartungen gegenüber muslimischen Frauen, sie werden mit Vorgaben überhäuft, die sie erfüllen sollen. Und weil es sehr unterschiedliche Gruppen sind, die dergleichen an sie herantragen, fallen die Erwartungen vielfältig aus. Sie stammen nicht ausschließlich von Muslimen selbst, sondern auch von Nichtmuslimen.

Als ich mit der Arbeit an diesem Buch begann, stolperte ich bei einem meiner täglichen Facebook-Besuche über einen beschämenden Kommentar. Die selbstzentrierte Ignoranz des Kommentators ließ mich den Kopf schütteln. Eine meiner türkischstämmigen Bekannten hatte anlässlich ihres Geburtstags zwei Schwarzweiß-Bilder veröffentlicht, die sie als Baby zusammen mit ihren Eltern zeigten. Auf einem Foto war ihre Mutter mit einem breiten Haarband zu sehen. Ein gemeinsamer Bekannter – deutsch, nichtmuslimisch, mittleren Alters und von Beruf Sohn – hatte für die äußerst hübschen und auch lustigen Bilder nur einen bitteren Kommentar übrig. Er bedaure sehr, schrieb er, dass nicht alle türkischen Frauen das Kopftuch so trügen wie diese Mutter. Dass ein Kopftuch kein Haarband ist – wie auf dem Foto zu sehen –, schien dem Fachmann in Kopfbedeckungsfragen entgangen zu sein.

Mich überraschte seine Äußerung nicht, er hatte sich schon des Öfteren abwertend über diverse Kulturen, schwarze Menschen oder Muslime geäußert. Er ist ein Paradebeispiel des westlichen, sich überlegen fühlenden Mannes. Selbst erfolglos im Leben, aber allwissend, was Völker und Lebensmodelle anderer angeht. Da darf die muslimische Frau im Belehrungskatalog nicht fehlen. Statt sich wie alle anderen an den kreativen Fotos zu erfreuen – auf dem einen Foto trägt der Vater meine Bekannte auf der Handfläche, während sie verschmitzt in die Kamera blinzelt –, blieb diesem Mann nichts anderes übrig, als deutlich zu machen, wie eine türkische Frau, ergo Muslima, sich zu kleiden habe, um wertgeschätzt zu werden. In seinen Gedanken versteht er sich als aufgeklärt und als Freund der Frau, während er in Wirklichkeit genauso bevormundend und bestimmend ist wie manch einer der muslimischen Machos, den er selbstverständlich als despotisch und rückschrittlich kritisiert. Er steht dabei in der alten kolonialen Tradition des weißen Mannes, der die braune Frau vor dem braunen Mann retten will. Dass sein Gebaren genauso patriarchal ist, verdankt er seinem selbstherrlichen Blick auf die Welt.

Absurd geht es aber auch in den eigenen muslimischen Reihen zu. Vor allem für bekennende Muslimas. Im Jahr 2013 schoss der amerikanische Hip-Hop- und R&B-Musiker und -Produzent Pharrell Williams mit einem ganz besonderen Song auf Platz eins der internationalen Charts, auch in Deutschland. Der Song *Happy* entwickelte sich nicht nur zu einem Ohrwurm, er geriet zu einem viralen Web-Phänomen, wie es sich ein Vermarkter nicht besser hätte wünschen können. Ob Mitarbeiter von Unternehmen, Schüler, Studenten oder Städtebewohner – sie alle ahmten nach, was Pharrell Williams im Video tat: modisch hip gekleidet fröhlich mit anderen stylischen Menschen durch die Straßen tanzen. Jeder imitierte das Video auf seine Weise und mit eigenen Videos – mal mehr, mal weniger professionell geschnitten, getanzt oder synchron gesungen. Aber die gute Laune, die war allen Beteiligten – ob jung oder alt, weiblich oder männlich – deutlich ins Gesicht geschrieben.

So war es nur eine Frage der Zeit, dass auch Menschen in muslimischen Ländern sich der Happiness hingaben und das Tanzbein schwangen. Auch wenn die Schlagzeilen oftmals ein anderes Zeugnis geben, die Bevölkerung in diesem Teil der Erde ist der Freude ebenso zugewandt wie andernorts. Ob Marokko, Gaza, Pakistan und Ägypten – es wurde sogar eine ägyptisch-arabische Version eingesungen –, viele muslimische Länder sind mit ihrer *Happy*-Version auf dem Youtube-Kanal vertreten. Selbst im selbsternannten Gottesstaat Iran ließen es sich sechs junge Leute nicht nehmen, happy zu sein. Allerdings mussten sie für ihren unschuldigen Ausdruckstanz einen hohen Preis zahlen. Weil beide Geschlechter miteinander tanzend im Video zu sehen waren und die Frauen zu allem Überfluss auch noch ohne Kopftuch und in farbenfroher Kleidung und Make-up-Montur ihre helle Freude hatten, wurden Sassan Soleimani, Neda Motameni, Afshin Sohrabi, Bardia Moradi und Roham Shamekhi zu 91 Peitschenhieben und sechs Monaten auf Bewährung verurteilt, wie auf *Iran Human*

Rights Blog zu lesen ist. Reyhaneh Taravati, die das Video auf die Plattform hochlud, wurde zudem zu einem Jahr Gefängnis auf Bewährung verurteilt. Zur Vollstreckung der Urteile kam es bislang nicht. Denn das Gericht knüpfte das Urteil an eine ermahnende Bedingung: Zur Vollstreckung komme es nur, wenn innerhalb der nächsten drei Jahre eine ähnliche Straftat wiederholt würde, so die Richter. Glück im Unglück, könnte Mensch meinen. Saudi-Arabien hielt die Frauen hingegen gleich von vornherein außer Reichweite der Kameras und spülte dafür mehrere Versionen der männlichen Happiness auf den Youtube-Markt. Die einzige weibliche Ausnahme ist das Video *Happy in Jeddah, KSA. Austrian Version.*[1] Hier hält eine österreichische Studentinnengruppe, bei einem zweiwöchigen Uni-Trip im Ursprungsland des Islam, ein zaghaftes *Happy*-Video in der landestypischen Abaya fest, einem traditionellen Kleidungsstück der arabischen Halbinsel. Sollen die Westlerinnen doch treiben, was sie ohnehin nicht lassen können. Solange die eigenen Töchter und Frauen sittsam den Schein wahrten, gab es keinen Grund zur Aufregung.

Nicht wenige werden den Kopf schütteln über diese Art der Repression und Unterdrückung von weiblichen Existenzen, die allerorten und vor allem in so restriktiven Staaten wie Saudi-Arabien oder Iran eine Bedrohung für das männliche Herrschaftssystem darzustellen scheinen. Umso erschreckender, wenn gerade junge Muslime in westlichen, nichtislamischen Staatsgebilden beginnen, im weiblichen Geschlecht eine potenzielle Sündenquelle zu erkennen, vor der Mann sich selbst schützen muss und Frau am besten gleich mit. Zum eigenständigen Denken und Handeln scheint sie manchem männlichen Zeitgenossen ohnehin nur bedingt fähig. Selbst Denken könnte zu Unabhängigkeit führen – dann lieber sie dahingehend lenken, dass sie ihre Fähigkeiten in den Dienst der vermeintlich islamischen Sache stellt.

Wie so etwas in der Praxis in Europa aussehen kann, zeigten die Reaktionen auf das *Happy British Muslims*-Video[2] aus Großbritannien.

Im April 2014 machten sich einige Muslime daran, ihre fröhliche und freundliche Seite zu zeigen. Die Initiatoren und Macher des Videos nennen sich The Honesty Policy und präsentieren sich auf ihrer Facebook-Seite mit anonymisierenden Masken vor einem abendlich beleuchteten, modernen Gebäude. Auf der Webseite der Projektmacher werden zwar eine Vielzahl an fröhlich dreinblickenden Kindern und Erwachsenen abgebildet, die Macherinnen und Macher selbst aber bleiben unbekannt. Unter der Rubrik *Meet the Team* präsentieren sie sich in Form von kreisförmigen Ornamenten mit spielerischen und geheimnisvollen Namen. Sie heißen Robin Hud, Radio Rahma, Omar Gosh, Oprah Essed' und Who'Jabi.

Wozu all das Versteckspiel bei einem so harmlosen Projekt gut sein soll, lässt sich nur erahnen. Mensch muss sich offenbar nicht gleich mit Karikaturen in Charlie-Hebdo-Manier hervortun, um nervös zu werden. Denn so viel westliche Popkultur in Zusammenhang mit Islam ist manchem salafistischen Muslim zu viel Anbiederung an Nichtmuslime. Entsprechend fielen die Reaktionen auf das Video aus. Ob die Queen über die *Happy British Muslims* amused war, wissen wir nicht. Engstirnige Muslime waren es jedenfalls nicht. Und obwohl eine Vielzahl an Muslimen das eigene schlechte Image leid ist, zeigen jene Reaktionen leider, dass an so manchem Vorurteil wie etwa fehlendem Humor und mangelnder Entspanntheit auch etwas Wahres dran ist. Denn selbst ein so harmloses und fröhliches Video sorgte für aufgeregte Reaktionen in den sozialen Medien. In wenigen Tagen wurde das Video über eine halbe Million Mal angeklickt – von Muslimen und Nichtmuslimen gleichermaßen. Es wurde positiv bewertet, kommentiert und geteilt. Doch so sehr sich die eine Seite daran erfreute, so sehr erzürnte es die andere. Und zwar aus unterschiedlichen Gründen. Während vor allem jene Muslime, die sich weniger über ihre Religion definieren, darin eine Zwangskollektivierung sahen und sich vereinnahmt fühlten, kritisierten andere eine angeblich fehlende Sittsamkeit. Für manche stellte das Video gar eine Sünde dar, weil aus ihrer Sicht Musik im Islam haram, also nicht erlaubt ist. Wohlgemerkt, diese Wahrnehmung kam von jungen Muslimen.

Nicht jeder muss allem zustimmen, und auch so manche gut gemeinte Idee erfüllt nicht immer den geplanten Zweck. Selbstredend kommt so etwas in jeder Bevölkerungsgruppe vor. Doch statt sich im eigenen Leben einfach wichtigeren Dingen zuzuwenden, wenn solch eine Aktion nicht begeistert, werden aufwendige Gegenvideos gefilmt, um Kritik zu äußern. So bemüht sich beispielsweise ein junger britischer Hobbyprediger namens Abu Ibraheem in seinem durchaus ansprechend gefilmten Video *Pharrell – Happy British Muslims RESPONSE*[3] darum, dass Muslime um jeden Preis ihre islamische Identität bewahren müssen. Weil der Koran es Muslimen untersage, Juden oder Christen gefallen zu wollen. Das sollten Muslime begreifen!

Aber was ist mit den Muslimas?, fragen Sie sich vielleicht. Nun, bei einigen von ihnen steht noch der salafistisch-theologische Diskurs im Raum, ob nicht etwa auch die Stimme der Frau *awrah*, verhüllungswürdig, sei. Wie es etwa die vollverschleierte Umm Sufyan in ihrem Video behandelt. Wer sich diesem inhaltlichen Niveau zuwendet, findet sich logischerweise nicht vor der Kamera und vor dem Mikrofon wieder. Und wenn doch, dann, wie in ihrem Fall, nur vollverschleiert. Frauen aus diesen Kreisen treten verständlicherweise nur so in Erscheinung, um ihre Meinung kund zu tun, wenn eine Wiedererkennung unmöglich ist.

Selbst der Name ist kein Klarname. Denn Umm Sufyan bedeutet nichts weiter als die Mutter von Sufyan. Was wiederum nichts über ihre Identität verrät, sondern nur eine andere Form der Lobpreisung des Maskulinen ist. Diese Frau hat einen Sohn geboren. Welchen Namen sie selbst trägt, wer sie ist, was sie ausmacht, das hat keine Bedeutung. Nur die Geburt eines Sohnes wertet sie auf. Ohne besondere Bedeutung und vor allem ohne eigenen Namen lebt sie ihr Leben und wartet auf das Ewige im Paradies.

Andere Muslimas hingegen lassen sich weder ihre gottgegebene Stimme noch ihre Meinung verbieten. Wie zum Beispiel die Videobloggerin Daniela M Biah, die neben ihren klassischen Beautyvideos auch offensiv über das Ablegen des Kopftuchs und der Jungfräulichkeit spricht und sich großer Beliebtheit erfreut – bei Muslimen und Nichtmuslimen. Im deutschsprachigen Raum fehlt dergleichen Selbstbewusstsein noch. Es geht also auch anders, und Daniela M Biah findet, dass die ganze negative Aufregung über das *Happy British Muslim*-Video unberechtigt sei. Auffällig ist allerdings, dass dort vornehmlich die Männer ausgelassener das Tanzbein schwingen.

All diese Reaktionen zeigen, wie groß die Kluft zwischen den jungen Geschlechtern in muslimischen Gemeinschaften ist. Und wie sehr eine ausgelassene Öffnung und Freude am Leben als eine bedrohliche Verwestlichung wahrgenommen wird – von jungen Menschen, die nicht nur Teil des Westens sind, sondern es auch sein wollen. Mal davon abgesehen, dass damit selbst die Freude in das ebenso starre wie unergiebige Schema »Der Westen vs. Islam« gepresst wird, ist das schon eine kuriose Sicht auf die Welt. Die zu einer Selbst-Marginalisierung führt. Das alles hat weitreichende Folgen und erreicht ohne Umwege auch junge Muslime in Deutschland. Denn die Vorsicht und Vorsorge, die beim *Happy German Muslims*-Video[4] einen Monat später erfolgte, stellt alles andere als eine entspannte und freie Happiness dar. Die im Vorfeld an den tanzenden Mädchen und Frauen des britischen Vorbilds geäußerte Kritik wurde umgehend in der deutschen Konzeption und Durchsetzung berücksichtigt. Männer und Frauen finden seltener zusammen. Während in der britischen Version viele nicht tuchtragende Mädchen und Frauen gezeigt werden, sind nun die nicht tuchtragenden Mädchen nur in sehr kurzen Sequenzen zu sehen. Zudem werden auch eher ausgelassene und hippe Dancemoves von jungen, stylish gekleideten Männern gezeigt. Die Sequenzen mit Männern sind deutlich länger als die mit Frauen und Mädchen. Nicht zu vergessen die Vielzahl der Kinder, denen offenbar noch zugestanden wird, etwas wilder aufzutreten. Nichtsdestotrotz sind all diese Videos Versuche, sich selbst auszudrücken, sich selbst wahrzunehmen und dabei die eigene Identität zu finden, zu sortieren und zu einer Gesamtidentität zu formen. Es bleibt spannend, welche Schlüsse die jungen Mädchen daraus noch ziehen werden. Lassen sie sich weiter an den Rand drängen, wo sie die Rolle der Sittsamen einnehmen sollen? Sittsam und gehorsam vor allem dem männlichen Geschlecht gegenüber? Oder beginnen sie, diese Reaktionen auf ihr Geschlecht neu zu bewerten und sich davon nicht weiter vereinnahmen zu lassen?

Auf die Pausentaste drücken

So manche regionale Tradition hat überlebt, und dies nicht ohne die Beteiligung des weiblichen Geschlechts. Die aktive Weitergabe von Traditionen erfolgt erwartungsgemäß von mütterlicher und weiblicher Seite her. Vielleicht wäre es daher an der Zeit, die Pausentaste zu drücken, um sich ein paar vertiefende Gedanken zu diesen Traditionen und Erwartungshaltungen zu erlauben, bevor Frau sich weiter daran macht, wie die Generation vor uns einfach alles unbedacht von Neuem abzuspielen und zu verinnerlichen. Nur weil seit Generationen männliche Dominanz herrscht und das Patriarchat sich als hartnäckiges Konzept behauptet, bedeutet das nicht, dass es auch so gut ist. Frauen sind dabei immer die ersten Leittragenden, denn sie sind vom Mitgefühl des Mannes abhängig. Aber auch Männer, die nur dann als authentische Männer wahrgenommen werden, wenn sie dominant sind, leiden unter diesem autoritären Männlichkeitsbild. Keine Duldung gibt es für Homo- oder Intersexualität, die das Machtkonstrukt bedroht. Homosexuelle Frauen werden eher hingenommen als homosexuelle Männer, da sie im Patriarchat als weibliche Geschöpfe körperlich und psychisch leichter einzuschüchtern sind. Von der in diesen Kreisen eigenen Homoerotik, die als abstoßend und anziehend gleichermaßen empfunden wird, geht eine bedingte Gefahr aus. Am Ende steht der Mann immer über der Frau. Also ist auch die Solidarität mit ihm größer – vor allem, wenn er selbst einen Blick auf ihn geworfen hat. Ob bei rechten Gruppierungen oder salafistisch-wahhabistischen, die Homoerotik der Männergesellschaft ist allgegenwärtig und äußert sich in vielen Facetten. Vom Idealkörper des arischen Mannes bis hin zur Knabenliebe. Immer zwischen Abwehr und Anziehung schwebend – was sich in aggressiven Verhaltensweisen und Äußerungen spiegelt. Die Angst, schwul zu sein, lässt den ein oder anderen sprichwörtlich durchdrehen. Stärke liegt nicht in der Natur des Mannes, genauso wenig wie das Schwache in der Natur der Frau liegt. Zu Recht hat die französische Feministin Simone de Beauvoir festgestellt, dass Frau nicht als Frau im soziologischen Sinne geboren, sondern in der Gesellschaft zur Frau gemacht wird. Also muss das Konzept der männlichen Dominanz aufgrund der langen Vorherrschaft nicht gleichbedeutend mit einem gesellschaftlichen Gewinn sein. Unzufriedenheit und Unglück sind in patriarchal dominierten Gesellschaften weit stärker ausgeprägt. Zahlreiche Tabus, die mit diesem Konzept einhergehen, fördern darüber hinaus nicht unbedingt ausgeglichene Persönlichkeiten, im Gegenteil. Ein Teufelskreis. Ein erster Schritt heraus aus dem Konzept der männlichen Dominanz kann das Infragestellen der eigenen Rolle sein. Wobei dies für einige persönlich durchaus schmerzhaft sein mag, weil es das eigene Leben und die familiären Strukturen ins Wanken bringen kann. Sich dem aber nicht zu stellen oder nur oberflächliche Schönheitskorrekturen vorzunehmen, die sich in passenden Erklärungen für die eigene Unsicherheit und Benachteiligung äußern, ist nichts weiter als Selbstbetrug. Dies kann weder im Sinne der Frau noch im Sinne der Gesellschaft sein. Denn wer ehrlich zu sich selbst ist, wird erkennen, dass selbst jene Frauen, die um jeden Preis mit Unterwerfung gefallen wollen, die Qualen des Unglücks nicht ewig verdrängen können. Dabei geht es allzu oft gar nicht erst um die allseits bekannten Dramen rund um Zwangsehe und Mord im Namen der sogenannten Ehre. Schwarz und Weiß wäre auch hier viel zu kurz gegriffen. Die Sache der muslimischen Frau ist viel komplexer.

Meine Familie, der Islam und ich

Wie Muslime in Deutschland ihre Religion heute verstehen und praktizieren, hängt oftmals davon ab, wie sie die Religion des Islam in ihrer Familie kennengelernt und gelebt haben. Je nachdem, ob Muslime der sunnitischen oder schiitischen Glaubensgruppe angehören, wirken sich auch die Rechtsschulen, die ab dem 8. Jahrhundert n. Chr. in den Zentren der islamischen Gelehrsamkeit entstanden sind, auf die Glaubenspraxis und Wahrnehmung aus. Dies darf besonders heute, in Zeiten weitverbreiteter salafistischer Gruppen, nicht unberücksichtigt bleiben.

Der Islam ist geteilt in das Sunnitentum und das Schiitentum. Das Schiitentum kennt eine Rechtsschule: die der Ja'fariten oder Imamiten der Zwölferschiiten. Sie soll auf den 765 n. Chr. verstorbenen Imam Ja'far as-Sadiq zurückgehen. Diese Rechtsschule, die sich im Abbasidenreich im Gebiet des heutigen Irak entwickelte, ist im Iran, Pakistan, Indien, Irak, Libanon, Bahrain, Oman und Aserbaidschan verbreitet.

Im Sunnitentum gibt es vier Rechtsschulen, arabisch *madhhab* (Weg/Lehre): die schafiitische, die hanafitische, die malikitische und die hanbalitische. Weltweit stellen die Sunniten die größte islamische Glaubensrichtung dar.

Neben Sunniten und Schiiten gibt es weitere Gruppierungen, die aus einer der beiden Glaubensrichtungen entsprungen sind oder sich ihnen zugehörig sehen. Dazu zählen bei den Schiiten die Ismailiten, Drusen, die Ahmadiyya und, je nach Haltung, auch die Aleviten. Diese Religionsgemeinschaften werden heute wegen ihrer Glaubensinhalte als Minderheit teilweise diskriminiert und verfolgt, was aufgrund der sich gegenseitig ablehnenden Haltung der Glaubensrichtungen der Sunniten und Schiiten nicht verwunderlich ist, da jede Seite glaubt, über das wahre Religionsverständnis zu verfügen, und durch die Existenz der anderen Seite seine Alleinmachtstellung bedroht sieht. Bis heute wird militärisch die jeweilige Vormachtstellung territorial verteidigt. Ein jahrhundertelanger Konflikt, der in den unterschiedlichsten Formen auch Einzug in das Familienleben in Deutschland lebender Muslime findet. Nicht ohne Grund sehen sich junge Männer und Frauen aufgrund der Minderheitenregierung der Alawiten in Syrien und der Schiiten im Irak berufen, Ordnung durch den

»Islamischen Staat« zu schaffen – mit dem vermeintlich korrekten Islamverständnis des Salafismus. Finanziell und ideologisch weltweit befördert durch den saudischen Wahhabismus, der aus der hanbalitischen Rechtsschule hervorging. Damit ist der Salafismus, was so viel wie die Lehre der Altvorderen bedeutet, eigentlich eine eher jüngere Erscheinung.

Aber auch in heimischen Gefilden mitten in Deutschland machen sich die von regionalen Traditionen geprägten Islaminterpretationen bemerkbar. Sei es bei der Partnerwahl, Erziehung der Kinder oder der persönlichen Hinwendung einer anderen islamischen Glaubensrichtung, wie wir es derzeit oft bei jungen Menschen und dem Salafismus beobachten.

Als Tochter zweier praktizierender Muslime aus Marokko gehöre ich wie die Mehrheit in Marokko zu den malikitischen Sunniten, die vor allem in Nord-, West- und Zentralafrika beheimatet sind – mit Ausnahme von Ägypten, das wie Syrien, der Irak und Jordanien zum größten Teil hanafitisch geprägt ist.

In meiner Familie war der Islam immer präsent – sowohl in Deutschland als auch in Marokko. Meine islamische Erziehung erfuhr ich durch meine Eltern. Besonders väterlicherseits kam mir deren generationsübergreifende islamisch-theologische Ausbildung zugute. Mein Urgroßvater war Kadi und noch vor Beginn des spanischen Protektorats 1912 in der Stadt Tanger als Richter tätig. Ein Kadi ist ein islamischer Rechtsgelehrter, der im Auftrag des Kalifen und Sultans vor allem richterliche Funktionen wahrnimmt und sich dabei nach dem Normensystem der Scharia richtet. Im Fall meines Urgroßvaters unter der heutigen Herrscherdynastie des alawitischen Sultans. Eine Generation später war mein Großvater in Spanisch-Marokko als *faqih* tätig, als Rechtsgelehrter, der sich mit der Auslegung der Gesetzesvorschriften der Scharia beschäftigte. Da er zusätzlich Provinzgouverneur in einem Teil von Spanisch-Marokko war, engagierte er für meinen Vater, meine Onkel und meine Tante einen Privatlehrer, der sie religiös unterwies. Dadurch blieb die religiöse Erziehung meiner Eltern frei von fremden Einflüssen. Frei von Einflüssen etwa durch selbsternannte Koran- und Islamlehrer, die in Deutschland häufig nicht nur in Hinterhofmoscheen predigen, sondern auch das Internet mit einer *minbar* (Moscheekanzel) verwechseln. Die fehlende Qualifikation der Prediger und Moscheevorsteher ist seit der Einwanderung von Muslimen nach dem Zweiten Weltkrieg bis heute dem Umstand geschuldet, dass die meisten verbandsunabhängigen Moscheen eigenverantwortlich versuchten, eine Moscheegemeinde aus ihren begrenzten finanziellen Mitteln aufzubauen. Wer hatte da schon Geld, um einen ordentlichen Imam einzustellen. Der musste damals in den meisten Fällen ohnehin aus dem Ausland stammen, weil es in Deutschland keine islamisch-theologischen Zentren gab, in denen Imame hätten ausgebildet werden können, und sich niemand in der Gemeinde fand, der in seinem Herkunftsland als Kind den Koran auswendiggelernt hatte. Das führte dazu, dass die erste Generation der Einwanderer dem Imam größtenteils sprachlich und inhaltlich folgen konnten, die zweite und dritte hingegen inhaltlich häufig nur Bahnhof verstand. So konnten vor allem deutschsprachige Salafistenprediger bei der zweiten und dritten Generation großen Zuspruch finden. Endlich verstanden sie, was gepredigt wurde. Ein Problem war damit aus der Welt geschafft, ein größeres – nämlich ein islamistisches – fand hingegen Einzug in die Köpfe ganzer verwirrter Generationen. Wie man sieht, ist die oftmals von der nichtmuslimischen Gesellschaft gestellte Forderung nach Deutsch als Predigersprache nicht in jedem Fall und völlig automatisch die Lösung aller Extremismusprobleme und Garant einer besseren Integration.

Denn ebenjene Salafisten pflanzen erst den Extremismus, den die Gesamtgesellschaft wieder bekämpfen muss.

Ich empfinde es als ungemeinen Segen, dass meine Eltern mich diesem Chaos nicht ausgesetzt haben. Was heute allerdings oft zur Folge hat, dass meinesgleichen und ich uns mit unserem vermittelten Islamverständnis etwas sonderbar fühlen.

Trotz des provisorischen Koranunterrichts in den Hinterhofmoscheen entwickelten sich die Schülerinnen und Schüler weiter und nahmen nicht alles hin, was ihnen der meist autoritäre Lehrer eintrichtern wollte. Kritische Fragen waren häufig unerwünscht. Toleranz und Akzeptanz waren und sind ein entscheidender Eckpfeiler meiner religiösen Erziehung gewesen. Bei vielen jungen Muslimen, die sich heute auf der Straße bei Koranverteilungen, in sozialen Medien oder in muslimisch-studentischen Vereinigungen über den Islam äußern – egal ob sie Konvertiten sind oder von Geburt Muslime –, scheint dieser Geist der Toleranz und Barmherzigkeit keine allzu bedeutende Rolle zu spielen. Vielmehr erwecken sie den Eindruck, als hätten sie Angst davor, den Widersprüchen und der Vielfalt zu erliegen, die sie mit ihrer eigenen ethnischen sowie teilweise gelebten Vielfalt in Deutschland selbst schon darstellen. Und dies, obwohl der Koran selbst in Sure 49, Vers 13[5] davon spricht, dass er uns zu Völkern gemacht hat, die einander kennenlernen sollen. Die Auslegungen und Deutungen der jungen Muslime, nach denen ein wahrer Muslim ist, wer einen langen Bart trägt oder sich als Frau komplett verhüllt, hätten meine Eltern nicht unterstützt. Dabei praktizieren und befolgen meine Eltern die fünf Säulen des Islam – wie viele andere Muslime in der Welt und in Deutschland. Sie bekennen sich zum Glaubensbekenntnis, geben Almosen, verrichten die Gebete und begehen den Fastenmonat Ramadan. Sowie die Pilgerreise nach Mekka. Hier vermittelten sie mir früh einen verantwortungsbewussten Umgang mit der Bedeutung des *hadj* für Gläubige, den ich heute bei vielen anderen Muslimen selten bis gar nicht wahrnehme. Dabei ist die Pilgerreise die einzige der fünf islamischen Pflichten, die nicht erfüllt werden muss. Denn sie ist an Bedingungen geknüpft.

Das Geld für die Reise muss mit ehrlicher Arbeit erworben worden sein, im Idealfall selbst verdient. Das gestaltet sich bei Hausfrauen, die auf das Geld ihres Ehemannes oder ihrer Kinder angewiesen sind, etwas schwierig. Darüber hinaus darf das Geld weder aus Zinsgeschäften noch aus Bankanleihen stammen. Es darf auch nicht geliehen sein, wie einige Muslime das heute dennoch gerne handhaben, um Ansehen in ihrer Gemeinde zu erlangen und sich einen *hadj*-Kredit nehmen – gerne auch mehrmals. Als wäre es mit einer Pilgerreise getan. Genauso wenig darf es aus kriminellen Quellen wie Drogen- oder Menschenhandel, Gewinnspiel oder Prostitution stammen. Dass der deutsch-marokkanische Rapper und bekennende Muslim Farid Bang, der sich damit rühmt, eine Reihe von Müttern begattet zu haben, in seinem Song *Irgendwann* besingt, wie er seiner Oma das Ticket nach Mekka bezahlen will, ist sicherlich nett gemeint. Die Art, wie er auf respektlose Art gegenüber Frauen sein Geld für dieses Ticket verdient, zählt wohl weniger zur erlaubten Erwerbstätigkeit für die Finanzierung von Pilgerreisen. Auch muss sichergestellt sein, dass die eigenen Kinder versorgt und vor allem aus dem Gröbsten raus sind. Dies hat zur Folge, dass eigentlich eher ältere Menschen zur Vervollkommnung ihres Glaubens die Pilgerreise antreten. Es sei denn, man verfügt schon in jungen Jahren über ein üppiges Auskommen. Dann könnte es eher an der geistigen wie religiösen Reife hapern, die ebenfalls gewährleistet sein sollte, zuweilen aber nicht ist. Dass man heute bei sozialen Medien wie Facebook oder Instagram öfter junge Menschen mit *hadj*-Selfies aus Mekka und Medina vorfindet, die jene fehlende Reife und Spiritualität zur Schau stellen, verwundert kaum. Die Erklärung, man wolle damit der daheimgebliebenen Familie nur mitteilen, dass es einem gut gehe, ist angesichts von Oldschool-Telefonanrufen, SMS oder Whatsapp-Nachrichten sehr unglaubwürdig. Nicht selten bleiben die eigenen kleinen Kinder bei den Großeltern zurück, damit Mama und Papa sich nach der großen Kaaba-Umrundung und der symbolischen Teufelssteinigung ehrfürchtig den Ehrentitel *hadj* und *hadja* geben können. Statussymbol à la Islam im 21. Jahrhundert. Was dem einen seine echte Rolex, ist dem anderen eine Art Unterhaltungsparkreise nach Saudi-Arabien. Damit zählt auch in Religionsdingen allzu oft mehr Schein als Sein. Und dieses Denken dürfte sich auch auf die Kindererziehung auswirken.

Oftmals ruhen sich diese Eltern beim Nachwuchs, der in der ersten Einwanderergeneration meist nicht unter vier Kindern lag, auf einer muslimischen Überlieferung aus. Nämlich dass Allah jedes neugeborene Kind mit einem eigenen Erbe beschenkt. Doch es wird auch überliefert, dass Muslime zwar auf Allah vertrauen dürfen, sie ihr Kamel in der Wüste zur Sicherheit aber anbinden sollten. Ergo: Ganz ohne Eigenverantwortung geht's auch im Islam nicht. Als Einzelkind – hier bestätigt die Ausnahme die Regel – hatte ich die geballte Aufmerksamkeit zweier praktizierender Muslime. Was aber nicht bedeutete, dass ich ohne Ende verwöhnt wurde. Ganz im Gegenteil! Aufs peinlichste wurde darauf geachtet, dass ich brav, höflich, zuvorkommend, hilfsbereit und gläubig war. Für mich gab es keine Ausnahmen. Wenn ich mal einen Einzelkindanfall hatte, wurde ich besonders von meiner Mutter ohne Umschweife in die Schranken verwiesen. Selbst beim Thema Spielzeug oder Zeitschriften kannte sie keine Gnade. Ausnahmen galten nur für Bücher und Kleidung. Wollte ich etwas anderes aus der Konsumwelt, musste ich es bei meinem Vater versuchen. Besonders während unserer Marokko-Urlaube wurde meine Gleichbehandlung mit den anderen Kindern der Familie deutlich. Keine vorlauten Attitüden wurden geduldet. Mir wurde untersagt, vor anderen Deutsch zu sprechen, das galt als unhöflich, da außer uns niemand Deutsch verstand. Vor meinen Großeltern oder anderen älteren Herrschaften, die uns besuchten oder wir sie, hatte ich mich züchtig zu kleiden. Röcke mindestens bis über die Knie, Kleider oder Hosen. Shorts oder Badeanzüge durfte ich nur am Strand tragen oder im Haus, wenn weder mein Opa noch einer meiner älteren Onkel zu Hause war. Obwohl meine Großeltern und Onkel ihre Tochter und jüngste Schwester, also meine Mutter, immer wieder darin bestärkten, mich doch einfach machen zu lassen, weil es niemanden störe. Aber das duldete meine Mutter nicht. Immerzu erklärte sie, dass ich in keiner Weise anders zu behandeln sei als meine Cousinen und Cousins. Nur keine Extrawürste!

Schon allein, weil ich in Deutschland aufwuchs. Denn bei anderen Familienmitgliedern oder Nachbarn, die wie wir in Europa lebten, in Frankreich, Belgien oder Holland, war ein lautes und respektloses Verhalten der Kinder und Jugendlichen zu beobachten, und das missbilligte meine Mutter. Häufig behandelten sie ihre Verwandten in Marokko als Bedienstete und weigerten sich, an deren Alltag teilzunehmen. Im Gegenteil, plötzlich musste der Tag allein ihren Bedürfnissen angepasst werden, sodass in einigen Familien die Besucher aus dem Ausland nicht gerade beliebt waren. Vor allem die in französischen Banlieues Lebenden werteten sich gegenüber ihren bescheiden existierenden Angehörigen auf. Lebten diese auf dem Land, heuerten sie sie häufig als Hausangestellte für die Zeit ihres Urlaubs in ihren Häusern oder Wohnungen an. Allen voran die unverheirateten Mädchen. Die sollten kochen, putzen und die Wäsche machen. Ihre Eltern ließen sie gewähren. Vor allem, wenn damit die Chance wuchs, die Tochter an einen der in Europa lebenden Cousins oder Verwandten zu verheiraten, die im Haus ein- und ausgingen. Dafür nahmen diese Eltern hin, dass die Mädchen auch schon mal von den Verwandten aus dem Ausland erniedrigt wurden.

Religiös wurde mir immer vermittelt, dass Gott mir näher sei als meine eigene Halsschlagader und ich Allah nie etwas vormachen, geschweige denn verheimlichen könne. Meine *niya* (Absicht) sollte immer eine gute sein. Ich sollte nie Angst vor Menschen haben und mich von niemandem einschüchtern lassen, da Allah über allem erhaben ist. Ich sollte auch nie Furcht haben, denn solange ich Gott nicht vergaß, würde Gott auch mich nicht vergessen. Und ich sollte regelmäßig Gutes tun. Aber nicht etwa, um eine Belohnung zu erhalten. Ich sollte es einfach im Namen Allahs tun.

Womit wir wieder bei der *niya* sind. Im Sommer 2015 zeigten sich angesichts der zahlreichen nach Deutschland Geflüchteten einige aktive Muslime von einer eigensinnigen Seite. Denn immerzu hieß es in den sozialen Medien oder in Interviews mit den muslimischen Helfern, dass sie das alles täten, um von Gott belohnt zu werden. Ein Denken, das ich als ungemein infantil empfinde. Dieser Schlag Muslime und viele dieser Hobbyprediger betrachten ihr vermeintlich gutes Handeln als eine Art Payback-Punktesystem. Kurz vor Ramadan heißt es dann oft, dass man noch paar gute Taten erfüllen soll, um sich ein paar *hasanat* (Belohnung) zu sichern. Für fünf Mal am Tag die Eröffnungssure lesen gibt es mehr als 7000 *hasanat*, dreißig Punkte gibt es für die Begrüßungsformel »As-salamu alaikum wa rahmatu`llahi wa barakatahu«, aber auch ein Palast im Paradies lasse sich sichern.

Warum das alles? Weil mit den Punkten das Eigenheim im Jenseits jetzt schon gebaut wird. Sie sind Schwabe und finden das attraktiv? Dann gehen Sie auf die Facebook-Seite *Hasanat Fabrik*, da sahnen Sie fürs Liken auch ab. Wer braucht schon Wüstenrot? Häusle baue geht so easy! Selbst IS-Schergen haben die Chance, all ihre Missetaten gelöscht zu bekommen. Sie müssen nur hundert Mal am Tag *Subhanallah wa bihamdihi* (Allah ist frei von Unvollkommenheit und Sein ist das Lob) sagen.[6] Kein Scherz!

Älter als dieses Payback-Bonusprogramm ist bei vielen das Belohnungsdenken. Für jede gute Tat, glauben zahlreiche Muslime, gibt es bei Gott unterschiedliche Wertigkeiten und Punkte. Ergebnis ist ein Islam, der nicht aus der Uneigennützigkeit praktiziert wird, sondern aus einer oberflächlichen und materialistischen Erwartungshaltung. Ausgerechnet jene um jenseitige Boni bemühte Muslime kritisieren gerne den Kapitalismus, realisieren aber nicht, dass ihr religiöses Denken voll und ganz dieser Gesellschaftsordnung gehorcht. Mir wurde von meinen Eltern immer vermittelt, dass, sollte ich mal über ein beachtliches Vermögen verfügen und etwas auf Erden hinterlassen wollen, dies etwas sein müsse, das der Allgemeinheit diene. Statt also dort eine Moschee zu bauen, wo es schon eine gibt, sollte ich lieber einen Brunnen graben, ein Waisenhaus, eine Schule oder eine *zaoia* (soziale und religiöse Stiftung zum Beispiel für Frauen oder Arme), also eine Art Kloster, gründen. Bislang hat es nur zum Pflanzen eines Baums gereicht. Richtig Ärger bekam ich als Kind, wenn ich auf Allah schwor, um deutlich zu machen, dass ich die Wahrheit sprach. Das führte dazu, dass ich heute immer zusammenzucke und misstrauisch reagiere, wenn junge oder alte Muslime fast jeden Satz mit »Wallah« (bei Allah) beginnen oder beenden. »Wallah, ich habe Döner gegessen. Wallah, da hab ich die Lehrerin in der Dessous-Abteilung gesehen. Ich habe Kopfweh – Wallah.«

Wer sein Versprechen nicht einhält, soll drei Tage zur Sühne fasten. Ob das den großen und kleinen Muslimen bekannt ist? Auf Gott schwören hat Hochkonjunktur und erfährt wachsenden Zulauf – seit einigen Jahren nun auch bei jungen Nichtmuslimen, besser bekannt unter dem Begriff Kiezdeutsch.

Dagegen war es mir immer erlaubt, religiöse Fragen zu stellen, die mir vor allem mein Vater besser erklären konnte als meine Mutter, die weder eine religiöse noch eine weltliche Schulbank gedrückt hatte. Die Weisheit, die trotz ihrer fehlenden Schulbildung aus ihr sprach, empfinde ich manchmal als ein Wunder. Denn nicht selten begegnete ich Menschen, die trotz Bildung nicht einmal ansatzweise über einen Funken ihrer Herzlichkeit und ihres Wissens verfügten. Zu erklären ist dies unter anderem auch aus der Multireligiosität, die meine Mutter als Kind in Tanger erlebte, wo Juden und Christen und Ausländer zum Stadtbild dazugehörten. Wo meine Großeltern Menschen mit Respekt begegneten, egal welcher Konfession sie angehörten oder welchen gesellschaftlichen Status sie besaßen, egal welchen Lebensweg sie als Muslime eingeschlagen hatten. Meine Großeltern waren großzügig und hilfsbereit, obwohl sie selbst nie viel besaßen. Sie verurteilten niemanden. Nie hörte ich Tratsch aus ihrem Mund. Einmal erzählte mir meine Mutter, wie sie als noch sehr junges Mädchen mit meiner Großmutter Besorgungen in der Altstadt machte. Auf dem Rückweg über den großen Boulevard nahe dem Stadtstrand kamen sie an einer Taverne vorbei. Neben der Taverne gab es ein unbebautes Grundstück, wo einige junge und ältere muslimische Männer ihren Rausch ausschliefen. Alkohol ist den meisten Gelehrten zufolge nicht erlaubt. Viele von den Männern auf dem Platz waren alkoholabhängig und von Armut betroffen. Statt sie wegen ihres Alkoholkonsums zu verfluchen oder auf sie herabzusehen, hatte meine Großmutter barmherzige Worte für sie übrig. Nämlich dass Allah diesen armen Seelen gnädig sein möge. Auf jemanden herabzublicken war ihre Sache nicht.

Der maurische Dichter Ibn Abd Rabbihi schrieb einmal, »Ibn al-Hussain, Prophetenenkel und Sohn der Prophetentochter Fatima, habe gesagt, der Islam sei angetreten, um die Erniedrigten zu erheben. Als eine Religion, die dem Unfertigen die Vollkommenheit beschert und den Engherzigen die Großherzigkeit lehrt.« Obwohl dieses Zitat sich auf die damaligen Sklavinnen bezieht, die geehelicht werden durften, wirkt der barmherzige Geist weit über dieses Thema hinaus.

Islam ist *rahma*. Islam ist Gnade, sagte mein Vater, als wir beim Ausklingen des Jahres 2014 die Bilder des in Syrien und Irak wütenden »Islamischen Staates« in den Nachrichten verfolgten. Vor allem aber ist Islam das, was Muslime bewusst wie unbewusst als Islam leben.

Marokko, Land meiner Wurzeln

Tanger. Die Stadt meiner jährlichen Sommerferien und Familienbesuche. Vieles, was ich dort sah und erlebte, sollte mich bis heute prägen. Auch mein Frauenbild wäre ohne die dort gemachten Erfahrungen und Beobachtungen weitaus unvollständiger. Ohne diesen Ort und seine Einflüsse wäre ich heute mit Sicherheit nicht die Person, die ich bin. So liegen meine islamischen Wurzeln ohne Zweifel in Marokko, jenem Land, das seit der Antike aufgrund seiner geostrategischen Lage seinen Reiz auf diverse Imperien und Mächte ausstrahlt. Damit sah sich die dortige Bevölkerung immer wieder anhaltenden politischen Veränderungen ausgesetzt. Wie heute in vielen Teilen der islamischen Welt noch immer. Die imperialistischen Umbrüche Anfang des

20. Jahrhunderts sollten auch in meiner Familie Einzug halten. Insbesondere auf väterlicher Seite.

Noch vor dem Ausbruch des Ersten Weltkriegs einigten sich die Kolonialmächte Deutschland, Frankreich und Spanien auf der Konferenz von Algeciras 1906 darauf, Marokko unter sich aufzuteilen. Bis zur Unabhängigkeit 1956 wurden Nord-Marokko und die Sahara spanisches Protektorat mit Tetuan als Hauptstadt von Spanisch-Marokko. Der Rest Marokkos unterlag dem französischen Protektorat mit Rabat als Hauptstadt. Tanger wurde von 1923 bis 1957 Internationale Zone mit einer multireligiösen und internationalen Verwaltung. Dass religiöses Nebeneinander gelingen kann, beweisen die Gotteshauszahlen des Jahres 1942: dreizehn Moscheen, fünfzehn Synagogen, sechs katholische Kirchen und drei Kirchen für Protestanten – alles in einer Stadt, friedlich und respektvoll. Bis heute – Alhamdulillah!

Mein Urgroßvater, der vor dem Protektorat als Kadi in Tanger lebte und arbeitete, hatte sein islamisches Wissen in jahrelangen Studien Mitte des 19. Jahrhunderts unter anderem auch in Fès an der Al-Qarawiyin-Universität erworben. Sie gilt als eine der ersten noch erhaltenen akademischen Bildungsstätten der Welt. Noch vor der Al-Azhar-Universität in Ägypten, die 970 n. Chr. ihre Pforten öffnete, wurde sie 859 n. Chr. von Fatima al-Fihri, Tochter des reichen tunesischstämmigen Kaufmanns Mohammed al-Fihri, gegründet. Der Name der Universität ist angelehnt an Fatima al-Fihris Geburtsort Kairouan, arabisch: Qairawan. Ohne Zweifel bleibt damit einer Frau eine bedeutende Rolle in der islamisch-theologischen Geschichte für immer zugeschrieben. Und sie ist in der islamischen Vergangenheit nicht die erste oder letzte. Selbst ausländische Köpfe fanden ihren Weg nach Fès. Unter anderem der belgische Humanist, Theologe und Semitist Nicolaes Cleynaerts, der 1540 seine arabischen Sprachkenntnisse in der

Al-Qarawiyin perfektionierte. Darüber hinaus finden sich auch zahlreiche wertvolle historische und islamische Originaldokumente und Manuskripte in der Universitätsbibliothek. Neben einigen Bänden des berühmten *Muwatt'a*, einer Hadith-Sammlung von Malik ibn Anas, dem Begründer der malikitischen Rechtsschule, wird hier auch eine Abschrift der Prophetenbiografie des Geschichtsschreibers Ibn Ishaq aufbewahrt, der zum ersten Mal die Hadithe des Propheten und Dokumente über das Leben des Propheten mit Struktur und Kapiteleinteilung zusammenstellte. Sowie ein Autograph der islamischen Weltgeschichte *Al-'Ibar* mit handschriftlicher Widmung an die Bibliothek von Ibn Khaldun. Er gilt als einer der Vordenker der heutigen Soziologie.

Eine Generation und ein Protektorat später führte mein Großvater den islamisch-theologischen Weg weiter. Er wurde in Spanisch-Marokko Imam. Ende der 1950er-Jahre verstarb er, sodass mein Vater als ältestes von vier Kindern Oberhaupt der Familie wurde. Seine Automobilbegeisterung führte ihn alsbald nach Deutschland. Dass Bildung nicht nur den Jungen vorbehalten ist, zeigt die Haltung vieler islamischer Theologen. Denn meine Tante wurde hier nicht ausgespart. Im Gegensatz zu vielen anderen Mädchen ihres Alters, teilweise sogar weit bis in die 1990er-Jahre hinein, sorgte mein Großvater dafür, dass sie ebenfalls alphabetisiert wurde. Aufgrund des Protektorats mischten sich Spanier und Franzosen nicht in die Bildung der marokkanischen Bevölkerung ein. Es gab keine Schulpflicht für die marokkanischen Kinder. Die marokkanische Bevölkerung hatte dafür selbst zu sorgen. Weltpolitik-Logik par excellence. Wie sich Vorurteile und Assimilationsängste der muslimischen Bevölkerung gegenüber ausländischen Lehreinrichtungen auswirkten, beschrieb ich bereits in meinen Buch *Muslim Girls*.

Besonders interessant ist hierbei eine Tatsache: Je vertrauter die Eltern, allen voran die Väter, mit dem undogmatischen Islam waren, desto mehr Freiheiten genossen ihre Töchter. Meine Mutter erzählte mir oft, dass in ihrer Kindheit und Jugend immer jene Mädchen studierten, Miniröcke und Bikini trugen, deren Väter Imame oder Kadis waren, und dass sie dies nicht etwa heimlich taten. Das beste Beispiel ist die marokkanische Königsfamilie. Der König Marokkos ist auch das religiöse Oberhaupt der Nation. Weder die weiblichen Familienangehörigen des damaligen marokkanischen Sultans und Königs Mohammed V. noch seine Töchter waren verschleiert. Lalla Aicha, eine seiner Töchter, war nicht nur die marokkanische Botschafterin in Großbritannien, Griechenland und Italien, sie war auch eine Frauenrechtlerin und wurde von ihrem Vater darin unterstützt. Ihr Bruder, der spätere König Hassan II., verschleierte seine Töchter ebenso wenig. Sein Sohn, der heutige König, ließ sogar als erster Monarch der marokkanischen Geschichte seine Frau zur Prinzessin ernennen und machte sie damit auch der Öffentlichkeit sichtbar. Bis dahin war die Frau des Königs die Mutter der Prinzen und Prinzessinnen und vor allem die Mutter des zukünftigen Monarchen und blieb verborgen. Je weniger jemand also den Kern des Islam und seine Geschichte kannte und nicht an schädlichen Traditionen festhalten wollte, desto anfälliger waren sie oder er für Ungleichbehandlung im Namen der Religion. Entscheidend waren dann nur die Ansichten jener Gelehrten, Imame und Kadis, die sich trotz ihres Wissens für eine Diskriminierung der Frau aussprachen. Und davon gab und gibt es bis heute genügend. Gerade islamische Gelehrte waren es, die nach dem Ableben des Propheten die Frauen marginalisierten. So überliefert zwar ein Hadith von Bukhari, der Prophet habe gesagt, dass Frauen nicht von den Moscheen ferngehalten werden dürfen. Einige Gelehrte der hanbalitischen Rechtsschule, die dem Ausspruch nicht offen widersprechen konnten, ließen es sich aber nicht nehmen, Gründe aufzuführen, die eine Verbannung ermöglichten. Das führte gar dazu, dass erklärt wurde, Frauen seien vom Freitagsgebet in der Moschee befreit.[7] Da das Gebet eine der fünf Säulen des Islam ist, erscheint das Handeln der Gelehrten, das zu einer weitreichenden Tradition mutierte, mehr als willkürlich. Vor allem wird deutlich, wie sehr die Gelehrten die Rolle der Frau im Islam in ihrem Sinne und nach ihrem Interesse beschränkten. Sie hätten, wie das zahlreiche muslimische Geistliche und Herrscher bei ihren Töchtern und Frauen taten, einen anderen Weg einschlagen können, ohne damit in Widerspruch zu den islamischen Quellen und dem Koran zu geraten. Dass sie es nicht taten, geschah nicht zufällig. Es diente dazu, den aufkeimenden Einfluss der Frau als Denkerin im öffentlichen Raum zu mindern. Womöglich wussten die Männer um ihre Schwäche im Geist und in ihrer Belastbarkeit und dass sie mit den meisten Frauen gerade hierin nicht mithalten könnten. Wer weiß, welchen Beitrag sie womöglich noch in der Medizin, Landwirtschaft oder Astrologie geleistet hätten. Doch was liegt dem Patriarchat näher, als Mädchen und Frauen gesellschaftlich und politisch in ihre Schranken zu weisen? Auch bei den muslimischen Gelehrten galt: Papier erweist sich als geduldig, und ein Deuten und Interpretieren zum Nachteil der Frau war ein Leichtes. Vielleicht kommandierte die Ehefrau daheim, aber in den heiligen Räumen des islamischen Denkens blieb sie vor der Tür. Wo Mann sich so wunderbar gegen das weibliche Geschlecht wenden konnte.

Die männliche Arroganz

»Weil sie sich heimlich ihrer Schwäche bewusst sind, betonen sie bei jeder Gelegenheit ihre Oberhoheit. Die Motive derer, die das

Pulver nicht erfunden haben, liegen zutage. Wenn die Frau nicht dümmer wäre als sie, wer wäre es denn.« So schrieb die Schriftstellerin und Frauenrechtlerin Hedwig Dohm sehr zutreffend Anfang 1902 in ihrem Werk *Die Antifeministen*. Mit dem Pulver ist das Pulver der Gewehre gemeint, der Motor für Krieg, Elend und Rückständigkeit. Und das seit Jahrhunderten. Kriege sind ein äußerst ertragreiches Geschäft einiger weniger Industriestaaten geworden – auf Kosten von Milliarden von Menschen. Deutsche Qualitätsautos, wenn auch mit so mancher Abgasmanipulation, allein sind es nicht, die uns in Deutschland ein friedliches und sozial versorgtes Leben ermöglichen. Bis heute ist nicht nur der Nahe Osten ein verlässlicher Partner, was die Abnahme tödlicher Waffen angeht. Weder die dortigen Herrscher noch deren Gegner, ob wir sie nun Terrorgruppen oder Freiheitskämpfer nennen, interessieren sich für das Wohl des jeweiligen Volkes. Die Staatshaushalte sind unausgeglichen. Erwirtschaftetes Geld oder Kredite werden kaum in flächendeckende und gute Bildung oder in die Gesundheitsversorgung und Infrastruktur investiert. Aufstieg und vor allem Frieden und Stabilität werden nicht geschaffen. Und wenn der Absturz nicht mehr abzuwenden ist, ist der Frust groß in der Bevölkerung.

Dafür gibt es natürlich Gründe, aber die sind nicht immer logischer Natur. Fix werden die eigenen Frauen zum Sündenbock erklärt, die nie um Krieg gebeten oder Korruption und Fehlinvestitionen angeregt haben. Nach dem verlorenen Sechs-Tage-Krieg 1967 gegen den neu gegründeten Staat Israel hatten zahlreiche Araber nichts Besseres zu tun, als ihre eigenen Frauen für die Niederlage verantwortlich zu machen. So berichtet der syrische Ingenieur und muslimische Intellektuelle Muhammas Shahrur von der Stimmung jener Tage: »Die Menschen in der arabischen Welt waren schockiert von der deutlichen Niederlage, und es gab die unterschiedlichsten Erklärungsversuche. Als ich das erste Freitagsgebet nach der Niederlage besuchte, verkündigte der Prediger, der Krieg sei verloren worden, weil unsere Frauen den Schleier abgelegt hätten. Er hatte anscheinend gar nicht mitbekommen, dass wir auch von jüdischen Mädchen in Shorts besiegt worden waren.«

Rationale Zusammenhänge zu analysieren ist offenbar nicht jedermanns Sache. Und doch ist die von Shahrur wiedergegebene Meinung zum Teil heute noch derart verbreitet, dass einem als Frau ganz schwarz vor Augen wird. Wer glaubt, dass er für seinen Wahhabismus von Gott mit Erdöl belohnt wird oder dass unverschleierte Frauen für den Ausgang von Kriegen verantwortlich zu machen sind, der braucht über Ablehnung, Verachtung nun wirklich nicht zu klagen und wird schnell einen »Krieg gegen den Islam« oder »Islamophobie« dahinter vermuten. Doch jene Köpfe glauben, dass nur die Rückkehr zum Islam – nach ihrem Islamverständnis wohlgemerkt – alle weltlichen Probleme abschafft. Eigene kognitive und körperliche Anstrengungen kommen nicht in Frage. Eigenverantwortlich dem Versagen begegnen? Nein, darum hat sich die Religion zu kümmern! Wozu hat Mann sie auch. Spiritualität? Nur was für Weicheier und Frauen! So die mantraartige Wiederholung dieses vermeintlichen Lösungsansatzes. Weder in der Vergangenheit hat »der« Islam sie davor bewahren können, ihre Großreiche zu verlieren, noch wird es bei diesen stümperhaften »Denkern« und ihren Anhängern eine Veränderung der heutigen Probleme und Konflikte mit sich bringen.

Zu jeder Zeit und zu jeder Epoche nehmen sie sich die Freiheit heraus, Urteile zu treffen, die Frauen und Mädchen zu befolgen haben. Wir dürfen also nicht einmal frei über uns selbst entscheiden, geschweige denn über den Mann. Und auch dafür hat die männliche Gedankenwelt Erklärungen parat. Auch im aufgeklärten Westen! Besonders profund traf es 1875 der Harvard-Mediziner Edward Clarke, der versuchte, sein herabwürdigendes Bild über die Frau vorgeblich wissenschaftlich zu begründen. »Die Frau hat das Recht darauf, all das zu tun, wozu sie fähig ist. Doch diese selbstverständliche Feststellung beantwortet nicht die Frage, was sie denn eigentlich tun kann. (…) Das Mädchen spürt tief in sich bereits den mütterlichen Instinkt und wiegt sanft ihre Puppe im Arm, während ihr Bruder kalt dreinblickend daneben steht. Der junge Achilles greife sich das Schwert und nicht die Spinnnadel.« Ein Schelm, wer Böses dabei denkt und angesichts dieser Angelegenheit die Bedeutung der Erziehung in Rollenfragen unbeachtet lässt, die zu jener Zeit bereits debattiert wurden. »Dazu kommt, dass der Körper der Frau nur einmal fähig ist, den Fortpflanzungsmechanismus richtig zu entwickeln. Wenn es nicht im Jugendalter der Frau geschieht, wird es danach niemals vollkommen erreicht werden. (…) Diese Frauen haben dann einen Universitätsabschluss gemacht und sind exzellente Wissenschaftlerinnen geworden, aber ihre Eierstöcke blieben nutzlos. Sie haben geheiratet und konnten doch niemals Kinder bekommen.« Nachzulesen in seinem Buch *Freie Gedanken und verstopfte Därme*. Hätte er sich mal nur weiter Gedanken um die verstopften Gedärme gemacht.

Es wäre zum Brüllen komisch, würden diese Thesen zum schwachen Geschlecht nicht bis heute weltweit Anhänger finden. So fragte noch im Jahr 2015 *Bild*-Kolumnist Franz Josef Wagner, was denn aus den Müttern von heute geworden sei, es gebe so wenige Babys. Eine Erklärung hatte er auch gleich parat: »Mütter machen Karriere, Mütter haben Hosenanzüge an, Mütter geben ihre Kinder in Kitas ab, Mütter verdienen mehr als ihre Männer, Väter gehen in Teilzeit. Sie sind Business-Frauen, Power-Frauen, sie trinken Smoothies, sie laufen sich im Fitnesscenter ihr Fett ab, sie sind Chefredakteurinnen, sie sitzen im Aufsichtsrat.« Wer wundert sich da noch, dass frauendiskriminierende Haltungen in allen Gesellschaftsgruppen weiter gedeihen? Für den muslimischen Mann, der nicht bereit ist, sich weiterzubilden, ergibt das die perfekte ökologische Nische. Dafür muss er nicht einmal zum Salafisten werden.

Als Frau möchte ich da nur gute Nacht rufen. Doch auf unserer muslimischen Seite warten bereits die Allumfassologen und walten ihres Amtes. Anmaßend mischen sie sich in weibliches Selbstbestimmungsrecht ein und geben der Geschlechterungerechtigkeit einen islamischen Anstrich, der angeblich von Gott gewollt ist, wie es der prominente ägyptische Islamistengelehrte Yusuf al-Qaradawi in all seiner Widersprüchlichkeit treffend erklärt: »Nur Allah allein hat das Recht, zu erlauben und zu verbieten. Der Grundsatz besteht darin, dass der Islam die Autorität darüber, haram und halal zu bestimmen, eingeschränkt und aus der Hand der Menschen genommen hat, gleich welchen religiösen oder weltlichen Rang sie haben mögen. Diese Autorität ist allein dem Herrn aller Menschen vorbehalten. Weder Rabbiner noch Priester, weder Könige noch Sultane haben das Recht, den Knechten Allahs etwas grundsätzlich zu verbieten. Wer das tut, hat zweifellos seine Grenzen überschritten und sich die Hoheit angemaßt, die im Hinblick auf die Gesetzgebung für die Menschen allein Allah, dem Erhabenen, vorbehalten ist.«[8] Das gilt selbstverständlich nicht für al-Qaradawi selbst, nicht für seine Fatwas und schon gar nicht für sein Regelwerk *Erlaubtes und Verbotenes im Islam*, aus dem diese Zeilen stammen. Bigotterie par excellence.

In seinem profunden Wissen steht al-Qaradawi nicht alleine da. Auch der Islamwissenschaftler und Leiter der islamisch-theologischen Fakultät an der Universität Osnabrück, Prof. Dr. Bülent Uçar, erklärt, wie Muslime den Koran zu verstehen haben. Hier am Beispiel der Mehrehe: »Im Koran steht etwa an einer Stelle, dass ein Mann nicht mehr als vier Frauen gleichzeitig haben soll. Damals hatten die Männer zehn oder mehr Frauen. Das Ziel des Koranverses war, das zu reduzieren und einzuschränken. Heute muss man diese Koranstelle aber auf unsere jetzige Lebenswirklichkeit anwenden – und das heißt natürlich: eine Frau, nicht vier«, sagt Uçar. Diese Stelle sei vor Jahrhunderten eingeführt worden, und es sei zur damaligen Zeit unmöglich gewesen, unmittelbar Monogamie zu fordern, so seine weiteren Ausführungen. Wie jemand die Polygamie im Koran bewertet, wird im Übrigen gerne als Indikator dafür genutzt, ob die jeweilige Person als Traditionalist oder Modernist einzustufen ist. Im Fall von Uçar würde man von einem Modernisten sprechen, da er die Kontextualisierung des Koran betreibt. Er spricht sich für einen zeitgemäßen Islam aus. »Natürlich werden konservative Salafisten nach saudischer Couleur diese Frage negativ beantworten und sagen, dass der Koran eins zu eins in unsere Zeit zu übertragen ist, dass dieser buchstäblich zu verstehen ist; ich dagegen – und nicht nur ich, sondern viele andere muslimische Theologen – würde das anders wahrnehmen und sagen, dass auch religiöse Texte, seien sie nun Wort Gottes oder nicht, jeweils im Zeitgeist zu verstehen sind und teleologisch, also zielgerichtet zu verstehen sind.«[9]

Das mag für die einen oder anderen Nichtmuslime beruhigend klingen, dennoch hinkt Uçars Aussage und ist nicht besser als die Auslegung »konservativer Salafisten nach saudischer Couleur«. Denn es mag nicht nach saudischer Couleur sein, aber salafistisch. Es wundert daher nicht, dass zu seinen ausländischen Gastdozentinnen Theologinnen wie Ingrid Mattson und Zainab Alwani, um nur zwei zu nennen, gehören.[10] Allesamt fallen sie nicht nur wie der Großteil der Studentinnenschaft und Angestellten mit ihrer Kopfbedeckung auf, sondern vor allem mit ihren Aktivitäten in islamistischen Organisationen, wie die der Muslimbruderschaft in Kanada und den USA. Weibliche muslimische Diversität steht offensichtlich nicht auf der Prioritätenliste der Universität. Einmal davon abgesehen, was Allah daran hätte hindern sollen, die Monogamie durchzusetzen – der Mensch etwa? –, wandert Uçar auf denselben Spuren wie einst Muhammad 'Abduh, ägyptischer Rechtsgelehrter und Wegbereiter der Salafiyabewegung, wenn er sagt: »Eine Koran-Interpretation sollte immer die Tradition wie auch die Lebenswirklichkeit der Menschen einbeziehen.« Demzufolge bleiben wir der männlichen Dominanz untergeordnet, die mit ihrer offenkundigen Eindimensionalität so interpretiert, wie es der eigene Horizont hergibt. Von einem Universitätsprofessor hätte ich mehr erwartet. Denn Uçar erklärt nicht, dass die Polygamie auch im Sinne der Witwen und Waisen war. Wo Frauen wegen der rivalisierenden, von Männern angezettelten Stammeskämpfe ohne Hab und Gut zurückblieben und weder ihre Versorgung noch die ihrer Kinder gewährleistet war. Der Koran weist in Sure 4 Vers 129 auch auf die Schwierigkeit der Gerechtigkeit in der Mehrehe hin. Der Vers wird daher vor allem in Friedenszeiten und in einem Sozialstaat zu beachten sein. »Und ihr könnt zwischen den Frauen keine Gerechtigkeit üben, so sehr ihr es auch wünschen möget. Aber neigt euch nicht gänzlich (einer) zu, so dass ihr die andere gleichsam in der Schwebe lasset. Und wenn ihr es wiedergutmacht und gottesfürchtig seid, so ist Allah Allverzeihend, Barmherzig.«

Ich bin beileibe keine Freundin der Polygamie, dennoch ist der Vers deutlich im Sinne der Frau zu deuten, und er könnte unter bestimmten Umständen durchaus Gültigkeit haben. Es gilt für alle Zeiten, den Schutz und die Versorgung der Frauen zu gewährleisten. Die Zeiten ändern sich, Gott sei Dank, weil sich die Menschen weiterentwickeln. Manche zumindest. In einigen Regionen der Welt wird die Polygamie aber auch weiter notwendig sein, solange kein bedingungsloser Schutz der Frau gewährleistet ist. Ohne Zweifel müssen die dortigen Eliten, allen voran aber auch die Frauen, die gesetzlichen und sozialen Bedingungen verbessern. Sie müssen soziale Versorgungen aufbauen und die Bildung der Frauen flächendeckend verbessern, um ihnen Unabhängigkeit von ihren Vätern und Männern zu gewährleisten. Doch das Gesetz ist, wie so oft, in diesen Regionen auf der Seite der Männer. Sie walten darüber und bestimmten es. Sich daher als Professor im Westen als besonders frauenfreundlich oder zeitgemäß darstellen zu wollen, deutet nur darauf hin, dass der verehrte Professor die koranischen Verse sexistisch interpretiert.

In einer Polygamie geht es vordergründig um die Versorgung der Frau, ein weiterer Grund, der zur Polygamie führen kann, ist das Ausbleiben der gewünschten Nachkommenschaft. Bei Letzterem wäre es übrigens interessant zu erfahren, wie es sich verhält, wenn der Mann unfruchtbar ist, die Frau aber mit ihm weiter zusammenbleiben möchte. Könnte sie einen zweiten Ehemann ehelichen? Was sagt wohl der Professor dazu? Eine spannende Debatte: Vergesst das Kopftuch! Diskutieren wir die »Polygamie« der Frau!

Aber zurück zum Ausgangspunkt. In einem Sozialstaat wie Deutschland ist die Frage nach der Versorgung der Frauen und Mütter eigentlich beantwortet. Nicht immer fällt diese Antwort befriedigend aus, aber sie kann unabhängig von einem Mann gegeben werden. Umso absurder fällt die Polygamiepraxis aus, wie sie heute auch in Deutschland zum Teil betrieben wird. Rechtlich gelten Zweitfrauen nicht als Ehefrauen. Doch manch ein Mann, der eine schwerkranke Frau zu pflegen hat, heiratet in einer Moschee einfach noch eine junge Frau dazu, die sich dann auch um die Erstfrau kümmern darf. Der Frischvermählte hat gleich zwei Fliegen mit einer Klappe geschlagen: Nun hat er auch wieder Geschlechtsverkehr. Sieht so Verantwortung aus? Für die Pflege der Ehefrau gibt es hierzulande auch andere Möglichkeiten, statt ein Betthäschen in Krankenschwesternuniform zu ehelichen. Und nur weil Islam drauf steht, muss es noch lange nicht dem Gerechtigkeitssinn des Islam entsprechen. Aus Marokko sind mir polygame Ehen bekannt. Und obwohl ich sie nicht erstrebenswert finde, nicht mal mit mir als Huhn ihm Hahnenkorb, funktionieren sie zum Teil. Aber Harmonie ist hier nicht die Regel, ganz im Gegenteil.

2004 wurde in Marokko deshalb mit der Familienstandesreform, der Moudawanat al-usra, die Mitsprache der Frauen deutlich verbessert.[11] In den meisten Fällen missachteten nämlich die Männer die islamischen Bedingungen, die z. B. vorsehen, dass die Erstfrau oder die Erstfrauen für jede weitere Eheschließung zuvor ihre Einverständniserklärung abgeben müssen. Durch die Stärkung der Mitsprache bleibt heute nicht mehr viel übrig von der Mehrehe. In Marokko thematisierte 1993 die Tragödie *À la recherche du mari de ma femme* das Thema, auf Deutsch: Auf der Suche nach dem Ehemann meiner Frau. Der Film erzählt von einem rüstigen Goldhändler, der das Flirten und Heiraten nicht lassen kann – vor allem aber das Verstoßen einer Gattin. Die jüngste seiner drei Ehefrauen, die er liebevoll seine kleine Chilischote nennt, verstößt er nach einem kleinen Disput ein drittes Mal. Damit sind sie geschieden. Sie geht zu ihren Eltern, wo sie ihre neu gewonnene Freiheit genießt. Er hingegen leidet bitter unter Liebeskummer und will sie umgehend zurückhaben. Problem nur: Laut islamischem Recht kann er sie nach der dritten Scheidung nicht einfach wieder heiraten. Die einzige Chance besteht nun darin, dass seine Chilischote bereit wäre, ihn nach einer Scheidung von einem anderen Mann erneut zu heiraten. Und so beschließt er, ohne ihr Wissen einen neuen Ehemann für sie zu suchen. Er findet einen Kandidaten, schickt einen Kuppler vor, sie willigt in die Ehe ein, er bezahlt die Hochzeit und alles weitere. Doch es kommt, wie es kommen muss. Der neue Angetraute muss in der Hochzeitsnacht wegen eines Delikts das Land verlassen und verschwindet ohne seine Frau nach Belgien, wo er lebt. In einem zweiten Teil wird die Suche in Belgien fortgesetzt, weil der Platzhaltergatte weder nach Marokko zurückkehrte noch sich von seiner Chilischote scheiden ließ. Ein äußert amüsanter Film, der die Perversion von öffentlicher Moral und die Instrumentalisierung des Islam auf treffliche Art karikiert.

Insofern ist die Neuregelung im Interesse beider Geschlechter und auch Nachkommen. Für eine Reihe von Männern stellt dies dennoch eine Verwestlichung dar, gar eine Verfälschung der Religion. Die Polygamie mag für Außenstehende in unseren Tagen mittelalterlich wirken, und doch ist sie eine Regelung, die zu einer chaotischen Zeit Frauen durchaus schützte. Diesen Geist der Führsorge gilt es zu bewahren, nicht die Polygamie im traditionellen Sinne.

Doch wer verächtlich über die islamische Polygamie lacht, sollte das nicht zu laut tun. Denn hierzulande macht sich ein neuer Trend breit, mit dem nicht wenige sich in naher Zukunft auseinandersetzen müssen. Nämlich die Polyamorie – ganz im Geiste der heutigen Sharing Economy und Kultur. Nach Mingle, einer Mischung aus Beziehung und Single – dem allerneuesten Beziehungsschrei – nichts ganz Neues. Muss Mensch alles nicht gut finden, aber wen es glücklich macht: viel Spaß! Denn selbst wenn aus all diesen chaotischen Beziehungsmoden Kinder hervorgehen, dann ist durch Vaterschaftsanerkennung Verantwortlichkeit in vielen Fällen gegeben, ohne sozial und gesellschaftlich als Frau ohne Trauschein geächtet zu sein. Dass es bei vielen Vätern mit dem Unterhalt trotzdem nicht klappt, ist ein anderes Thema.

Auch Trennung und Schwangerschaft thematisierte der Koran. So galt es, drei Monate nach einer Scheidung mit einer Wiederverheiratung zu warten, um sicherzustellen, dass keine Schwangerschaft vorlag und damit die eindeutige Vaterschaft feststand. Da Sex im Islam, wie in anderen Religionen, in der Ehe stattzufinden hat, um eben genau solchen möglichen Verwirrungen vorzubeugen, wird an anderer Stelle noch erklärt. Doch Schlupflöcher für den Mann fanden sich auch in dieser Angelegenheit. Entweder wird Geld gezahlt, um sich als Mann freizukaufen, oder Mann ignoriert diese Regelung schlichtweg. Hierzulande wird er keine rechtlichen Konsequenzen spüren, da keine Scharia gilt – und auch in den allerwenigsten muslimischen Ländern. Der Mann hat in den meisten Fällen nichts zu befürchten. Denn die moralischen Maßstäbe wurden und werden ausschließlich über die Frauen verhängt. Wenn Frau also schwanger sein sollte, behauptet der Ex einfach, das Kind sei nicht von ihm und die Frau sei eine Ehebrecherin. Da ist man als Frau je nach Land schneller zum Steinigen eingebuddelt als einem lieb sein kann. Es ist eher ein Armutszeugnis der islamischen Umma, dass uneheliche Kinder oder Liebesbeziehungen, aber vor allem Vergewaltigung heute noch die Gemüter so erhitzen und Männer sich in ihren Rechten beraubt fühlen, wenn sie Frauen Unrecht antun. Der blanke Hohn und Barbarei.

Die Frage nach der Deutungshoheit

Die viel spannendere und dringlichere Frage, der Mann sich zuwenden sollte, ist, warum muslimische Männer die Deutungshoheit über islamische Quellen besitzen? Bis heute gibt es keine anerkannte weibliche Islamgelehrte, die auf islamische und gesellschaftliche Fragen für beide Geschlechter und auf allen Gebieten Antworten gibt und neue Debatten anstößt. Wer nun sagt, Frauen seien dafür weniger qualifiziert, sollte seine Brötchen lieber ein wenig kleiner backen. Denn wer sich die Ausführungen führender Gelehrter vom Schlage etwa der verstorbenen Abd al-Aziz ibn Baz aus Saudi-Arabien, Yusuf al-Qaradawi oder Muhammad Sayyid Tantawi aus Ägypten anschaut, kann nur sagen: Niemals wird eine Frau größeren Unsinn von sich geben können als auch nur einer von diesen dreien. Womit sollte eine Frau noch schocken? Fast alles Hirnrissige ist schon gesagt worden. Und diese drei sind nur exemplarisch herausgegriffen. Ihresgleichen gibt es bedauerlicherweise viel zu viele. Ihr Denken ist von Antisemitismus, Frauenhass und Machtdenken durchtränkt und hat Muslime weltweit in keiner Weise weitergebracht. Ganz im Gegenteil. Sie haben sich eher an gedanklicher Brandstiftung, Unterdrückung und Verachtung von Muslimen wie Nichtmuslimen beteiligt und schuldig gemacht. Die Frage aber bleibt: Wer hat ihnen all die Macht verliehen, und weshalb dürfen sie entscheiden, warum welcher Vers wie interpretiert werden soll? Warum dürfen sie bestimmen, was die Scharia für die Menschen zu bedeuten hat oder wie die Prophetenüberlieferungen einzustufen sind? Egal ob sie es dabei in einem historischen Kontext oder ganz allgemein tun. Und warum dürfen sie mehr in Verse hineininterpretieren als diese hergeben, um daraus in erster Linie Pflichten für Frauen abzuleiten?

Beispiele hierfür gibt es zuhauf. Während die eine männliche schiitische Seite sagt, Zeitehen seien erlaubt, verneint dies die mehrheitlich sunnitische Seite mit wenigen Ausnahmen. Bei der Verschleierung der Frau sind sich dann wieder viele einig: Sie sei eindeutig eine Pflicht. Die Frau dürfe zwar nicht dazu gezwungen werden, aber um eine Pflicht handele es sich schon. Ein Konsens zwischen den Lagern auf Kosten der Frau? Warum erlauben sie es sich, gewisse Verse in einem historischen Kontext zu bewerten, in andere etwas hineinzuinterpretieren, wie es beim Kopftuch der Fall ist? Welche Methode wenden sie an?

Die Kontrolle über die Frau gleicht dabei einem schützenden Dach, unverzichtbar für jede Kultur, für alle Religionsgelehrten und für die Gesellschaften sowieso. Ein entscheidender Aspekt scheint dabei die Widersprüchlichkeit des patriarchalen Denkens und Handelns zu sein. Es gilt, den Doppelstandard zu bewahren, ohne dabei selbst seine Widersprüchlichkeit und Verleugnung von tatsächlicher Gerechtigkeit offenzulegen. So auch der Earl of Cromer, der wissentlich seinen Doppelstandard anwandte, indem er als Generalkonsul bis 1907 die Entschleierung der muslimischen Frau in Ägypten einforderte, die Mädchenbildung aber verhinderte und in England als Mitbegründer der Men's League for Opposing Woman Suffrage 1908 die emanzipatorischen Bestrebungen der Frauen und das Frauenwahlrecht in Großbritannien bekämpfte. Die westlichen Doppelstandards traten schon damals zutage und nicht erst durch vermeintliche Demokratiebestrebungen der amerikanischen Bush-Regierung in Afghanistan oder militärische Intervention im Irak unter Bush junior. Wo es natürlich nicht nur um Brunnenbau, sondern auch um Mädchenbildung geht. Mädchen und Frauen gelten viel zu oft als Mittel zum Zweck und werden wie Figuren im Interessensspiel hin und her bewegt. Da gibt sich weder der Westen glaubwürdig noch die muslimische Region. Doch wenn vor allem Muslime den Westen als Heuchler bezichtigen, übersehen sie gerne ihre eigene Doppelmoral, die Frauen genauso rücksichtslos für die eigenen Interessen instrumentalisiert.

Besonders aufdringlich kommt in Sachen Doppelmoral Tariq Ramadan daher, ägyptisch-schweizerischer Islamwissenschaftler, der vor allem bei im Westen sozialisierten Muslimen hoch angesehen ist und von sich selbst sagt: »Ich habe ein Problem: Ich bin ein Westeuropäer, meine Kultur ist europäisch, und ich spreche aus einer religiösen Tradition heraus. Ich höre immer nur: All die Muslime sollen sich integrieren in diese europäischen Werte! Nein, das ist vorbei. Ich rede nicht mehr über Integration, ich rede über Beteiligung. Der einzige Punkt, der für mich zählt, ist, was jemand in die Gesellschaft einbringen kann. Der entscheidende Punkt ist, was du deiner Gesellschaft gibst, wie du dich einbringst.«[12]

Diesen Anspruch kann Frau umgehend auf Ramadan selbst anwenden. Denn was er in die Gesellschaft bringt, ist vor allem Zerwürfnis. Er steht sowohl für eine unnötige Geschlechterspaltung als auch für eine überflüssige Spaltung der Geister hinsichtlich hiesiger Werte, die Menschen aufgrund der opferreichen Kämpfe und Revolutionen für Reformen und Menschenrechte auf europäischem Boden auch als europäische Werte bezeichnen darf, ohne dabei die Einflüsse von islamischen Denkern wie Ibn Rushd oder Ibn Sina zu negieren. Sein Beitrag fällt daher eher wenig förderlich für die Gesamtgesellschaft aus. Seine Denkweise bringt gebildete junge Muslime, für die die Chancen in dieser Gesellschaft weit besser stehen als für viele andere, weniger gebildete, erst in Loyalitäts- und Identitätskonflikte, wo keine sein müssten.

Gerne inszeniert sich Ramadan als Frauenversteher, indem er Nichtmuslimen erklärt, dass die Verhüllung der Frau eine Form der Emanzipation darstelle. Im Fall der Iranerin Sakineh Mohammadi Ashtiani plädierte er dafür, die über sie im Kontext der Scharia verhängte Steinigung mit einem Moratorium zu belegen, einem Stillhalteabkommen. Sakineh Mohammadi Ashtiani wurde wegen Ehebruchs verurteilt, ihr wurde unterstellt, eine Beziehung mit zwei Männern gehabt zu haben sowie ihren Ehemann umgebracht zu haben. Den Mord gab allerdings der Cousin ihres Ehemanns zu. Die Steinigung wurde ausgesetzt und in lebenslange Haft umgewandelt. Zudem erhielt sie 99 Peitschenhiebe. Ramadan fordert nun nicht etwa die Aufhebung der Steinigung, sondern lediglich ein Pausieren. Wobei er völlig unbeantwortet lässt, wer ihm als Muslim die Legitimation für eine solche Aussage verliehen hat und warum er in unseren Zeiten die Steinigung noch als eine legitime Strafe ansieht. Er übergeht dabei nicht nur, dass in vielen heutigen muslimischen Staaten die Steinigung gar keine Rolle mehr spielt – trotz einer Scharia-orientierten Gesetzgebung von Marokko bis Indonesien – lediglich Länder wie der Iran, Saudi-Arabien, Afghanistan, Nigeria, Pakistan oder Somalia praktizieren noch diese äußerst barbarische Form der Todesstrafe. Hinzu kommt, dass bereits der zweite Kalif 'Umar ibn al-Chattab, der von 634 bis 644 die heutigen Gebiete Palästinas, Syriens, des Irak und Ägyptens beherrschte, die Steinigungsbedingungen stark reglementierte. Auch ließ er die Bestrafungsform des Handabschlagens im Falle von Diebstahl grundsätzlich aussetzen, wenn der Staat wegen schlechter wirtschaftlicher und sozialer Bedingungen die Versorgung seiner Bevölkerung nicht gewährleisten konnte. Hinzu kommt, dass jemand ohne Hände kaum einer Arbeit nachgehen kann. Da muss man dann für den Lebenserhalt jemanden um Hilfe bitten oder zum Stehlen schicken, was also zu einem nicht enden wollenden Teufelskreis führt.

Wenn sich nun im 21. Jahrhundert ein Islamwissenschaftler, der gerne als Intellektueller gesehen wird, öffentlich zum Fall Ashtiani äußert und ihm dazu nur ein Moratorium in den

Sinn kommt, dann wird das geistige Niveau dieser viel zitierten, medienpräsenten und vermeintlich Intellektuellen offenbart. Nicht einmal das *TIME*-Magazin, das ihn im Jahr 2000 zu einem der hundert innovativsten Köpfe des 21. Jahrhunderts erklärte, kann ihn intellektuell noch retten. Vielmehr offenbart das Magazin seine eigene Unwissenheit über frühere islamische Intellektuelle. Eine Frau soll im Jahr 2010 gesteinigt werden, und Prof. Dr. Ramadan weiß nichts Bedeutenderes zu sagen, als sich für ein Moratorium auszusprechen? Okay, handelt sich schließlich nur um ein Frauenleben. Sollen sich die Weiber mal nicht so anstellen.

Wenn Mensch bedenkt, dass Prof. Ramadans Bruder Hani Ramadan im Herbst 2002 gegenüber der französischen Zeitung *Le Monde* die Steinigung bei Ehebruch als göttliches Gesetz bezeichnete, ist Frau geneigt, eine gewisse Fixierung und Haltung zu diesem Thema festzustellen. Hani Ramadan, der zu diesem Zeitpunkt Lehrer an einer öffentlichen Schule in Genf war, rechtfertigte damit das Steinigungsurteil an der Nigerianerin Amina Lawal. Ihr Vergehen: Sie erwartete als geschiedene Frau ein Kind und wurde – wie sollte es anders sein – wegen Ehebruchs zur Steinigung verurteilt. Daraufhin kassierte Hani Ramadan von seinem Arbeitgeber seine Entlassung. Mit der Begründung, dass er die von einem Beamten geschuldete Treuepflicht und Pflicht zur Zurückhaltung verletzt habe. Dagegen hat Hani Ramadan erfolglos geklagt. Acht Jahre später, als Direktor des Islamischen Zentrums in Genf, erklärte er im Fall von Ashtiani erneut, dass die Steinigung abschreckende Wirkung mit sich führe. Diesmal gegenüber *Le Matin*. Er rechtfertigt das Urteil damit, dass Ashtiani wegen Ehebruchs und Mordes schuldig gesprochen worden war und dass nicht viele zum Tode durch Steinigung verurteilt würden. Denn dafür brauche es ja vier glaubwürdige Augenzeugen.

»Das ist quasi unmöglich«, so Ramadan. »Man muss in dieser Geschichte vorsichtig sein und alle Fakten kennen.« Des Weiteren erklärte er: Wenn man Teheran wegen des Urteils angreife, sei dies politisch motiviert und ein Vorwand. »Das Bild einer gesteinigten Frau ist schwer zu ertragen, wohingegen die Bombardierung Tausender Unschuldiger abstrakt bleibt, vor allem, wenn es sich um Muslime handelt.«[13] Also können wir uns alle entspannt zurücklehnen, denn die Richter werden schon Recht gesprochen haben und die vermeintlichen Zeugen die Wahrheit. Mit Sicherheit hielten die Richter es wie der Kalif al-Chattab. Der sagte, dass das Geschlechtsteil wie ein Stift in einen Schminkbehälter hineingegangen sein muss. Dies geht auf das Jahr 638 zurück, wo vier Männer den Statthalter von Basra, Mughira ibn Schu'ba, des außerehelichen Geschlechtsverkehrs mit einer Frau der Banu Hilal, einem arabischen Beduinenstamm, anklagten. Der Kalif forderte jeden Zeugen auf, den Geschlechtsakt zu bezeugen. Einer der Männer, der vaterlose Sohn einer Sklavin und Buchhalter Ziyad ibn Abihi, sagte, dass er dies nicht könne. Woraufhin die drei anderen Männer ausgepeitscht und die Anklage gegen Mughira und die Frau fallengelassen wurde.[14]

Aufwachen, Tariq-Ramadan-Fans! Es lässt sich zusammenfassen, dass wir im 8. Jahrhundert in Fragen der Scharia weiter waren als heute im 21. Jahrhundert. Allein deshalb, weil einige muslimische Kleriker und vermeintliche Intellektuelle und muslimische Akteure nicht von ihren masochistischen Machtfantasien ablassen können.

Wer hingegen ein solch rigoroses Festhalten an der Scharia als Gesetzeswerk ablehnt, wird als assimiliert, als IslamweichspülerIn oder HäretikerIn gebrandmarkt. Dabei sind es ausgerechnet jene Kritiker, die sich der islamischen Geschichte wissentlich entziehen und die die Scharia nicht als das ansehen wollen, was sie ist: nicht etwa als eine göttliche Offenbarung, sondern als ein Regelwerk, um das 8. Jahrhundert herum verfasst von fehlbaren Männern. Das zwanghafte Festhalten an archaischen und patriarchalen Regelungen ist mir persönlich nur mit der Angst der Männer vor einer zunehmenden Bedeutungslosigkeit in einer Welt zu erklären, in der sich Frauen ihr Recht mit viel Mühe, Kraft und zahlreichen Anfeindungen, Bedrohungen und Entbehrungen über Jahrhunderte hinweg erkämpften und in der sie auf ihre freie Entfaltung pochen und nun mit ihnen konkurrieren müssen.

All diese Herren orientieren sich zudem oft an den Schriften des Ibn Taimiya, eines hanbalitischen Gelehrten aus dem 13. Jahrhundert, auf den sich die Salafiabewegung theologisch bezieht. Besonders Tariq Ramadan zitiert ihn ausgiebig in seinen Büchern und Artikeln. Die Sehnsucht nach Macht und Einflussnahme ist sowohl bei Ramadan, noch mehr aber bei Ibn Taimiya nachzulesen. Vor allem Muslimas, die durch Allahs verbriefte Gebote ihre Rechte und Vormachtstellung zurückzuerobern versuchen, sollten auf der Hut sein. Weder Verstand noch Gerechtigkeitssinn sind bei den Brüdern Ramadan am Werk noch bei allen anderen misogynen Geistlichen. Selbst wenn Ramadan immer wieder beteuert, dass die Scharia nur ein Weg sei und kein Gesetz. Dass Scharia »der Weg zur Wasserschenke« bedeutet, weiß auch die Muslima und die Mitbegründerin der British Muslims for Secular Democracy, Yasmin Alibhai-Brown. In der Al-Jazeera-Talksendung *Head to Head*[15] verweigerte Ramadan ihr die Zustimmung, dass die Steinigung falsch sei. Er pochte lieber darauf, dass es einen innerislamischen Diskurs brauche, um das zu diskutieren, und dass Alibhai-Browns Position dogmatisch sei. Weil sie der Meinung ist, dass es kein Moratorium brauche, weil Steinigung schlichtweg falsch ist und deshalb nie wieder praktiziert werden darf. Als es im Laufe der insgesamt 47-minütigen

Diskussion um Mohammed Mursi und Abd al-Fattah al-Sisi geht, ist seine Anti-Dogma-Haltung plötzlich über Bord geworfen. Denn der Westen dürfe, wenn es ihm um Demokratie gehe, um keinen Preis mit al-Sisi zusammenarbeiten, so Ramadans Position. Über 40 000 Menschen würden im Gefängnis einsitzen und al-Sisi sei ein Diktator, schlimmer als Mursi. Dogmatisch sind immer nur die anderen. Ergo: Ramadan und Konsorten ziehen es vor, weitere (Frauen)leben aufs Spiel zu setzen – die Mehrzahl der Steinigungsopfer sind weiblich –, damit dieser Herrenclub darüber Teekränzchen halten kann, was Jahrhunderte vor ihnen schon von der islamischen Welt fortschrittlicher gedacht wurde! Von den internationalen Menschenrechten ganz zu schweigen. Das alles kommt von einem Mann, der in Europa geboren wurde, in Europa seine Bildung genossen hat und in Europa seine Religion frei ausleben kann, um dann zu solch folgenschweren und menschenverachtenden Haltungen zu kommen. In seinem und Hanis Fall war die Erziehung ohne Zweifel dominanter als die Bildung außerhalb der eigenen vier Wände und der Ideologie. Ich übertreibe nicht, wenn ich sage, in seinem Fall war die investierte Bildung Perlen vor die Säue. Dass er einen Lehrstuhl an der renommierten Oxford-Universität hat, ist nicht seinen wissenschaftlichen Fähigkeiten geschuldet, sondern Scheich Hamad Bin Khalifa Al-Thani, der bis 2003 das Staatsoberhaupt von Katar war.[16] Die Universität dürfte dankend die Petrodollars angenommen und damit den Muslimen – allen voran Muslimas – weltweit einen Bärendienst in Fragen des Islam erwiesen haben.

Die muslimische Elite der Zukunft wird nicht von Intellektuellen beeinflusst, sondern von der Ideologie der Muslimbruderschaft. Bin Khalifa Al-Thanis Sohn Tamim, der 2013 dessen Nachfolge antrat, steht laut politischen Beobachtern der Muslimbruderschaft nahe und gilt als weniger offen als sein Vater.

Bei Ramadans Ausführungen handelt es sich um geistige Brandstiftung, die ungefiltert und unreflektiert auf die muslimische Jugend losgelassen wird, bei der er große Achtung erfährt. Ohne Weiteres könnte Mensch ihn als den inoffiziellen PR-Mann der Muslimbruderschaftsideologie bezeichnen, der sich in Diskussionen gerne argumentativ um seine Rolle als Islamismussupporter schlängelt und sich nicht einmal dafür zu schade ist, vor versammelter Publikumsschar verbürgte Tatsachen als Lügen oder Propaganda zu bezeichnen. So antwortete er dem *Head to Head*-Moderator Mehdi Hasan auf die Frage, was Ramadans Großvater Hassan al-Banna für ihn bedeute und wie er damit umgehe, immerzu darauf angesprochen zu werden, der Enkelsohn des Begründers der Muslimbrüder zu sein: »Ich bin stolz auf das, was er war und was er geleistet hat.« Schrieb er doch eine lobende Dissertation über ihn. Um dann auszuführen, dass die meisten Kritiker nichts über seinen Vater Said Ramadan und seinen Großvater wüssten und seine Schriften nicht kennen würden und man seinen Großvater zu Unrecht als Islamisten bezeichne. Deshalb fordert er auch die Kritiker auf, al-Bannas Schriften zu lesen, bevor solche Urteile ausgesprochen würden. Als der Moderator Zitate al-Bannas über Hitler vorträgt und die Extremismus-Expertin und Harvard-Dozentin Jessica Stern mit weiteren Zitaten zu al-Bannas Faschischmusbezug zitiert, behauptet Ramadan einfach, das alles sei Müll, genau das Gegenteil sei der Fall. Mit einer ordentlichen Portion Chuzpe kanzelt er das Ganze als Propaganda ab. Was sonst!

Augenwischerei bleibt es dennoch, und Ramadan wird sich in Zukunft nicht wundern dürfen, wenn niemand seinen Worten Glauben schenkt. Wie heißt es im Volksmund: Wer einmal lügt, dem glaubt man nicht. Wenn er also sagt, der Islam braucht keine Reform, aber die Muslime, dann sollte er das als Erster beherzigen, statt einem der vielen islamistischen Vordenker nachzueifern.

Andere, wie Ibn Rushd, den arabischen Arzt und Philosophen, blendet er zur Gänze aus und zitiert ihn nur, wenn er damit seine persönlichen Positionen untermauern kann. Möglicherweise fürchtet Ramadan, dass vor allem Frauen Ibn Rushds Ausführungen zur weiblichen Partizipation in der Politik folgen könnten. Ibn Rushd erkannte früh, welche Chancen in der Überwindung von finanzieller Abhängigkeit durch Erwerbsarbeit stecken. Früh heißt: im 12. Jahrhundert, als die Frauenbewegung im Westen noch nicht einmal in den Kinderschuhen steckte. Der aus Tanger stammende Forschungsreisende Ibn Battuta, der 1304 bis 1369 lebte, soll Ibn Taimiyas Bekanntschaft gemacht haben. Er schreibt wenig schmeichelhaft: »In Damaskus wohnte unter den großen hanbalitischen Juristen Taqī ad-Dīn Ahmad ibn Taimīya ein geschätzter Mann, der über verschiedene religiöse Wissenschaften sprechen konnte, aber ein wenig wirr war. Die Menschen von Damaskus verehrten ihn sehr, da er sie von der Kanzel herab ermahnte. Einmal gab er Meinungen kund, mit denen die Juristen nicht einverstanden waren, so brachten sie ihn zu al-Malik an-Nāṣir, der befahl, ihn nach Kairo zu bringen (…). Al-Malik an-Nāṣir ordnete an, dass man ihn ins Gefängnis warf. Unser Mann (…) schrieb in seinem Kerker ein Buch, das sich mit der Auslegung des Koran beschäftigte, dem er den Titel *al Bahr al-muhīt* (Der Ozean) gab, es umfasste vierzig Bände (…). Die Mutter ibn Taimīyas suchte den Herrscher auf, um sich zu beklagen. Da befahl al-Malik an-Nāṣir, man solle den Angeklagten freilassen. Aber ibn Taimīyas Betragen hatte sich nicht gebessert. Damals befand ich mich in Damaskus und an einem Freitag war ich zugegen, wie er die Leute von der Kanzel der Moschee herab ermahnte. Unter anderem sagte er: ›Gott steigt zum Himmel dieser Welt herab wie ich von meiner Kanzel.‹«

Es braucht keinen Tariq Ramadan, um sich erklären zu lassen, dass Muslime bei Islam-Karikaturen nicht durchdrehen sollen. Besonders Muslimas sollten sich von seiner weichen Gestalt und seiner eloquenten Art zu reden nicht einwickeln lassen. Vor allem jene Damen, die sich als äußerst praktizierend wahrnehmen, sollten ihre Ramadan-Verehrung in Frage stellen, wenn sie anderen Frauen das Schwärmen für Popstars oder andere Personen zum Vorwurf machen. Eine Muslima, die die homosexuelle türkische Legende Zeki Müren verehrt, verehrt wenigstens jemanden, der keine politische Augenwischerei betreibt, sondern mit seinem Wirken Kitsch, Poesie, Freude und Unterhaltung verbreitet. So aber kann die Mahnerin die homosexuelle Neigung verurteilen, weil ihr Guru Ramadan Homosexualität für haram erklärt hat und die Haltung zum Thema Homosexualität ohnehin in allen Religionen gleich sei.[17] Wie üblich suchen derartige Muslime bei diskriminierenden Koran- und Hadith-Interpretationen den Schulterschluss zu anderen Religionen, von denen man sich sonst gerne abgrenzt.

Mit diesen Gestalten führt der Weg direkt in die Spaltung statt zu einem friedlichen und respektvollen Zusammenleben. Die Unfähigkeit jener muslimischen Anhänger und Anhängerinnen, sich emotional von der Geschichte des islamischen Machtverlusts der Großreiche zu erholen sowie die zum Teil unbarmherzige staatliche Modernisierungsverordnung in Staaten wie der heutigen Türkei durch den Staatsgründer Kemal Atatürk zu verschmerzen, birgt weder Fortschritt noch Frieden.

Vor allem Musliminnen sind unter diesen Umständen die Hauptbenachteiligten, da sie in Fragen der Religion und ihrer Rolle zumeist Halbgebildeten folgen. In Deutschland zählen dazu Prediger wie Pierre Vogel, Abu Nagie, Ferid Heider oder Abdul Adhim Kamouss, um nur einige wenige zu nennen. Die

Liste ließe sich endlos erweitern. Ihr Denken und Forschen hinsichtlich der Religion ist befangen. Der tunesisch-französische Schriftsteller Abdelwahab Medeb erklärte das Auftreten dieser Protagonisten einer Halbbildung damit, dass sie mit der postkolonialen Phase eine Demokratisierung erfahren haben, ohne in den Genuss tatsächlicher Demokratie zu kommen. Die eigenen Kenntnisse werden als so relevant und ausgeprägt eingestuft, dass sie sich mit ihren Vordenkern messen. »Aus dem aristokratisch geprägten islamischen Subjekt wurde nach und nach der Mensch des Ressentiments, jener Frustrierte und Unzufriedene, der sich für besser hält als die Bedingungen, unter denen er lebt. (...) Wie jeder Halbintellektuelle wird er (mit seiner ganzen Ablehnung) und dem aufgestauten Hass) ein Kandidat für Vergeltung, bereit zur aufrührerischen Aktion mit der dazugehörenden Konspiration und Selbstaufopferung.«[18]

Dies trifft auf rechtsextreme Führerpersönlichkeiten ebenso zu wie auf linksextreme und ist kein rein muslimisches Phänomen. Für jene Muslime im Nahen und Mittleren Osten haben solche Einstellungen ihren Ursprung nicht erst im Kolonialismus. Denn die islamische Welt verlor mit dem intellektuellen Einbruch und den damit ausbleibenden Erfindungen und Errungenschaften, wie es sie noch bis zum 17. Jahrhundert gab, an Bedeutung. Der Westen hingegen hat sich wie einst die Muslime das alte vorislamische Wissen zu eigen gemacht und seinen Weg in die Aufklärung geschafft. Bis heute ist die muslimische Welt nur dazu fähig, die alten Errungenschaften zu bedienen, nicht aber zu neuen Ideen und Erfindungen. Dringlicher erscheint für Staaten die Feindbildpflege vom Dämon Israel. Ihre Bevölkerung hält sie unterversorgt, arm und ungebildet. Gute Bildung ist der Elite vorenthalten. Der Arabische Frühling war der Versuch, sich von der Knechtschaft zu befreien. Länder wie Syrien, der Irak oder

Ägypten führte das in noch größere Konflikte und wachsenden Extremismus inklusive ausländischer Einmischungen, die durch die amerikanische Militäroffensive im Irak zum Beispiel unlängst ins endgültige Chaos führte. Tunesien, das erste Land in dem die Menschen auf die Straßen gingen, hatte sich gerade etwas erholt und war nach den zweiten demokratischen Wahlen auf einem guten Weg, als es im Jahr 2015 zu einem grausamen Terroranschlag kam. Seine blutrünstige und menschenverachtende Tat vollstreckte der Täter im Namen Gottes. Sein Islam war der der Wahhabiten, die durch ihre Imame und Literatur diesen Keim der Gewaltlegitimation in die Köpfe der Menschen pflanzen. Sie müssen ihn hierzu nicht erst zum Handeln aufrufen. Zu diesen Schlussfolgerungen kommen selbst die einfachsten Gemüter. Dieses salafistische Denken wird befördert von Gelehrten und Predigern, die selbst in unseren deutschen Reihen an Universitäten lehren, an Dialogveranstaltungen teilnehmen und die Lehrpläne für den Islamunterricht absegnen.

Machtspiele auf Kosten der Frau

Dass es so weit kommen konnte, ist auch der Tatsache geschuldet, dass sich mit dem Ableben des Propheten die männliche Gefolgschaft das Recht herausnahm, Führungsansprüche geltend zu machen. Und zwar auf dem Rücken der Frauen. Abu Bakr und Ali, zwischen denen der erste Herrschaftsstreit um den Grundstein über die Deutungshoheit über Frauen und Politik entbrannte, spaltete somit auch den vom Propheten begründeten Islam in zwei Lager. Denn der Prophet hatte keinen Nachfolger bestimmt, aber beide erhoben Machtansprüche, was die Spaltung in die zwei Lager der Sunniten und Schiiten zur Folge hatte, die bis heute geopolitisch versuchen, sich gegenseitig zu bekämpfen und die Deutungshoheit über den Islam zu erlangen. Konkret: Saudi-Arabien vs. Iran. Zwei Staaten, zwei Regierungen, zwei extreme Islamauslegungen, deren Konflikt nicht schädlicher und extremer sein könnte und Muslime weltweit in ihrem Denken und Handeln über ihre Grenzen hinweg beeinflusst. So erfolgreich die schnelle Expansion des Islam auch war, gerade jener Expansionsgeist mit dem Schwert nagt am heutigen Islambild. Hinzu kommt, dass er vielen, viel zu vielen männlichen Muslimen als Vorbild für ihr eigenes Ohnmachtsgefühl dient, die sich terroristischen und dschihadistischen Organisationen wie zum Beispiel Al-Qaida, Hisbollah, Hamas, IS oder Millatu Ibrahim anschließen.

Nach dem Tod des Propheten begann somit bereits das nächste große Gemetzel der Männer. Unter dem ersten Kalifen Abu Bakr starben allein in zwei Jahren 40 000 Menschen. Alle weiteren Kalifen wurden im Laufe ihrer Regentschaft aufgrund von Machtansprüchen ermordet. Neunzig Jahre nach dem Tod des Propheten entwickelte sich eine Gewalttheologie, die mithilfe der damaligen Gelehrten legitimiert wurde und die heute allen muslimischen Terrorideologen als Grundlage dient. Die Litanei von »Islam ist Frieden« und »Die Terroristen sind keine Muslime« oder »Das Töten hat mit dem Islam nichts zu tun« fordert nur mehr Leid. Es gilt, sich mit der islamischen Expansionsgeschichte zu beschäftigen, um verstehen zu können, warum muslimische Terroristen sich mit ihren Handlungen auf den Koran, die Hadithe und die Scharia berufen können. Dass sie eine Perversion des Glaubens betreiben, wird nur von Ignoranten in Abrede gestellt. Es gilt, sich mit der Realität, der Geschichte und den Quellen auseinanderzusetzen und anzuerkennen, dass das Leid vor allem von muslimischen Gelehrten und Herrschern legitimiert und befeuert wurde, und dass dies bis heute anhält.

Womit auch Frauenunterdrückung unmittelbar einhergeht. Ohne dabei die friedlichen Zeiten zu negieren, die es unter islamischer Herrschaft auch gab. Denn Frieden und Gerechtigkeit sind im Islam ebenso überliefert. Doch Herrschaft und Eroberung kamen nicht durch fröhliche Tanzabende mit Kebab, Couscous und Ayran zustande, sondern hauptsächlich durch das Schwert. Macht und Herrschaft sind in der Menschheitsgeschichte seit jeher ohne Zweifel vor allem eine Männerbastion. So verwundert es nicht, dass auch im Islam die Deutungshoheit von Männern annektiert wurde. In der Hadith-Wissenschaft ist gar die Rede von dem *'ilm al-ridschal*, der Wissenschaft der Männer. Eindeutig wurde das Revier markiert, was für einige heutige Zeitgenossen auch so bleiben soll.

Seit dem Ende des 8. Jahrhunderts, also im zweiten islamischen Jahrhundert, ist die Grundlage der Hadith-Kritik geschaffen worden. Zu dieser Wissenschaft gehören auch die *kutub ar-ridschal*, die Bücher über die Männer beziehungsweise Traditionarier. Festgehalten wurden darin die Lebensläufe der *ruwat al-hadith*, der Überlieferer der Hadithe, und ihre Kontakte zu anderen Gelehrten. In diesen Schriften finden sich auch die hadith-kritischen Prädikate, die man mit ihren Namen jeweils verbunden hat. Wichtig war zudem, auf das Lehrer-Schüler-Verhältnis des Überlieferers hinzuweisen. Damit sollte die Zuverlässigkeit des Hören-Sagens als Überlieferer gewährleistet sein. Ältere Quellen ließen sich durch die Lehrer sowie durch die schriftlichen Aufzeichnungen, die in dem jeweiligen Besitz waren, überprüfen. Zu den wichtigsten und umfassendsten Gelehrtenbiografien zählen die Werke von al-Maqdisi, al-Mizzi, al-Dhahabi und Ibn Hadschar al-'Asqalanin.

Obwohl die wichtigste und größte Hadith-Überlieferung von Aischa, der jüngsten Frau des Propheten, stammt und auch von Umar ibn al-Chattabs Tochter Hafsa bint 'Umar, die ein eigenes Koranexemplar besaß, welches bei der »Sammlung des Koran« durch den Kalifen Uthman von entscheidender Bedeutung war, gelang es den Männern bis heute, die Frauen vor allem von der Deutung des Korans und der Hadithe fernzuhalten, sie sogar weitgehend aus dieser Wissenschaft auszuklammern. Der Islamwissenschaftler Dr. Mohammad Nadwi trug in seinem Buch *al-Muhaddithat: the women scholars in Islam* rund 8000 Hadith-Überlieferinnen und -Gelehrtinnen zusammen. Eine beachtliche Zahl, die einmal mehr belegt, welches Fundament der Islam erst durch die Frauen erfahren hat. Sie damit immerzu nur in die zweite Reihe zu verweisen und über ihre Köpfe hinweg zu entscheiden, ist die größte männliche Anmaßung, die bis heute andauert, weshalb man angesichts dieser belegbaren Tatsachen von bewusster Negierung sprechen muss.

Muslimische Frauen haben, seit es den Islam gibt, oft genug bewiesen, dass sie mehr können als Baklava backen und dem Mann den Rücken und die Hemden zu stärken. Ignorante Muslime wie Nichtmuslime lassen gerne unbeachtet, dass der erste Gläubige eine sie war, nämlich Mohammeds Frau Khadija. Welchen Respekt Muslime ihr heute zollen, davon berichtete Navid Kermani, der Friedenspreisträger des Deutschen Buchhandels 2015, in seiner fulminanten Rede. Dass nämlich an ihrer alten gemeinsamen Wohnstätte heute ein öffentliches Klo steht. Was für eine Respektlosigkeit in der Heimstätte des Islam! Saudi-Arabien tritt nicht nur die Würde der Frau mit Füßen, sondern verrät die Anfänge des Islam. Ich wünschte mir, Muslime weltweit würden ihre Verachtung mit einem Boykott Saudi-Arabiens demonstrieren, anstatt Butterkekse aus Dänemark zu boykottieren. Nicht einmal Mohammeds Onkel Abu Talib ibn 'Abd al-Muttalib, der bei den Sunniten als nicht konvertiert eingestuft wird, gehörte zu den ersten Muslimen.

Hinzu kommt, dass die Herrschaft der ersten Kalifen ohne Mohammeds Tochter Fatima und seine Ehefrau Aischa nicht möglich gewesen wäre. Der erste Kalif war Aischas Vater Abu Bakr 'Abdallah ibn Abi Quhafa as-Siddiq. Schon früh erkannte er, welchen Einfluss er durch die neue Gefolgschaft erlangt hatte. Denn er gehörte einem unbedeutenden Clan an und kam in Mekka als Stoffhändler zu Reichtum. Mit seinem Kapital verfügte er in seinem Clan über einigen Einfluss. Er wurde zu Mohammeds wichtigstem Helfer und bot ihm auch früh seine noch sehr junge Tochter Aischa an. Damit stärkte er das Band zwischen sich und dem Begründer dieser Religionsgemeinschaft, was viel Macht in Aussicht stellte. Er handelte als Vater nicht anders als viele andere Männer weltweit, die strategisch sinnvoll ihre Töchter unter die Haube bringen. Es verwundert daher nicht, dass er die Nachfolge des Propheten für sich beanspruchte, während zugleich der Vetter und Schwiegersohn des Propheten Abu l-Hasan 'Ali ibn Abi Talib seinen Herrscheranspruch geltend machte. Beide zogen sie ihre Machtsucht vor.

Ohne die Frauen wären diese Männer nichts weiter gewesen als Gefährten unter vielen. Und anstatt dass wir heutigen Muslime, vor allem im Westen, zurück zu diesem weiblichen Erbe finden, folgen wir zunehmend einer islamistischen Lesart. Vorangetrieben von Männern, die nicht nur von unserem heutigen Zeitalter überfordert sind, sondern denen es auch an Kultiviertheit, Intellekt und Gerechtigkeitssinn fehlt. Der Islam mutiert zunehmend zu einem Auffangbecken von vulgären Menschen, die kein Interesse daran haben, sich weiterzubilden, sich mit dem Erbe des Islam auseinanderzusetzen und die lieber einer für sie salafistischen, also angeblich an den Altvorderen orientierten Lesart folgen, die ihnen das Gefühl gibt, etwas Besonderes zu sein.

Hinzu kommt, dass die Frauen in diesen Reihen durch ihr Denken und Auftreten eine Aufmerksamkeit erfahren, die ihnen unter nichtsalafistischen und nichtislamistischen Umständen nicht zuteilwürde. Ohne Frage klingt diese Feststellung widersprüchlich. Doch als Konvertitinnen erfahren diese Frauen viel Bewunderung und Anerkennung von vielen Geburtsmuslimen und der neuen Gemeinde. Manche treten öffentlich auf, wie zum Beispiel Nora Illi, ehemals Punk und heute Leiterin des Departements für Frauenangelegenheiten beim Islamischen Zentralrat Schweiz (IZRS), einer salafistisch geführten Vereinigung, die antisemitisch ist. Ihr Präsident Nicolas Blancho trat 2011 bei einer Kundgebung gegen »Islamophobie« mit einem »Muslimstern« auf – einem gelben Stern, auf dem in Frakturschrift »Muslim« stand. Der Chefredakteur der jüdischen Zeitung *Tachles,* Yves Kugelmann, kommentierte diese Aktion mit: »Aber nicht auf diese billige Art«.[19] Blancho pflegte zudem Kontakte zu Al-Qaida. Unter anderen Umständen würde weder Nora Illi noch ihren Kumpanen irgendjemandem weiter Beachtung schenken oder gar mit ihr, komplett verhüllt, in einer Talksendung im Namen einer Weltreligion sprechen. Was genauso für ihren ebenfalls konvertierten Ehemann Abdel Azziz Qaasim Illi gilt, einem ehemaligen Technoliebhaber und nun Vorstandsmitglied des IZRS.

2. EIN ISLAMVERSTÄNDNIS RICHTET SICH EIN

Es waren einmal Hinterhöfe

Die Moscheen aus den 1960er- und 1970er-Jahren, den ersten Jahren der Einwanderungszyklen in Deutschland, sind oft eigenverantwortlich von gemeinnützigen Vereinen gegründet worden. Häufig handelte es sich um kleine Gewerberäume, die als spärlich eingerichtete Hinterhofmoscheen dienten. Die Spenden der Gemeinschaftsmitglieder sowie der regelmäßig dort betenden Moscheebesucher und -besucherinnen haben dieses Provisorium bis heute erhalten. Denn wozu eine repräsentative Moschee bauen, wenn die GastarbeiterInnen morgen vielleicht schon wieder in ihre Heimat aufbrechen? Heute ist ein Teil der über 2600 Moscheen in einem der Islamvereine organisiert. Zum Beispiel in der DİTİB (Türkisch-Islamische Union der Anstalt für Religion), der IGMG (Islamische Gemeinschaft Milli Görüş), der wiederum im IRD (Islamrat in Deutschland) organisiert ist. Des Weiteren gibt es noch die Ahmadiyya Muslim Jamaat Deutschland, den ViKZ (Anstalt für Religion und Verband der islamischen Kulturzentren), den ZMD (Zentralrat der Muslime), die IGS (Islamische Gemeinschaft der schiitischen Gemeinden Deutschlands) und den Zentralrat der Marokkaner in Deutschland (ZMaD). Hinzu kommt der alevitische AABF (Alevitische Gemeinschaft Deutschland). Islamrat, ZMD, DİTİB und ViKZ haben sich 2007 auf Anraten des damaligen Bundesinnenministers Wolfgang Schäuble zu einem sogenannten Koordinationsrat der Muslime (KRM) zusammengeschlossen, der allerdings nicht als Dachverband aller Islamvereine fungiert, sondern eher als Sammelbecken für nicht gewählte Islamvertreter.

Bis heute ist der KRM kein eingetragener Verein. Zu sehr überwiegen offenbar die Konkurrenzkämpfe der einzelnen Verbände untereinander um den Status, auf staatlicher Ebene alleiniger Ansprechpartner für die Muslime in Deutschland zu sein. Dies verwehrte den Verbänden bislang die Möglichkeit, als Körperschaft des öffentlichen Rechts anerkannt zu werden, weswegen sie auch nicht in den Genuss einer Art Kirchensteuer kommen, wie sie etwa die jüdische Gemeinde via Finanzamt einziehen kann. Angesichts des Islamverständnisses, das die Verbände vertreten, scheint mir das allerdings nicht das schlimmste Szenario! Und doch hat sich das Ausharren der Verbände für sie gelohnt. Denn ihre Haltung – wir müssen uns nicht bewegen und unsere Islamansichten nicht hinterfragen! – hat ihnen trotzdem eine Hintertür zur staatlichen Anerkennung eröffnet. Bundesländer wie Nordrhein-Westfalen oder Niedersachsen sehen die Anerkennung einzelner Vereine als Religionsgemeinschaft auf einem guten Weg. Auch wenn ein Positionspapier der Grünen-Politiker Cem Özdemir und Volker Beck im November 2015 die existierenden Verbände nicht als Religionsgemeinschaften im klassischen Sinne einstufen.[1]

Als Frau und Muslima hält sich meine Begeisterung angesichts des zum Teil von den Verbänden verbreiteten Islamismus sowie ihrer Verbindungen zu islamistischen Gruppierungen in Grenzen. Ohne eine Auseinandersetzung der Verbände mit ihren extremistischen Rändern und ohne eine Aufarbeitung ihrer eigenen Rolle im Extremismus sowie ihrer salafistischen Inhalte sehe ich ihre Anerkennung zu dieser Stunde als eine gravierende Fehlentscheidung an, die vor allem uns Frauen und Mädchen langfristig viel Benachteiligung bringen wird. Unter dem Bedeutungsgewinn der Verbände werden Mädchen, Frauen und LGBTs als Erste zu leiden haben, da die zum Teil islamistischen Ansichten der Verbände nicht nur in den Lehrplan des Islamunterrichts einfließen, sondern auch in der Jugendarbeit sowie in der (Gefängnis) Seelsorge und Extremismusprävention Einfluss nehmen werden. Ohne eine Aufarbeitung der eigenen Rolle durch die Verbände wird das Projekt eines gleichberechtigten Islam in Deutschland scheitern.

Ich wage die Behauptung: Das muslimische Führungspersonal in Deutschland ist vor allem eines – unfähig. Und diese Unfähigkeit wirkt sich auch auf die Moscheevereine aus, die bis heute chronisch unter Geldmangel leiden und vor allem auf Ehrenamtliche angewiesen sind, deren Basisarbeit meist weiblich geprägt ist. Nur, weil Verbände staatliche Gelder erhalten, wird deren Führungspersonal nicht kompetenter und ihr Denken frauenfreundlicher. Das Gedankengut bleibt dasselbe – es wird nur entlohnt. Einige Moscheevereine, wie zum Beispiel die DİTİB, die der türkischen Religionsbehörde DIYANET unterstellt ist, entsandte bereits in den 1980er-Jahren ausgebildete Imame nach Deutschland, als deutlich wurde, dass aus den Gastarbeitern türkische Arbeiter in Deutschland wurden. Dieser Einsatz ist vor allem der großen Anzahl Türkeistämmiger in Deutschland geschuldet. Auch Marokko entsandte und entsendet vereinzelt Imame in Städte und Länder, wo viele Marokkostämmige leben. Wie zum Beispiel in die Niederlande und nach Belgien, wo auch ein

Mitglied meiner Familie bis zu seiner Pensionierung als Imam einer Gemeinde tätig war.

Damit bleibt die religiöse Unterweisung von muslimischen Kindern und Jugendlichen in Deutschland nach wie vor vielen Zufällen unterworfen. Sie ist weder strukturell organisiert noch inhaltlich unproblematisch, da sie auch immer von der Politik des Herkunftslandes abhängig ist, wie es am Beispiel der Türkei deutlich wird. Während vor dem Erstarken der AKP ein weniger dogmatischer Islam gelehrt wurde, sind es heute zunehmend Sympathisanten der Muslimbruderschaft, die an Einfluss gewinnen. So lässt uns İbrahim Alboğa, der Vorsitzende der DİTİB-Jugend Rheinland-Pfalz, via Facebook anhand einer Fotocollage mit den ägyptischen Muslimbrüdern Mohammed Mursi und Muhammad Badi'e wissen: »Unsere Kinder werden bezüglich uns sagen: das waren Männer.«[2] Er ist der Sohn von Bekir Alboğa, dem Beauftragten für interreligiösen Dialog. Begriffe wie Jugend- und Dialogarbeit verkommen hier zu Hohlkörpern ohne respektvollen und substanziellen Inhalt. Ein weiterer Faktor kommt hinzu: Da die Muslime unterschiedliche Sprachen und Dialekte sprechen, braucht es mehr denn je für die zweite, dritte und für die kommenden Generationen in Deutschland deutschsprachige Angebote. Bedauerlicherweise sind aber genau diese Angebote für junge Muslime und Konvertiten – religiöse Literatur, Videomaterial oder Freizeitangebote – reformsalafistisch oder extremistisch beeinflusst. Für die jungen, aber auch für viele der älteren Gläubigen, die meist nur mit einem eingeschränkten Islamwissen ausgestattet sind, sind diese salafistischen Einflüsse schwer auszumachen. Selbst den Eltern ist diese salafistische Bewegung in all ihren Spielarten ebenso unbekannt wie der nichtmuslimischen Gesellschaft. Hat sie doch nichts mit ihrem alten Islam aus der Türkei, Tunesien oder Syrien zu tun.

Im Fokus: Die muslimische Jugend

Leider wirft das diffuse Minderwertigkeitsempfinden vieler junger Menschen, die sich als Muslime verstehen, weltweit seine Schatten bis in unsere Gegenwart. Sie empfinden eine Leerstelle in ihrem Leben. Wer und was sind sie in dieser Gesellschaft? Welchen Platz können und dürfen sie einnehmen, ohne als Bürgerin und Bürger in Frage gestellt zu werden, allein weil ihr Name Aischa oder Ahmed lautet? Das Bedürfnis, mit ihresgleichen zusammen zu sein und einen Rahmen zu finden, in dem ein Austausch möglich ist, ohne sich erklären zu müssen, woher er oder sie kommt, ist bei ihnen virulent. Endlich Antworten auf die Fragen zu bekommen, die einen umtreiben, auch Antworten auf komplexe gesellschaftliche Fragen, die im familiären oder schulischen Rahmen offen bleiben. Immer verbunden mit der grundsätzlichen Frage: Was ist Islam, und was müssen wir als Muslime darüber wissen? All dies auch, weil sie mit den Fragen von Nichtmuslimen, mit denen sie oft konfrontiert werden, häufig überfordert sind.

Das beste Beispiel, wie eine Antwort auf solche Bedürfnisse aussehen kann, bietet die Jugendarbeit der Muslimischen Jugend in Deutschland (MJD) und ihres österreichischen Pendants MJÖ. Aber auch andere Gruppierungen versuchen, mit bundesweit ausgetragenen Veranstaltungen die Nähe zu einer jungen Gesellschaft zu gewinnen, die wissbegierig und noch manipulierbar ist und allzu oft nicht in der Lage, problematische Inhalte zu erkennen und einzuordnen. Sie kommen zusammen auf Events wie zum Beispiel der Berliner YouCon. In Vereinen wie JUMA in Berlin oder dem bundesweiten Zahnräder Netzwerk versuchen sie, die Potenziale der Jugend für sich zu wecken und sie gleichzeitig zu empowern. Was für diese Generation von großer Bedeutung ist, um sich endlich wertgeschätzt zu fühlen und der nichtmuslimischen Gesellschaft mit mehr Selbstbewusstsein begegnen zu können. Aber auch, um den allgegenwärtigen Rassismus abzuwehren – anders als die Elterngeneration, die rassistische Anfeindungen viel zu oft stillschweigend über sich ergehen ließ. Die BetreiberInnen dieser Veranstaltungen und Organisationen, allen voran deren Sprecherinnen, finden schnell Anklang, indem sie das ansprechen, was ihr Gegenüber hören möchte. Der Tenor lautet daher fast immer: ISLAM-HATS-ERFUNDEN- und ES-WIRD-IMMER-NUR-ÜBER-UNSERE-(KOPFTUCH)KÖPFE-HINWEG-GESPROCHEN-UND-NICHT-MIT-UNS sowie ISLAM-IST-DIE-LÖSUNG. Dass sich das in den vergangenen fünf Jahren durchaus auch zum Positiven geändert hat, ist maßgeblich Vereinen und Initiativen wie Neue Deutsche Medienmacher, Mediendienst Integration, Junge Islam Konferenz und DeutschPlus zu verdanken, die einen pluralistischen und nicht ausschließlich religiösen Weg verfolgen – und schon gar keinen salafistischen. Ihre intellektuelle Vielfalt ist der Motor einer Debatte, die ein neues deutsches Leitbild voranbringt. Nicht unter dem maßgeblichen Gesichtspunkt der Religiosität, die im Falle der Verbände und muslimischen Vereine von dogmatischer Natur ist.

MJD, JUMA und Zahnräder schenken den Teilnehmerinnen ein neues Selbstbewusstsein, das sicher zu einem ausgewogenen Selbstbild führen kann und nicht negiert werden darf. Bei einigen führt es jedoch auch geradewegs zur Selbstüberschätzung, was sich in ihren Debattenbeiträgen äußert, die nicht etwa das Ergebnis eigener Überlegungen sind, sondern direkt den Köpfen der ideologischen Vordenker entspringen. Und die neuen Zugänge in die Medien und politischen Parteien, die sich ihnen plötzlich eröffnen, spornen sie umso mehr an, sich öffentlich im Sinne der muslimischen Gemeinschaft einzubringen, weil sie sich mit ihr stark identifizieren und weil sie sich vor allem für den Islam einsetzen wollen. Junge Frauen dominieren diesen Bereich und treffen auf bereitwillige Unterstützung durch nichtmuslimische Medien und Behörden, die nicht als rassistisch oder muslimfeindlich gelten wollen und daher kaum kritisch hinterfragen. Überhaupt: Die Vereine füllen eine Lücke, die weder Eltern noch Gesellschaft bislang füllen konnten. Sie schenken den Jugendlichen eine Identität: die Identität, deutsche Muslime zu sein, ohne den Ballast der ausländischen Wurzeln tragen zu müssen, für die sie sich bisweilen zum Teil auch schämen.

Aber auch junge Frauen, die zum Islam übergetreten sind, suchen hier ihre neue Identität, die naturgemäß nicht deutsch-türkisch oder deutsch-arabisch sein kann. Wenn auch gerade jedes dieser Länder Bräuche mitbringt, die die Kulturen groß gemacht haben und Menschen Freude bereiten. Das Feiern religiöser Feste, Kleidung, Musik und Literatur – all das sind elementare Säulen für die Entwicklung und Reife eines Menschen. Konvertiten können solche Bräuche nur adaptieren, meist werden sie aber als religionsverfälschend betrachtet, einige werden sogar abgelehnt, etwa weil sie jüdischen Ursprungs sind oder aus salafistischer Sichtweise als nicht erlaubt gelten. Und so gelingt es dem Salafismus in seinen unterschiedlichen Gattungen, bei so vielen Gruppen Anklang zu finden: Neu-Muslime müssen sich in keine fremde Kultur begeben, und Geburtsmuslime, die kaum etwas oder nur Negatives mit ihren Herkunftskulturen und Sitten verbinden, können all das von sich abschütteln und sich dem vermeintlich reinen und wahren Islam zuwenden. Alle anderen haben in ihren Augen keine Ahnung und praktizieren einen verfälschten Islam. Ein simples Welt- und Islambild.

Individuelle Entfaltung und eine Auseinandersetzung mit den theologischen Quellen gibt es so gut wie nicht. Hingegen werden maßgeblich die Inhalte der Schriften von Sayyid Qutb, Hassan al-Banna und Yusuf al-Qaradawi verbreitet und unverhohlen unters junge Volk gebracht, wie mir einige ehemalige und regelmäßige MJD-Teilnehmerinnen berichteten. Es wird nicht nur strikt nach Geschlechtern getrennt, neben Freizeitangeboten wie Bogenschießen, Basteln etc. gibt es auch Gesprächskreise und Unterrichtseinheiten, wo eben jene Denker und auch Folgeautoren zitiert und ihre Literatur ausgegeben wird. Die MJD spricht Eltern sogar explizit auf ihrer Webseite an: »Besonders als Jugendlicher verbringt man viel Zeit mit seinen Freunden, die einen sehr großen Einfluss auf unsere Persönlichkeitsentwicklung haben. Deshalb ist es umso wichtiger, dass Ihr Sohn oder Ihre Tochter nicht nur, aber auch muslimische Freunde hat. (…) Auch verhilft die MJD den jungen Muslimen zu einer selbstbewussten Haltung und unterstützt sie dabei, sich aktiv in die hiesige Gesellschaft einzubringen. (…) Natürlich geschieht der Hauptteil der Erziehung im Elternhaus. Trotzdem versucht die MJD besonders in der lokalen Arbeit vor Ort noch ein bisschen nachzuhelfen. (…) Es ist schwer, als junger Muslim seine Religion richtig kennen zu lernen. (…) Statt ›rumzuhängen‹ können die Jugendlichen ihre Religion kennen lernen und praktizieren.«[3]

Der Verfassungsschutz Baden-Württemberg schreibt 2013 über die Muslimbruderschaft und ihren Einfluss auf Jugendorganisationen: »Das internationale Netzwerk der MB teilt jedoch Grundüberzeugungen, die mit demokratischen Prinzipien wie der Meinungsfreiheit, der Volkssouveränität und der Gleichberechtigung unvereinbar sind. (…) Die Islamische Gemeinschaft in Deutschland e. V. (IGD) besteht (unter Einbeziehung ihrer Vorgängerorganisation) seit 1960. (…) Sie steht in enger Beziehung zu den Jugendorganisationen Muslimische Studentenvereinigung (MSV) und Muslimische Jugend in Deutschland e.V.

(MJD) (…) Muslimische Jugend in Deutschland e. V. (MJD) (…) ist Mitglied der paneuropäisch agierenden Plattform Forum of European Muslim and Youth Organisations (FEMYSO).«[4]

Die MJD, die 2002 für ihre ehrenamtliche Jugendarbeit sogar mit dem Heinz-Westphal-Preis ausgezeichnet wurde, hat gegen diverse Medienartikel und Verfassungsschutzberichte geklagt, Stellungnahmen veröffentlicht und dabei auch Teilerfolge erzielt. So werden sie im Verfassungsbericht von 2014 nur noch als Jugendorganisation der IGD erwähnt, die zwar formal unabhängig sei, aber enge Verbindungen zur IGD halte. »Bei öffentlichen Auftritten werden Bekenntnisse zur MB und verfassungsfeindliche Äußerungen vermieden. Gleichwohl sind die Aktivitäten der IGD-Zentren aufgrund der ideologischen Ausrichtung an der MB geeignet, eine ablehnende Haltung gegenüber westlichen Werten zu verstärken und Demokratiedistanz zu fördern.«[5] Diese Feststellung führte 2010 sogar dazu, dass die MJD einige Äußerungen des Verfassungsschutzes als Unterstellung darstellte. Auf die Passage vom Verfassungsschutz: »In einem Schulungsleitfaden der MJD heißt es, ein Teilnehmer sollte nach Abschluss des Kurses dazu ›fähig sein, durch die Schönfärberei der westlichen Regierungen zu sehen, welche die tyrannischen muslimischen Herrscher unterstützen und involvieren, um muslimische Regime aktiv zu destabilisieren‹. Eine konsequente Umsetzung derartiger Lehrinhalte würde den grundlegenden Prinzipien einer demokratischen, rechtsstaatlichen Ordnung widersprechen«,[6] wird wie folgt reagiert: »Hierzu ist festzuhalten, dass der zitierte Text uns weder bekannt ist, noch solche Inhalte auf unseren Veranstaltungen vermittelt werden. Der VS unterlässt es aus gutem Grund eine Quelle zu nennen. Für uns ist nicht nachvollziehbar, woher diese Zitate stammen. Aus MJD-Unterlagen stammen sie jedoch mit Sicherheit nicht. Die Position der MJD und ihr jahrelanges

Engagement zielt auf das genaue Gegenteil, nämlich die Integration muslimischer Jugendlicher in die Mehrheitsgesellschaft und das Vermitteln der Notwendigkeit gesellschaftlicher Partizipation. Das Motto der MJD lautet: Jung – Muslim – Deutsch. Es wird also gerade auf die Vereinbarkeit von ›Deutschsein‹ und Muslimsein großer Wert gelegt.«[7] Wie Jung-Muslim-Deutsch aussehen kann, können alle in *Jung & Muslim* von Murat Demiryürek nachlesen. Das Buch ist 2007 im MJD-nahen Green Palace Verlag erschienen. Da wird unter anderem empfohlen, sich in mehrheitlich muslimische Viertel zurückzuziehen, und es wird erklärt, wie der Teufel mit den Geschlechtern Schindluder betreibt.[8]

Wo Islam drauf steht, so haben es viele Eltern einst selbst gelernt, kann schließlich auch nur Gutes drin stecken. Doch Eltern, die nicht gerade vorhaben, ihre Kinder mit der Ideologie der Muslimbruderschaft aufzuziehen, sollten lieber einen Bogen um die MJD machen. Was so harmlos-aufopfernd daherkommt, dient dem politischen Islam. Besonders für Mädchen bedeutet es eine Konditionierung im Sinne der Sache und der Gemeinschaft, was mir ehemalige und langjährige MJD-Teilnehmerinnen im Gespräch bestätigten. Sie haben die Ideologie hinter sich gelassen und gehen heute selbstbestimmt ihren Weg. Andere bevorzugen eingeschüchtert das Schweigen und halten damit unfreiwillig ihre Hände schützend über dieses System. Womit die Organisatoren durchaus zufrieden sein dürften.

Ein Hauch rechts inklusive Männerrechte

Nicht alle Tuchträgerinnen sind Islamistinnen, doch wer in islamistischen Gruppierungen sozialisiert wurde oder sich zu diesen Gruppierungen unkritisch verhält, vertritt meist einen Islam, der mit Individualität und freiem Denken kaum etwas zu tun hat. Sicherlich kann Frau als die Tochter von Rechten nur schwer ihre Familie verstoßen, doch deren Veranstaltungen und Positionen kann sie meiden und auch verurteilen. Auch die 68er-Bewegung grenzte sich bewusst von der Elterngeneration ab und bot Paroli, wenn faschistisches Denken am Esstisch durchschimmerte. Auffällig sind jedenfalls die Ähnlichkeiten zwischen der MJD/MJÖ sowie ihren Unterveranstaltungen wie dem Muslimischen Mädchenmeeting (MuMM) oder dem Brüdermeeting (BM) und rechten Gruppierungen. In ihren Organisationsstrukturen und ihrer Jugendarbeit erinnern sie stark an rechte Jugendangebote wie die mittlerweile verbotene Heimattreue Deutsche Jugend (HDJ). »Die Berliner Behörde wies der HDJ nach, dass deren Bekenntnis zu gemeinnütziger Jugendarbeit und zum Grundgesetz nur ›Fassade‹ gewesen sei. Die eigentliche Zielsetzung habe demnach in der ›Heranbildung einer neonazistischen Elite‹ bestanden, Kinder seien durch Verbreitung ›(…) nationalsozialistischer Ansichten im Rahmen von vorgeblich unpolitischen Freizeitangeboten‹ ideologisch beeinflusst worden.«[9]

Dass es gerade deutsche Konvertiten wie Ahmad von Denffer und Muhammad Siddiq Borgfeldt waren, die die Strukturen der MJD beispielsweise aufgebaut haben und die antisemitische Welt- und Geschlechterrollenbilder in Publikationen verantworten und sich damit auch an Nazistrukturen[10] orientieren, verwundert da kaum mehr. Offenbar haben beide als 1944 und 1949 Geborene die NS-Ideologie nur bedingt verarbeitet – vor rechter Ideologie schützt auch das Muslimsein nicht. Erst recht nicht das salafistische Muslimdasein. Ohne diese Herren gäbe es mit großer Wahrscheinlichkeit diese Angebote nicht. Die Inhalte für die Mädchenbildung lieferten zum Großteil Konvertitinnen, die dort selbst Vorträge hielten.

Es gäbe auch kein publizistisches Medium wie die *Islamische Zeitung*, die ebenfalls von einem Konvertiten namens Abu Bakr Rieger mitherausgegeben wird. Um ein Klischee zu bedienen: Ohne deutsch-deutschen Fleiß wäre die islamische Gemeinschaft wohl etwas ärmer an Angeboten. Denn die Versuche, weitgehend unabhängige deutschsprachige islamische Zeitungen oder Zeitschriften herauszubringen, sind meist gescheitert oder erst gar nicht unternommen worden. Rieger ist eine schillernde Figur. 1993 hielt er auf einer Veranstaltung zu Ehren von Cemaleddin Kaplan – bekannt als der Kalif von Köln – eine Rede. 2007, als ein Video der Rede auf Youtube Verbreitung fand, bedauerte er vor allem einen antisemitischen Satz: »Wie die Türken haben wir Deutschen in der Geschichte schon oft für eine gute Sache gekämpft, obwohl ich zugeben muss, dass meine Großväter bei unserem gemeinsamen Hauptfeind nicht ganz gründlich waren.« Doch trotz seines Bedauerns, die antisemitischen Bezüge blieben. So verantwortet er bis 2014 gemeinsam mit Jürgen Elsässer und dem Verleger Kai Homilius das Querfrontmagazin Compact. In der rechtspopulistischen Zeitung Junge Freiheit erklärte der Medienredakteur Ronald Gläser, dass Rieger für die israelkritische Linie des Magazins verantwortlich sei.[11]

Faschismus und politischer Islam haben eine lange gemeinsame Tradition. Das sollte in der Jugendarbeit zunehmend berücksichtigt werden. Denn die Nazis unserer Tage sind nicht nur die Glatzköpfe in Springerstiefeln, sondern sie sind auch als Nipster, Veganer mit Liebe zur deutschen Natur und zur Heimat unterwegs. Und auch Muslime zählen dazu, die nicht nur ihr jüdisches Kulturerbe negieren und in Israel den Feind ihrer Religion sehen, sondern zudem glauben, dass sich harte Pornografie in jüdischer Hand und Amerika unter zionistischer Herrschaft befindet. Die also derart wirre Haltungen und Verschwörungstheorien vertreten, dass sie ihre Zöglinge für dieses Gedankengut, um ein leichtes Spiel zu haben, am besten so früh wie möglich auf Kurs bringen. Auf Kurs bringen wollte sie auch Mohammed Mahdi Akef, ehemaliges Oberhaupt der ägyptischen Muslimbrüder, die bekannt dafür sind, dass sie bereits Kinder mit ihrer Ideologie aufziehen, damit es ihnen ein Leichtes ist, sie unhinterfragt zu unterwürfigen Anhängern zu machen, die ihrer Herrschaftsregie zu Ruhm und Macht verhelfen. Auf die Ansage, dass er niemals Ägypten regieren werde, gab Akef seinem politisch links stehenden Freund und ehemaligen Gefängnisgenossen Rafit Al Said folgende Antwort: »Du bist naiv, ich will kein Führer sein. Doch wenn alle Frauen einen Hijab und alle Männer einen Bart tragen, werden sie mich anflehen, sie zu führen.«[12] Diese Aussage führt noch einmal vor Augen, welche Bedeutung das äußere Erscheinungsbild für die Muslimbruderschaft hat. Individualität ist nur innerhalb des kodifizierten Erscheinungsbildes erlaubt. In ihrem Islamverständnis sind die Verhüllung der Frau und das Tragen eines Bartes und Anzugs nicht nur ein Gebot, sondern auch ein Erkennungszeichen, eine Art Uniform. Im erweiterten und zugespitzten Sinne sind diese Muslime Soldaten, die je nach Region und Umsetzungsbefehl der Verbreitung dieses Islamverständnisses dienen.

Es wird gefordert, Da'wa-Arbeit zu betreiben, sich nützlich und kreativ in die Gesellschaft einzubringen, soweit es die ideologischen Regeln erlauben. Da'wa wird gerne als Einladung zum Islam verstanden, als eine Form von Missionierung. Vor allem medial heißt es, Themen wie Islamophobie als Äquivalent zum Antisemitismus zu etablieren. Einige gehen sogar so weit zu behaupten, Muslime seien heute in derselben Position wie einst die marginalisierten Juden. Mit dieser Selbstwahrnehmung ist garantiert, dass Extremismus- und Islamismuskritik umgangen werden können.

Getreu dem Motto: Wer Opfer ist, kann kein Täter sein. So lange Frauen mit Kopftüchern angefeindet werden – denn niemand hat das Recht, physische oder psychische Gewalt gegen jemanden zu richten –, so lange gibt es gute Gründe, Muslimfeindlichkeit und Rassismus zu bekämpfen. Aber das schließt die Auseinandersetzung mit den eigenen problematischen Akteuren und Inhalten nicht aus und kann schon gar nicht zur Relativierung dienen.

Mädchen, die noch nicht durchblickt haben, was vor sich geht, und das Tuch nicht etwa tragen, um zum Mediengesicht aufzusteigen, sollten sich fragen, warum man sie in Sachen Verhüllungs-»Gebot« belügt und damit der Gewalt aussetzt. Warum man ihnen nicht die Last nimmt und es zulässt, eine gute und praktizierende Muslima zu sein, auch ohne sich zu verhüllen. Und vor allem, warum man ihnen nicht offenbart, dass nichts von der Verhüllung der Haare im Koran steht und es sich dabei ausschließlich um eine männliche Interpretation handelt, die nie das Wohl der Frauen und Mädchen im Sinn hatte. So manche Schuldgefühle, bittere Gerichtsprozesse, Diskussionen, schlaflose Nächte, so manche Tränen wären Mädchen und Frauen erspart geblieben. Je früher ein bestimmtes Glaubensverständnis verinnerlicht wird, desto überzeugender und selbstsicherer kann am Ziel einer islamischen Gesellschaft auf Grundlage einer individuellen Scharia-Gesetzgebung nach den Vorstellungen dieser islamistischen Gruppen gearbeitet werden. Das im Großen. Im Kleinen genügt es, dass die Frauen sich einfach unterordnen und nicht aufmucken.

Der eben schon erwähnte Mohammed Mahdi Akef hat auch für die Muslimbruderschaft in Deutschland eine entscheidende Rolle gespielt. Von 2004 bis 2010 war er Leiter des Islamischen Zentrums München, wobei er ganz klar das IZM als der Muslimbruderschaft zugehörig bezeichnete.[13] Das IZM wurde 1973 eröffnet und als Sitz der Islamischen Gemeinschaft in Deutschland

e. V. gegründet, es ist die erste Moschee der Muslimbruderschaft in Deutschland.[14] Zudem war das IZM Gründungsmitglied des ZMD. Sein bekanntester Vertreter heute ist Aiman Mazyek, der in den Medien nicht müde wird zu sagen, dass Islam Frieden sei und Terror nichts mit dem Islam zu tun habe. Erst als Bülent Uçar, der Osnabrücker Universitätsprofessor, 2015 einräumte, dass Terror einen islamischen Unterbau habe[15], bestätigte auch Mazyek diese Haltung.[16] Doch Mazyek schlawinert sich weiter um die drängenden Fragen unserer Zeit im Zusammenhang mit Muslimen hierzulande herum, pflegt aber gleichzeitig gute Kontakte auf Bundes- und Landesebene und lässt sich als Ansprechpartner der Muslime hofieren, trotz seiner Verbindungen zu dem Verfassungsschutz auffälligen Akteuren.[17] Der bekannte Satz, der Verfassungsschutz ist auf dem rechten Auge blind, trifft wohl auch hier zu. Unkritisch und begeistert reiste Mazyek mit Sigmar Gabriel nach Saudi-Arabien. In einem Interview mit der Deutschen Welle berichtet er, dass er neben dem Papst nun zum ersten Mal einen König treffen durfte und dass Saudi-Arabien viel Komfort für Mekka-Reisende biete.[18] Als wäre er der Sprecher des Tourismusbüros, äußert er sich mit keiner Silbe zum Salafismus, den Saudi-Arabien maßgeblich auch in Deutschland fördert, wo dessen Anhänger ihr Unwesen treiben. Vor lauter Komfort kann man da auch schon mal die alljährlichen Hadj-Unfalltoten aus dem Auge verlieren.

Allerdings erklärt Mazyek 2015 in deutschen Medien salafistische Prediger wie den misogynen Gastprediger der Berliner Al-Nur-Moschee Sheikh Abdel Moez al-Eila aus Ägypten als indiskutabel. Denn »indiskutabel« sei, »was dieser sogenannte ›Imam‹ von sich gibt in seiner herabwürdigenden Frauenfeindlichkeit«.[19] Dieser hatte in einer Predigt erklärt, dass die Ehefrau sich sexuell dem Mann zu unterwerfen habe, wann immer er Geschlechtsverkehr wünsche. Sonst würden sie die Engel verfluchen. Andererseits schwieg Mazyek zur Inhaftierung des Bloggers Raif Badawi. Warum sollte er in diesem Zusammenhang auch Kritik gegenüber Saudi-Arabien äußern? Sowohl auf der Plattform islam.de, die er 1996/97 gründete und bis 2010 als Chefredakteur verantwortete, als auch auf dem Jugendportal waymo.de, das als Projekt seiner Medienagenturwebseite yunay aufgeführt wird und bei dem der Domaininhaber wiederum islam.de e. V. ist, werden ebenjene salafistischen Inhalte, Positionen und Islaminterpretationen verbreitet. Wenn Mazyek also von herabwürdigender Frauenfeindlichkeit spricht, dann beweist dies nur einmal mehr, wie doppelzüngig muslimische Verbandsfunktionäre tatsächlich sind und dass ihren Worten kaum Glauben geschenkt werden kann.

Eben jene Aussage al-Eilas teilte beispielsweise auch der salafistische Prediger Abdul Adhim Kamouss in seiner Youtube-Predigt. *Die Rechte des Ehemannes im Islam*[20], was ihm 2015 auch einen Auftritt in der Talkshow von Günter Jauch einbrachte, worauf er unter dem Namen »Quassel-Imam« bundesweite Berühmtheit erlangte. Deutlich wurde bei Günter Jauch: Kamouss predigt zwar gerne zum Thema Benehmen, lässt aber seine Mitdiskutanten weder zu Wort kommen noch ausreden.[21] Wie nicht anders zu erwarten, vertritt Kamouss die Haltung, die Frau habe dem Manne zu gehorchen und eben auch nicht zu widersprechen, wenn der Mann Sex will. Kamouss spricht damit nur das aus, was Mazyek genauso im Jahr 2005 auf der von ihm verantworteten Seite islam.de unter den FAQ auflistete. Bevor die Aussage 2011 verändert wurde, hieß es dort: »Der Islam erlaubt es der Frau nicht, sich ihrem Mann ohne berechtigten Grund (also willkürlich) sexuell zu verweigern. Dies wird aus folgenden zwei Hadithen deutlich:

1. Abu Huraira berichtet, daß der Gesandte Allahs (Allahs Segen und Heil auf ihm) gesagt hat: ›Wenn eine Frau die Nacht mit der Absicht verbringt, das Bett ihres Mannes zu meiden, so

werden die Engel sie so lange verfluchen, bis sie von ihrem Plan absieht.‹ (überliefert u.a. von Buchari und Muslim, also authentische Überlieferung).

Abu Huraira berichtet, daß der Gesandte Allahs (Allahs Segen und Heil auf ihm) gesagt hat: ›Wenn ein Mann seine Frau in sein Bett bittet, und sie es ablehnt, zu ihm zu gehen, so wird sie von den Engeln solange verflucht, bis sie am nächsten Morgen aufsteht.‹ (überliefert u. a. von Buchari und Muslim, also gesicherte Überlieferung).«[22]

Es handelt sich hierbei also um Hadith-Überlieferungen und um keine persönliche Aussage von al-Eilas und Kamouss, der übrigens eigentlich Elektrotechnik an der TU Berlin studiert hat und seine religiöse Ausbildung in Marokko absolvierte – allerdings nicht an einer anerkannten Theologiefakultät, sondern bei Islamisten, nämlich bei der marokkanischen Jama'a al Islamiyya[23], wie er der begeisterten Konvertiten-Bloggerin Tatjana Rogalski freimütig erzählt.[24] Insofern ist auch Kamouss' Ausrede in der Günter-Jauch-Sendung nach Ausstrahlung seiner frauenverachtenden Predigt, dass er sich geistig weiterentwickelt habe, unsinnig. Entweder verkauft er die Zuschauer und junge Muslime für dumm, oder er sollte das Predigen lieber jenen überlassen, die Ahnung davon haben. Es gilt sich also vielmehr mit den islamischen Quellen auseinanderzusetzen, als die breite Öffentlichkeit und vor allem Frauen und Mädchen wissentlich an der Nase herumzuführen.

Best of Islamismus

Aber als wäre dies nicht genug, bietet die Seite von Mazyeks Projekt waymo.de bis heute eine bunte Tüte an Islamismus für die muslimische Jugend im World Wide Web. Dabei ist die Seite gut aufgestellt: vier Online-SupporterInnen, acht Moderatoren – darunter drei Frauen –, hinzu kommen ein Gesamtprojektleiter und ein Operativer Projektleiter, bei denen es sich im Übrigen um Dr. Abdulla Elyas, einen Sohn des ehemaligen ZMD-Generalsekretärs Nadeem Elyas, handelt sowie um Mazyeks Bruder Humaam. Technischer Leiter ist Maaged Mazyek, ein weiterer Bruder. An Personal – selbst wenn es sich um ein ehrenamtliches Projekt handeln sollte – mangelt es also nicht. Man teilt Videos von einschlägigen Salafisten- und Wahhabitenpredigern wie Abou Nagie, Pierre Vogel, Arifi oder Inhalte der Muslimbruderschaft sowie Inhalte von Hassan al-Banna, Sayyid Qutb, Yusuf al-Qaradawi. Aber auch von Verschwörungstheoretikern à la Ken Jebsen und vom aktuell größten Helden vieler junger Muslime, der Autor Jürgen Todenhöfer, der den Nahost-Konflikt schon einmal damit erklärt hat, dass Israel eine europäische Kolonie auf arabischem Boden sei und es ohne den Holocaust quasi den Israel heute nicht geben würde.[25]

Wer also verstehen will, warum von Verbandsseite keine Kritik an Saudi-Arabien oder am Islamismus kommt, wer wissen will, wie es kommt, dass junge Männer und Frauen der IS-Ideologie verfallen, der muss den Blick auch auf den islamistischen Reformsalafismus werfen, deren Denker beste Verbreitung finden. Mit tatkräftiger Unterstützung von muslimischen Verbänden und den ihnen assoziierten Organisationen und Jugend- und Dialogprojekten. Sie als Kooperationspartner für die Extremismusprävention zu gewinnen oder sie maßgeblich Einfluss auf die Lehrpläne des Religionsunterricht nehmen zu lassen, ist so, als wollte man ein Feuer mit Öl löschen wollen. Wir müssen diese Kräfte mehr in die Pflicht nehmen, sie müssen uns glaubwürdig beweisen, dass sie dieser Ideologie abgeschworen haben. Sonst bleiben Unbehagen und fehlendes Vertrauen, was letztendlich vor allem allen Muslimen in diesem Land schadet und den Generalverdacht nur stärkt, unter dem sie ohnehin schon leiden und der durch die Pegida-Rufe über die Islamisierung des sogenannten Abendlandes genährt wird. Schon deshalb darf nicht weiterhin der Deckel draufgehalten werden, sondern es muss eine Auseinandersetzung stattfinden. Da es intern bis dato nicht geschehen ist, muss jetzt der öffentliche Druck wachsen. In erster Linie im Interesse der Muslime selbst. Statt die Aufdeckerinnen und Aufdecker als NetzbeschmutzerInnen zu diffamieren und mit dem Tod zu bedrohen.

Islam – das Geschäft

Doch jede Ideologie ist nur so gut und zukunftsfähig wie ihre Ideen für alle möglichen Gesellschaftsbereiche. Denn auch für Ideologien heißt es: Ohne Moos nix los. Es gilt also, finanzielle Anreize und Angebote zu entwickeln, um die eigenen Ideen zu verbreiten. Arbeitsplätze zu schaffen ist eine attraktive Option, um Anhängerinnen und Anhänger zu binden. Hinterfragen wollen die wenigsten, und jene, die über ihren Job abhängig sind, haben zudem kaum Alternativen. Getreu der Redewendung: Wes Brot ich ess, des Lied ich sing.

Unter der Führung des Muslimbruders Ahmed Yasin, dem geistigen Vater der palästinensischen Hamas, einer Tochterorganisation der Muslimbrüder, wurde 1967 im Flüchtlingslager Schati die Organisation Al-Mudschama gegründet. Die Einnahmen, die dank der Kleidungsvorschrift durch den Verkauf von Ganzkörperschleiern, Kopftüchern sowie Herrenanzügen erzielt werden konnten, finanzierten den Verein. 1973 gründete Yasin die Mudschamma al-islami, die Vorläuferorganisation der

Hamas, die auch mit Geldern der OPEC (Organisation erdölexportierender Länder) gefördert wurde. Auf die Kleiderordnung wurde deswegen aber nicht verzichtet. Denn das Festhalten daran bestärkte nicht nur die Zusammengehörigkeit, sondern bescherte auch Arbeitsplätze in der produzierenden und verarbeitenden Textilindustrie. Dabei handelten und handelt die Hamas heute nicht anders als der von ihnen verachtete Westen, der mit einer Fülle von Produkten für die und mit den Frauen den Kapitalismus am Laufen hält.

Generell kann bei der verordneten Kleidungsvorschrift von einer Art Islam-Business gesprochen werden, was sich auch auf weitere Bereiche ausbreitet. Das Islamische Zentrum München vergibt zum Beispiel Halal-Siegel für Dönerstuben und Restaurants. Der Halal-Siegel-Markt ist völlig unreguliert, und niemand weiß, welchem Siegel getraut werden kann. Allein in Deutschland gibt es sechs Anbieter, die nicht nur Lebensmittel oder Pflegeprodukte, sondern auch Betriebe wie Evonik, Jever Pilsner oder Roland Mehl als halal einstufen. Wie viel Kommerz mit dem Islam betrieben wird, zeigen auch die Zahlen, die auf halal.de zu finden sind. Allein in Deutschland wird dieser Markt auf vier bis fünf Milliarden Euro geschätzt. Kein Wunder, wenn er durch Dogmen künstlich aufrechterhalten oder gar vergrößert werden soll. 2014 wurden in Deutschland laut Statistischem Bundesamt insgesamt über 2,8 Mio. Euro für Tücher und Schals umgesetzt. Aus der Türkei, einem der wichtigsten internationalen Textilproduzenten, wurden 2013 allein Tücher und Schals aus Kunstfaser im Wert von 1.961.000 Euro nach Deutschland eingeführt. Selbst zahlreiche Islam-Buch-Shops verkaufen Kopf- und Untertücher, sogenannte Bonnets, die dafür sorgen, dass nicht die kleinste Haarsträhne das Licht der Außenwelt erblickt. Unter den Verkäufern von vermeintlich islamischer Kleidung befinden sich oftmals einschlägige Akteure der salafistischen Szene wie der IS-Unterstützer Sabri Ben Abda oder der als Jugend-Imam bekannte Berliner Prediger Ferid Heider. Sie halten es dabei wie die Mullahs im Iran, die jedes lukrative Geschäft unter sich aufteilen und als Gesellschafter leiten. Was liegt da also näher, als im bescheidenen Rahmen seinen weiblichen Gemeindemitgliederinnen die Mär vom Kopftuchgebot in den Kopf zu pflanzen.

Hinzu kommt, dass immerzu vor allem die Herren die Hand aufhalten und um Spenden betteln. Ob es sich dabei um eine Islam-Facebook-Gruppe handelt, um intellektuell unterirdisch verfasste Blogtexte oder nicht enden wollende Predigten in Gemeinden, spielt für sie keine Rolle. Uneigennützigkeit und Engagement für den Islam sieht anders aus. Der Begriff Berufsmuslim, der gerne für Muslime verwendet wird, die als Islamkritiker bezeichnet werden, trifft auf diese Gruppe eigentlich weit besser zu, da sie mit der Religion ein Rundum-Geschäft betreiben, während andere eher als Autoren über die Zustände berichten. Spiritualität steht hier nicht im Vordergrund, sondern eine eingeschworene Gemeinde, die ihre eigene Werteordnung erschafft. Als Gegenangebot zur kapitalistischen Welt da draußen, an der sie aus den unterschiedlichsten sozialen Gründen nicht teilnehmen. Diese Werteordnung schafft sich ihren eigenen Kapitalismus mit allen Oberflächlichkeiten, die dieses Konzept kennt. Möglich macht es der imaginäre Halal- und Islamstempel. Von Halal-Banking, islamkonformen Versicherungen, Halal-Pharmaka über Halal-Kosmetik bis hin zum Halal-Tourismus gibt es beinahe nichts, was es nicht gibt. Mann findet nicht nur seine alkoholfreien Parfums und Hochwasserhosen, auch Frauen und Mädchen finden zu jedem Bekleidungs- und Pflegediktat das passende Halal-Produkt. Kein Marktsektor soll unberührt bleiben.

So wandelt sich der verteufelte westliche Kapitalismus, der als zionistisch erklärt wird, zum islamkonformen Kapitalismus. Hinterfragt wird nichts. Erst, wenn das Kind in den Brunnen gefallen ist, wie bei den sogenannten Islam-Holdings namens Jet-Pa, Kombassan und Yimpas, die statt Zinsen »korangerechte Gewinne« versprachen, ihre naiven Investoren auch in Deutschland suchten, sie schließlich unter Mithilfe von Moscheegemeinden fanden und viele Deutsch-Türken um ihr Erspartes brachten. Ihre Beziehungen zu dem IGMG-Gründer Necmettin Erbakan sind bereits in der Türkei aufgefallen. Bis zu 300 000 Deutsch-Türken waren betroffen, die Ende der 1990er-Jahre beispielsweise ihre Altersvorsorge in diese Fonds investierten. Wie gesagt: Manche Moscheegemeinden halfen, Anlegeopfer zu finden. Sie ließen sich für die Präsentation in ihren Gemeinderäumen mit einer Provision bezahlen. Die Holdingwerber gingen sogar so weit, in Werbefilmen die Zuschauerinnen und Zuschauer zu verunsichern und Szenen von den Brandanschlägen von Solingen einzubinden. Ganz im Stile der heutigen Islamophobie-Manier gilt es, für die eigenen Zwecke das Leid wirklich Betroffener schamlos zu instrumentalisieren. Hunderte klagten an deutschen Gerichten. Laut Schätzung des Zentrums für Türkeistudien in Essen verloren die Anleger und Anlegerinnen rund fünf Milliarden Euro an dubiose Geschäftemacher. Zugespitzt formuliert: Offenbar kann selbst Kriminalität islamkonform sein.

Im Fall von Yimpas Group AG und Yimpas Verwaltungs GmbH, die auch in Deutschland repräsentative Kaufhäuser in den Innenstädten eröffneten, durften in den Geschäften Gebetsräume genauso wenig fehlen wie die vermeintlich islamkonforme Damenkleidung. Blanker Hohn spricht daher aus der Aussage vom damaligen Vorstandsvorsitzenden Dursun Uyar: »Es ist auf jeden Fall besser, mit einem Gläubigen ein Geschäft zu machen, als mit jemandem, der die Rechenschaft vor Allah im Jenseits nicht fürchten muss.«[26] Der Soziologe Pierre Bourdieu lässt grüßen, der diese Form von Vetrauensbonus als Sozialkapital bezeichnet. 2004 wurde in Deutschland Insolvenz angemeldet. Die Insolvenzverwalterin Hildegard Hövel erklärte: »Das Vermögen der GmbH ist systematisch verschoben worden.«[27] Aufgrund der internationalen Verstrickungen – da die Spuren vom Vermögen sowohl in die Türkei, Großbritannien, die USA und Turkmenistan reichen – erging 2005 gegen den Vorstandsvorsitzenden Dursun Uyar ein internationaler Haftbefehl wegen Betruges.

Heute findet sich schon der nächste neuste Schrei aus der islamkonformen Businesswelt – Scharia-Banking. Die Kuveyt Türk Bank gilt als eine der sogenannten Scharia-Banken.[28] Unter Terror- und Finanzexperten werden Scharia-Banken Verbindungen zu islamistischen Terroristen nachgesagt. Diese Banken unterstützen durch ihre finanziellen Mittel den sogenannten Dschihad, was auch die Unterstützung der Hinterbliebenen bedeutet. Laut The Accounting and Auditing Organization for Islamic Financial Institutions (AAOIFI) ist die *zakāt* (Form der Spende) eines der Ethikgebote von Scharia-Banking, und mit diesem Beitrag kann alles unterstützt werden, was der »islamischen« Sache dient. Von der Märtyrer-Mutter bis hin zum Einkauf von Waffen für den Dschihad oder der Errichtung einer islamischen Schule oder Uni. Wie wir gelernt haben, ist alles nur eine Frage der »islamkonformen« Perspektive. Es wundert daher nicht, dass bei der Eröffnung der Kuveyt Bank in Frankfurt Ibrahim al-Zayat und weitere bekannte Akteure zu den Gästen zählten und die Bank auch auf einschlägigen Islamveranstaltungen wie Vereint im Islam als Sponsor auftritt. Hauptanteilseigner mit über 62 Prozent ist Kuwait Finance House. Was also einst mit einem gewöhnlichen Gebetsteppich und einem Gebetsrufwecker anfing, erstreckt sich im harmlosesten Fall von Wandtatoos mit islamischer Kalligrafie über kampfresistente Dschihadistenkleidung bis hin zum Halal-Sexshop und G-String mit einer *Bismillah*-Aufschrift. Es wäre an der Zeit, die Frage zu stellen, wer den Islam verhöhnt. Ob Nichtmuslime mit dümmlichen Karikaturen oder ein Teil unserer eigenen Umma. Wo bleibt da die Empörungswelle?

3. SCHLUSS MIT FALSCHEN KOMPLIMENTEN!

Gehorsam macht's möglich!

Oft heißt es, der Mensch solle auf sein Bauchgefühl hören, er solle seiner Intuition folgen. Und doch sind Bauch und Intuition nicht immer die besten Ratgeber. Besonders bei gesellschaftlichen Themen. Denn nur zu schnell begibt Mensch sich auf dünnes Eis. Besonders das Jahr 2010 machte das deutlich, als wir in Deutschland Zeugen eines ganz bestimmten Bauchgefühls und seiner Wirkung wurden. Als nämlich der ehemalige Berliner Finanzsenator Thilo Sarrazin ein dickes rotes Buch mit dem apokalyptischen Titel *Deutschland schafft sich ab* veröffentlichte. Das Lesen dieses sperrigen Bestsellers bescherte zumindest mir mehr Fragezeichen als Antworten. Das Thema des Buchs war brisant. Um den Rückgang der Geburtenrate in Deutschland ging es und um das heiße Eisen Zuwanderung. Doch manches von dem, was Sarrazin hier behauptete, war unvollständig oder schlichtweg falsch dargestellt. Umso ärgerlicher, gerade weil das Thema so wichtig ist und es im Zusammenhang von Integration und Teilhabe einer kritischen Auseinandersetzung bedarf. War das bewusst so intendiert? Oder war die Recherche schlicht schlampig?

Schier unaufhaltsam rollte die Welle einer neuen Integrationsdebatte ins Land, das Tor zum unverblümt ausgesprochenen Rassismus war weit geöffnet und ließ eine neue Dimension erkennen. Bis dato hatte die breite Masse der Bevölkerung geglaubt, Rassismus und Muslimfeindlichkeit gingen eher von einfältigen Glatzköpfen in Springerstiefeln aus. Dass dies mitnichten der Fall ist, ist jenen bekannt, die Ressentiments, Benachteiligungen und verbale Angriffe ausgerechnet von ProfessorInnen, JuristInnen oder Kulturschaffenden am eigenen Leibe erfahren haben. Dass sich jene Gruppen nun völlig ungeniert öffentlich erleichterten, wurde vor allem durch den Satz »Das wird man ja wohl noch sagen dürfen« eingeleitet. Endlich hatte jemand vom selben Status die Kühnheit besessen, die vermeintlichen Tabus auszusprechen. Dass nämlich ungebildete und aggressive Muslime durch ihre ungebremste Fertilität die urdeutsche Bevölkerung bedrängten, gar überfremdeten. Der Startschuss war gegeben, und ein Teil der betuchten Elite stürmte sodann die lokalen wie digitalen Buchhandlungen und machte ihren Helden zum Millionär – dafür muss eine Oma sehr lange stricken. Die Druckerpresse stand nicht mehr still. Die Auflage sollte sogar die des meistverschenkten Buchs in Nazi-Deutschland übertreffen – Adolf Hitlers *Mein Kampf*. Im Jahr 2012 zählte Sarrazins Buch 1,4 Millionen verkaufte Exemplare, während Adolf Hitler 1933 laut dem Zentralverlag der NSDAP, dem Eher-Verlag, auf 1,182 Millionen kam. Und schließlich gehört das Hardcover *Deutschland schafft sich ab* laut dem Marktforschungsinstitut Media Control zu den meistverkauften Sachbüchern seit Gründung der Bundesrepublik Deutschland.

Befeuert wurde der rassistische Diskurs durch Sarrazins These, dass es ein Juden-Gen gebe, wie er der Presse erklärte. In seinem Buch erklärt er zudem: »Setzt man voraus, dass Menschen die

Menschen – abgesehen von genetisch bedingten Unterschieden in Intelligenz und Temperament – mit grundsätzlich ähnlichen Dispositionen zum Leben geboren werden, dann sind die Möglichkeiten, Institutionen und Systeme zu gestalten, nicht schrankenlos.«[1] Es dauerte nicht lange, bis die Sozialwissenschaftlerin Dr. Naika Foroutan, die sich unter anderem mit Integrationsfragen und europäisch-muslimischen Identitätsmodellen beschäftigt, Licht ins Dunkel der Sarrazin'schen Zahlen und Thesen brachte und einen Großteil seiner Positionen und Erklärungen in der Publikation *Sarrazins Thesen auf dem Prüfstand* widerlegte. Zuvor war sie pünktlich zu Sarrazins Buchveröffentlichung in die Talksendung *Reinhold Beckmann* mit Thilo Sarrazin live zugeschaltet worden, wo sie deutlich machte, dass bei Sarrazin das Bauchgefühl wohl stärker sei als die Faktenlage.

Mit dem Bauchgefühl ist eben nicht immer einfach umzugehen. Wann verleitet es jemanden zu guten, wann zu unvernünftigen Entscheidungen? Wann führt es Mensch gar auf Abwege, weil die persönlichen Beobachtungen und das damit einhergehende Bauchgefühl sich besorgniserregend anfühlen? Eine Frage, die auch mich beschäftigt. Denn es ist ein Balanceakt, reale Probleme auf Seiten der Muslime zu thematisieren, ohne dabei diese Bevölkerungsgruppe zu diffamieren oder gar Applaus aus der falschen Ecke zu ernten. Wie zum Beispiel von rechtspopulistischer Seite. Oder von salafistischer: Beschreiben Autoren und Autorinnen die schönen Seiten des Islam oder verteidigen sie Muslime vor allen Angriffen, dann reihen sie sich zu den demokratischen und emanzipierten Muslimen auch die salafistischen beziehungsweise islamistischen Gruppen. Es erscheint so, als gäbe es nur diese Wahlmöglichkeiten: entweder Islamhetze, oder Mensch wird zu einem sogenannten Haustürken bzw. Haussklaven, sprich zu einer Person, die zur Gruppe der Migranten oder

Postmigranten gezählt wird, die sich der nicht-migrantischen Gesellschaft gegenüber anbiedert. Bekanntestes Beispiel ist der Autor Akif Pirinçci, der bei einem Auftritt in Dresden – ob nun ironisch oder nicht – vor versammelter Pegida-Schar bedauerte, dass es keine KZs mehr gebe.

Im Großen und Ganzen also kein einfaches Unterfangen. Doch Mädchen und Frauen muslimischen Glaubens einer Unterwürfigkeit voller Unwissenheit und Angst ausgeliefert zu lassen, kann und möchte ich auch nicht, indem ich Probleme verschweige und darauf hoffe, dass sie sich von ganz allein auflösen. Denn nichts löst sich auf, im Gegenteil: Meines Erachtens findet eine Verschlechterung der Zustände statt, die früher zum Teil mit der unzureichenden Bildung der Eltern zusammenhingen. Doch heute schlagen selbst Akademikerinnen einen anti-emanzipatorischen Weg ein, was zum Teil auch bei nichtmuslimischen jungen Frauen zu beobachten ist, die das etwa damit begründen, keine Feministin zu sein, und wenn doch, dann eben keine vom Schlage Alice Schwarzers. Allerdings hängen viele dieser muslimischen Frauen bedauerlicherweise einer politischen Weltanschauung an, die in gewissen Ausprägungen mit unserem Gesellschaftsmodell in Konflikt steht. Sich dessen bewusst zu werden, wird eine der notwendigen Auseinandersetzungen in naher Zukunft sein. Wir müssen sie führen, ohne dabei in hitzige Debatten zu verfallen und Muslimen per se zu unterstellen, dass sie ein Problem mit der Demokratie haben oder Frauenhasser sind. Bedauerlicherweise haben es Sarrazins Wälzer und die hitzige Debatte darüber einem nicht leichter gemacht, heikle Themen im eigenen Lager öffentlich anzusprechen.

Denn es wirft Fragen auf, wenn mir Mädchen ihre bedrückenden Geschichten und Erfahrungen anvertrauen, wenn sie nicht den Konventionen ihrer Bekannten und muslimischen Gemeinschaft entsprechen wollen, aber nicht so recht wissen, wie sie ihren persönlichen Bedürfnissen gerecht werden können. Wenn Ausgrenzung und Anfeindungen selbst in meiner Generation gang und gäbe sind und es nicht akzeptiert wird, dass auch Muslime homosexuell sein können. Wenn unterschiedliche Entwicklungen im Kreis von Geschwistern dazu führen, dass abweichende Lebensmodelle – wie einen Nichtmuslim zu ehelichen – nur mit Widerstand toleriert oder gar abgelehnt werden. Wenn ein junges Mädchen in Frankfurt über Jahre gegen den koedukativen Schwimmunterricht klagt und dabei Unterstützung von ihren Eltern und ihrer muslimischen Gemeinde erfährt – vom Aufwand und den damit verbundenen Kosten ganz zu schweigen. Wenn mir in Frankfurt, Hamburg, Hannover oder in Berlin kleine Mädchen in Kopftüchern begegnen oder Erzieherinnen berichten, dass Mädchen, gerade einmal der Windel entwöhnt, mit Kopftüchern in den Kindergarten und später in die Grundschule geschickt werden. Mädchen, die nicht die Pubertät erreicht haben, die gerade einmal vier, sechs oder zehn Jahre alt sind. Die Pubertät sei deshalb erwähnt, weil jene Muslime, die die Verhüllung der Mädchen als religiöse Pflicht verstehen, ab diesem Zeitpunkt aufgrund der körperlichen Reife auf dem Kopftuch bestehen.

Was genau irritiert mich so daran, was wühlt mich auf? Es ist die offenkundige Ungleichbehandlung der Geschlechter. Die Verkürzung der Kindheit und Sexualisierung der kindlichen Individuen. Das Schweigen der Verbände und die fehlende Aufklärung. Als wäre diese Kinderzeit nicht ohnehin kurz genug. Schon als kaum bewusst denkendes Kind wird diesen Mädchen vermittelt, dass ihr Geschlecht sexuelle Begehrlichkeiten bei Männern und Jungen weckt. Was übrigens Nichtmuslimen gegenüber in den allerseltensten Fällen so geäußert wird, während es im Islam oftmals heißt, dass das Kopftuch für praktizierende Mädchen und

Frauen vorgesehen sei, damit sie als Muslima zu erkennen seien. Schließlich tragen die Mütter, Tanten und Cousinen auch seit Generationen ein Tuch. Ganz abgesehen von den angeblich so eindeutigen Koranversen wie Sure 24, Vers 31 sowie 60 und Sure 33, Vers 59.[2] Wenn das kleine Mädchen dann irgendwann einmal fragen sollte, warum ihre Mitschülerin – sei diese nun Muslima oder nicht – es nicht tragen muss, wird das weder von den Eltern noch von den Hobby-Predigern zureichend beantwortet. Und sollte sie doch eine Antwort bekommen, variiert die, je nachdem, wie auserwählt sich die muslimische Familie des Mädchens versteht: Entweder sind die Familien der anderen Mädchen nicht gottgläubig genug, oder es handelt sich gar um Ungläubige. Ganz einfach! Da es keine Stelle im Koran gibt, die sich über das Verhüllen von kleinen und jungen Mädchen explizit äußert, bleibt den Eltern nichts anderes übrig, als mit eigenen Interpretationen oder Fatwas muslimischer Fernseh-Imame oder Online-Fatwa-Lieferanten zu hantieren. Es liegt damit im Ermessen der Eltern, wie sie ihre Tochter auf das Leben als erwachsene Frau vorbereiten: mit Selbstachtung und Selbstbewusstsein oder mit Minderwertigkeitskomplexen. Vor allem Letzteres darf die erwachsene Muslima in den unterschiedlichsten Lebenslagen als Ergebnis der langjährigen Erziehung alleine ausbaden. Denn sie allein muss erklären, warum sie sich verhüllt oder nicht. Sei es in der Schule, im Berufsleben oder im Freundes- und Bekanntenkreis. Und wenn Frau das Bedürfnis verspürt, es abzulegen, kann das für manche zur Tortur werden, weil sie die Ausgrenzung der Gemeinde fürchtet. Die Geistlichen oder Verbandsvertreter, die wie Fetischfixierte auf der weiblichen Verhüllung beharren, halten sich aus dieser Verantwortung lieber heraus, schwadronieren stattdessen über Selbstbestimmung und schieben die Damen zur Selbsterklärung vor. Wenn es sich dann noch um eine gebildete Konvertitin handelt, umso besser. Weil dann die Selbstbestimmung ja außer Frage steht. Welche »freie, emanzipierte« Frau würde sonst freiwillig zum Islam übertreten?

Einer der häufigsten Argumentationsgründe meiner hier aufgewachsenen Generation von 1970 bis 1990 für das Kopftuch war das Gerede der Leute. Sei es nun das Gerede der Bekannten, der muslimischen Nachbarn oder der Familienmitglieder. Egal ob diese in der Nähe lebten oder im Herkunftsland. Ihre muslimischen Kinder im Westen aufziehen zu müssen, war für zahlreiche verunsicherte Eltern schon schlimm genug. Oft glaubten sie, der Westen sei frei von jeglicher Moral. Zudem gab es keine islamisch-theologisch versierten Bezugspersonen, die sie in ihrer Orientierungslosigkeit hätten fragen können. Es waren andere Zeiten als heute, wo sich bereits die vierte Generation der einstigen Einwanderer hier aufhält. Viel gab es damals zu begreifen, einzuordnen und zu entscheiden. Fehlende Anerkennung, unverhohlener Rassismus, fehlende Sprachkenntnisse, die Frage, wie die Kinder in einem ihnen fremden Land aufzuziehen seien, wobei die Eltern obendrein nicht so genau wussten, wann sie wieder zurückgehen würden. Ein Großteil meiner Generation wuchs mit der Vorstellung auf, bald, nach nur ein paar Jahren, zurückzukehren. Heute ist das ganz anders. Meine Generation wandert vielleicht eher in die USA oder nach Australien aus oder arbeitet temporär in Dubai, als dass sie zurück ins anatolische Dorf ihrer Eltern geht.

Doch heute wie gestern hat sich eine Sache nur bedingt verändert: die Fixierung auf die Mädchen. Früher glaubten viele, es fehle hierzulande an Tugend, weswegen die Eltern der Mädchen das Gefühl hatten, sie beschützen zu müssen. Zu viele Verlockungen, die ein Mädchen ins Verderben treiben könnten. In der Praxis konnte das skurrile Züge annehmen. So berichtete mir eine gleichaltrige marokkostämmige Frau, dass es ihr als Jugendliche untersagt war, das Kopftuch in Deutschland abzulegen. Im Marokko-Urlaub hatte ihr Vater hingegen nichts gegen das Ablegen einzuwenden. Auch dass sie im Badeanzug am Strand spielte, badete und sich sonnte, war kein Problem. So wog das Gerede der marokkanischen Gemeinschaft in der deutschen Nachbarschaft mehr als das vermeintliche Verhüllungsgebot im Koran. Später, nach Abitur mit Auszeichnung und eigenständigen Koranstudien – der Koranunterricht in der deutschen Moscheegemeinde brachte ihr wenig Erkenntnisse –, war das Tuch von ihrem Kopf verschwunden. Bis heute. Manchmal braucht es Zeit, bis sich diese kleinen Mädchen von fremdbestimmten Regeln befreien können.

Viele dieser eingewanderten Eltern, allen voran die ungelernten Arbeitskräfte, wussten es damals schlichtweg nicht besser. Woher auch? Ihr Islamverständnis war von heimatlichen Traditionen geprägt, die in der neuen Gemeinschaft in Deutschland und anderen westlichen Staaten identitätsstiftend wirkten und Orientierung gaben und deshalb auch nie wirklich hinterfragt wurden. Bewusst schaden wollte man den Töchtern nicht. Ihre religiöse Bildung bestand häufig nur aus der dörflichen Koranschule, wo stumpf arabische Koransuren auswendig gelernt wurden, ohne dass jemand sie verstand oder gar ihren Inhalt begriffen hätte. Selbst für einen arabisch und nicht etwa türkisch, urdu oder sonstiges Sprechenden war das schwierig. Es hing also sehr viel von der Eigeninitiative des Imams oder Koranlehrers ab, auch den Inhalt der Suren fundiert zu vermitteln, und das fand bedauerlicherweise eher selten bis gar nicht statt. Eigenständiges Denken und Unabhängigkeit zählten nicht gerade zu den Bildungszielen, obwohl im Koran an 707 Stellen vom eigenständigen Denken die Rede ist. Wer in Religionsdingen also Rat brauchte, suchte ihn weiterhin bei den Geistlichen. Damit wurden Abhängigkeiten geschaffen, die für die Geistlichen durchaus auch finanzielle Vorteile mit sich brachten. Wenn alle wussten, was die Religion warum wie sagt, braucht keiner mehr den Geistlichen. Ein Kreislauf konnte durchbrochen werden, was so manch einer dieser Imame nicht gutheißen wollte. So wurden im Unterricht die Anzahl der Suren gelobt, die jemand auf Kommando aufsagen konnte, die Bedeutung war weniger wichtig. Wer viele Suren fehlerfrei aufsagen und diese sogar in einer schönen Form rezitieren konnte, erntete Anerkennung. Wahrscheinlich war die Koranschule für so manchen der einzige Ort, an dem Anerkennung erfahren werden konnte.

Für viele war das gar lebensnotwendig, da sich durch die große Anzahl der Koransuren sowie die Fertigkeit des kunstvollen Rezitierens eine Erwerbstätigkeit ergab. In Ländern, wo Ausbildungs- und Arbeitsplätze rar sind, ist das ein hoffnungsbeladener Grashalm zum Festklammern. Die sogenannten Talibs (auf Deutsch: Schüler) ließen sich auf Hochzeiten, Beschneidungen, Beerdigungen oder anderen Festlichkeiten für das Aufsagen von Koranrezitationen bezahlen. Dabei tragen manche von ihnen auch heute noch den *nascheed* vor, eine Art islamischen Gesang, bei dem a cappella Allah und der Prophet gelobpreist werden. In Marokko, Ägypten oder Afghanistan finden sich zudem häufig ältere und jüngere Männer auf Friedhöfen, die für einen kleinen Obolus der Familienangehörigen Suren am Grab der Verstorbenen melodisch vortragen.

Alle anderen, die Schwierigkeiten mit den Suren hatten, ernteten nicht selten Schläge mit dem Rohrstock. Gehorsam und Angst waren allgegenwärtig im Koran-Auswendiglern-Marathon. Denn von einem zeitgemäßen und pädagogischen Unterricht konnte beim besten Willen nicht die Rede sein. Das wurde bei jenen besonders deutlich, deren Muttersprache Türkisch, Bosnisch, Urdu oder einer der vielen Tamazightdialekte ist, die beispielsweise in Marokko und in Algerien gesprochen werden. Die Menschen, die als sogenannte Gastarbeiter angeworben wurden, stammten häufig aus den eher ländlichen Regionen, wo sie kaum bis gar nicht in den Genuss von Bildung gekommen sind. Die arabische Sprache, die Schrift- und Gebetssprache des Islam, sprechen die wenigsten, die meisten können sie weder lesen noch verstehen. Im Gegensatz zu den anderen muslimischen Ländern hatten die Bosniaken ein weitgehend funktionierendes Schulsystem. Ähnlich in Ländern wie Syrien oder dem Irak, Staaten, die eine jahrhundertealte Bildungskultur pflegten und durch die regierende, mit dem Sozialismus sympathisierende Baath-Partei bessere Bildungsmöglichkeiten boten, wenn auch die ländlichen Regionen vernachlässigt blieben. Zwar wurden bosnische Muslime aufgrund der stalinistischen Machtergreifung nach 1946, die religionsfeindlich eingestellt war, wie die katholische und orthodoxe Kirche angegriffen und als besonders rückständig wahrgenommen, viele muslimische Besonderheiten wie die Schariagerichte, Derwischorden und islamischen Stiftungen wurden verboten und abgeschafft. Allerdings verbesserte sich die Lage der Muslime durch den späteren Staatspräsidenten Josip Broz Tito (1945 bis 1980). So waren die Muslime aus Bosnien nicht nur meist besser gebildet als andere muslimische Gastarbeiter, sie waren mit den Inhalten ihrer Religion aufgrund einer schulischen Islamausbildung eher vertraut als andere Muslime, die den Islam meist auf einem kargen Lehmboden zu Füßen eines autoritären Koranlehrers auswendig lernten. Erst nach dem Zusammenfall der Sowjetunion verstärkte sich die salafistische Missionierungsarbeit aus Saudi-Arabien auch in dieser Region.

Die Marokkaner in Deutschland stammen mehrheitlich aus dem Rif, im Nordosten Marokkos, einer sehr kargen und verarmten Region, die oft von Hungersnöten betroffen war. Das Rif ist vielen besonders durch seinen Cannabisanbau bekannt. Der marokkanische Schriftsteller Mohammed Choukri hat in seinem Roman *Das nackte Brot* das erdrückende Elend der 1940er- und 1950er-Jahre beschrieben. Für viele Rifis war daher der Ruf nach Europa ein willkommener Ausbruch, um der bitteren Armut zu entkommen. Aufgrund der deutschen Beziehungen durch den Steinerz- und Kohleabbau in dieser Region konnten die Arbeiter in Deutschland gut eingesetzt werden. Die auch heute noch weit verbreitete Sprache der Region ist Tarifit. Häufig sprachen Auswanderer Darija, das marokkanische Arabisch, das sich von dem Koran-Arabisch deutlich unterscheidet. Meistens beherrschten es vor allem die Männer, seltener die Frauen, die obendrein sehr häufig Analphabetinnen waren. Ob die Frauen Arabisch sprechen konnten, hing auch oft davon ab, ob sie in den Städten lebten oder mit der arabisch sprechenden Bevölkerung im Austausch standen. Selbst in Deutschland führte das in marokkanischen Konsulaten zu Problemen, da die Mitarbeiter arabisch- und französischsprachig waren. Oft genug mussten wir Arabischsprachigen für die eigenen Landsleute übersetzen, weil ein Großteil der Konsulatsmitarbeiter kein Deutsch sprach. Was für das Koran-Verstehen von Nachteil war, konnte für das Erlernen der neuen Sprache Deutsch durchaus von Vorteil sein. Denn bei den sogenannten Berberdialekten handelt es sich um eine indogermanische Sprache. So mancher einfach gebildete Marokkaner mit Amazighwurzeln spricht daher aktzentfreier Deutsch als mancher Akademiker mit arabischen Wurzeln. Auch gab es bei vielen keine Literatur im Haus, höchstens einen Koran, der aber häufig nur als Schutz vor dem Bösen Blick verstanden wurde. Somit blieb einem für alle Religionsfragen nur der nächstgelegene Imam oder jemand anderes, der mehr oder weniger alphabetisiert war. Wer also aus den einfachsten Verhältnissen mit wenig Islamverständnis, dafür aber viel unreflektiertem Traditionsbewusstsein nach Europa kam, für den war die Meinung der eigenen Gemeinschaft der Maßstab der Lebensentscheidung und Kindererziehung.

Heute, über fünfzig Jahre nach der Gastarbeitereinwanderung, also nach einer langen Zeit der besseren Schulbildung, mag Mensch kaum glauben, wie sehr sich dieses Rollenverständnis auch in die neue Generation geschlichen hat. Denn bedauerlicherweise finden sich in meiner und selbst in der Folgegeneration Frauen und Männer, die mit derselben Haltung wie einst ihre Eltern und Großeltern ihre Töchter in jungen Jahren verhüllen und auch sonst wenig von Gleichberechtigung halten, sie eher als westliche Einflussnahme auf unsere Religion verstehen. Trotzdem gibt es eine Veränderung. Damit man im Westen nicht als Hinterwäldler oder als rückständig wahrgenommen wird, geht man bei der Durchsetzung der Verhüllung und all der Verbote – etwa dem Verbot der Teilnahme am gemischtgeschlechtlichen Schwimm- und Sportunterricht – deutlich erfinderischer vor. Während unsere Elterngeneration ihren Willen noch mit der imaginären Brechstange durchsetzte, versuchen sich die Folgegenerationen an manipulativer Pädagogik. Denn selbst die größten Freunde des Patriarchats wollen angesichts all der Schlagzeilen zu Ehrenmord, Zwangsheirat und Kopftuchzwang nicht als unterdrückende Muslime wahrgenommen werden. Schon gar nicht soll der Anschein erweckt werden, die junge Tochter trage ihr Tuch unter Zwang. Wenn die betroffenen Mädchen oder ihr Umfeld befragt werden, heißt es oft, sie ahmten ihre Mutter nach oder ihre weibliche Umgebung, was mit Sicherheit oft vorkommt. Dem kann also nicht widersprochen werden, und wer selbst Kinder hat oder mit Kindern arbeitet, weiß, wie neugierig sie in der Selbsterfahrung ihrer eigenen und der fremden Rollen sind. Da zieht sich auch schon mal ein kleiner Junge ein Kopftuch auf und stolziert mit Muttis Stöckelschuhen fröhlich durch den Flur. Allerdings wird dieses Argument just in dem Augenblick unglaubwürdig, wenn nach der Ausprobier- und Nachahmphase das Mädchen das Tuch wieder ablegen möchte und der Junge es aufbehalten will. Dann erst zeigt sich, wie ideologisch Eltern tatsächlich sind.

Von ihnen gibt es drei Sorten. Die, denen die freie Entfaltung und psychische Entwicklung ihres Kindes am wichtigsten ist und die dem Tuch keine weitere Beachtung schenken, in welcher Form auch immer. Dann jene, die es dem Mädchen rigoros untersagen, das Tuch abzulegen. Und schließlich jene Eltern, die mit kleinen manipulativen Tricks arbeiten. So wird das Kind fürs Weitertragen mit Geschenken und Liebeszuwendung belohnt. In den besonders restriktiven Koran-Schulen werden die Mädchen bei Koransuren-Wettbewerben auch für das Tragen des Kopftuchs benotet und ausgezeichnet. Sie werden dabei gerne besonders lobend hervorgehoben. So viel Anerkennung ist für manch junge Mädchenseele Balsam, wenn draußen ohnehin wenig Anerkennung oder ungläubige Blicke wegen des Aussehens auf sie warten.

Selbst passende Literatur halten diese Eltern für ihre Kinder bereit, sofern sie Bücher als Instrument der Erziehung verstehen und damit eher zu den bildungsnahen Eltern zählen und unter Büchern im Haus nicht nur den dekorativen Koran in der Vitrine verstehen. Was umso erschreckender ist, da sie im Gegensatz zu den anderen sich eigenständig weiterbilden können, wenn sie es wollten. Aus dem als islamisch deklarierten Buchshop Iqraa beispielsweise, der vornehmlich »islamische Bücher« mit frauenkontrollierender Literatur vertreibt, die meist von männlichen Autoren verfasst sind und sich ausgiebig mit der Frau beschäftigen, stammt das Kinderbuch *Wenn muslimische Mädchen weinen*. In diesem Fall übrigens von einer Frau verfasst, handelt es sich um kein Sachbuch mit theologischen Texten, sondern um ein kleines, pinkfarbenes Buch für Mädchen. Die Autorin, Sonia-Iman Rassoul, ist die Tochter des 2015 verstorbenen ägyptischstämmigen Autors und Verlegers Muhammad Ahmad Rassoul, der neben Sayyid Qutbs Büchern auch den Koran ins Deutsche übersetzte. Eine Übersetzung, mit deren über 25 Auflagen die Lies!-Verteilaktion der Salafisten arbeitet. Rassoul gilt als der wahrscheinlich meistgelesene Autor islamischen Medienmaterials in Deutschland. Zu seinen Publikationen zählen *Das deutsche Kalifat* (1993), *Der deutsche Mufti* (1997) sowie *Das Handbuch der muslimischen Frau* (1996), das etwa die Verhaltensregeln für den Arztbesuch erläutert.

Neben Rassoul verfassen auch andere männliche Autoren leidenschaftlich gerne Regeln für Frauen, und offenbar verfügen sie über so wilde Fantasien, was Arztbesuche und Co. betreffen, dass sie erklären müssen, dass Muslima sich nur von einer muslimischen Ärztin untersuchen lassen sollte. Sollte keine vorhanden sein, sei zwecks Vermeidung von verbotener Zweisamkeit mit einem Mann in absteigender Präferenz auch eine nichtmuslimische Ärztin, dann ein männlicher Arzt in Anwesenheit einer Krankenschwester möglich. Intellektuelle Höchstleistungen! Da bleibt verständlicherweise keine Zeit mehr, sich im Haushalt einzubringen oder sich sonst wie im Leben nützlich zu machen. Diesen Herren möchte ich als Autorenkollegin nahelegen, ihr Fantasiepotenzial in den noch boomenden Erotik- und Arztromanmarkt zu investieren. Die Groschenheftverlage sind mit Sicherheit nicht abgeneigt, den Markt um Leserinnen rund um die muslimische Frau zu erweitern. Doktor Said Farouk als verdorbener Abklatsch von Doktor *Stefan Frank – der Arzt, dem die Frauen vertrauen*, wird bei all der unterdrückten Sexualität mit Sicherheit reißenden Absatz finden.

Doch zurück zu Rassouls *Wenn muslimische Mädchen weinen.* Der Inhalt dieses Buchs wird seit dem erstmaligen Erscheinen 1990 so manche Mädchentränc hervorgerufen und so manches Mädchen dazu veranlasst haben, das Tuch aufzubehalten. Die Geschichte erzählt von zwei kopftuchtragenden Schwestern namens Aischa und Fatima. »Es handelt sich nicht etwa um zwei ausländische Mädchen aus der Dritten Welt, sondern um zwei deutsche Mädchen, die ihrem Glauben, dem Islam, treu bleiben wollen; sonst ist alles europäisch.«[3] Was die Autorin mit dem abwertend klingenden Hinweis der »Dritten Welt« meint, erklärt sie nicht. Als Tochter eines Ägypters und einer Deutschen erweckt sie aber den Eindruck, dass westliche Muslime und Konvertiten den Islam besser zu praktizieren verstehen als andere, die wegen ihrer schlechten Bildung eher einen Islam der Unwissenheit und Traditionen ausüben, was einem sehr paternalistischen Charakter entspricht. Aber es erklärt auch, warum viele Von-Geburt-an-Muslime Konvertiten so begeistert in ihren Reihen aufnehmen und an ihren Lippen hängen, wenn sie etwas über den Islam erklären, was jenen bis dato unbekannt war.

Rassoul beschreibt in ihrer kleinen Geschichte, wie die eine Schwester für ihr patriarchales Verständnis vorbildlich verhüllt ihren Weg geht und die andere mit dem Tuch auf ihrem Kopf hadert. Denn »sie durften nicht mehr mit den Jungen spielen, mit denen sie früher als kleine Kinder gespielt hatten, weil dies im Islam nicht erlaubt ist – und es ist auch richtig so!«[4] Warum das richtig so ist und wie die Autorin zu dieser Annahme kommt, bleibt der jungen Leserin verborgen. Das Einzige, was immer wieder deutlich hervorgehoben wird, ist, wie schön »islamische Kleidung sei«, wie »würdig und schön«[5] die tuchtragende Schwester Fatima darin aussieht, und dass Muslima nicht wie eine »Ungläubige«[6] herumlaufen soll. Kurz gesagt: Kein Kopftuch und nach Lust und Laune gekleidet ergibt Ungläubige. Selbst Ü30 lernt hier dazu.

Spätestens bei folgendem Absatz bekommt jedes junge und unsichere Mädchen Panik und wird sich hüten, in ihrem frauenfeindlichen Umfeld ihr Recht auf freie Entfaltung einzufordern. »Ein anderes Mal sprach sie (Aischa) das Bittgebet und fügte noch hinzu: O Allah, wenn ich das Anziehen der islamischen Bekleidung in der Schule nicht schaffe, so verspreche ich dir, dass ich dies sofort tun werde, sobald ich die Schule beendet habe. Mit solch einem Versprechen hatte Aischa einen Fehler gemacht; denn sie hatte dabei vergessen, dass der Mensch zu jeder Zeit mit seinem Tod rechnen muss, und es gab keine Garantie dafür, dass sie so lange leben würde, bis sie die Schule beendet hatte. Aischa's Eltern waren sehr traurig«. Gott ist offenbar auch noch oberflächlich. Mit großer Wahrscheinlichkeit wächst ein derart eingeschüchtertes Mädchen mit eher geringer Selbstachtung und Selbstsicherheit auf.

Dieses Buch ist bis heute im muslimischen Buchhandel und in Moscheen erhältlich und wird als Bestseller beworben. Zu Recht. Denn offenbar gibt es seit seinem Erscheinen vor zwei Jahrzehnten bis heute einen Bedarf an solch verstörender und indoktrinierender Jugendliteratur, die eigentlich als Mädchenliteratur bezeichnet werden müsste. Chick-Lit bekommt hier eine ganz neue Bedeutung.

Also bleibt das Tuch bis auf weiteres auf dem Kopf. Im Laufe dieser Zeit bleiben bei dem Mädchen gewisse Beobachtungen aber nicht aus, genauso wenig die Auseinandersetzung mit diesem Verhüllungsgebot, auch wenn sie es öffentlich und in ihrer Familie nicht zugibt. Sie kann beobachten, dass auch Mädchen und Frauen ohne Kopftuch nicht unisono verwahrlost sind oder sich asozial verhalten. Die Schwarz-Weiß-Malerei der Gemeinde und Familie erweist sich schnell als widersprüchlich. Wenn das Mädchen das Tuch dann nicht ablegen darf, entwickelt es oft Strategien, ihren Freiheitsdrang anderweitig auszuleben. Das Tuch wird nach oder vor der Schule abgebunden und erst kurz vor dem Zuhause wieder aufgesetzt. Manche experimentieren mit Alkohol und Drogen. Auch der Weg zum heimlichen Sex, zu dem auch Analsex gehört, um Jungfrau zu bleiben, kommt öfter vor, als es den Eltern lieb sein dürfte. Vor allem bei Hals über Kopf verliebten Mädchen, die ihren Liebsten um keinen Preis verlieren möchten, aber wegen ihrer nicht vorhandenen Selbstachtung nicht begreifen, dass der Junge ihnen nicht auf Augenhöhe begegnet und sie fallen lässt, sobald er von ihnen das bekommen hat, was er wollte. Dies geschieht in den eher extremen Fällen, wo neben familiären Spannungen und einem negativen und angespannten sozialen Umfeld der Druck zur Unterordnung dermaßen dem eigenen Wunsch nach freier Entfaltung entgegensteht, dass sich die Persönlichkeit nicht so weit entwickeln kann, um zu erkennen, dass Drogen, Alkohol oder ungeschützter Sex nicht die Lösung persönlicher Probleme darstellen.

In der Mehrheit äußert sich eher ein gehorsamer Duktus. Denn die Töchter werden dahingehend erzogen, ihrer Familie keine Schande zu machen. Ihr Verhalten steht somit für das Ansehen der Familie. Die Jungs und Männer bekommen dadurch das patriarchale Fundament vermittelt, und sie lernen, dass eine gute Muslima und Ehefrau sich verhüllt und gehorsam ist und vor allem Jungfrau zu sein hat. Wenn ihr etwas Schlechtes widerfährt, dann liegt es ausschließlich an ihrem Betragen und ihrer Kleidung. Alle Verantwortung – etwa für den Haushalt, die Erziehung der Kinder, die Versorgung des Mannes und der Familie – liegt nicht nur in ihren Händen, sondern auch zwischen ihren Beinen. So braucht der Junge beziehungsweise Mann sich nie Gedanken über sein eigenes Betragen zu machen.

Der deutsche Rapper Farid Bang, der sich als gläubiger Muslim versteht, brachte diese verächtliche Sicht auf Frauen mit all ihrer Doppelmoral in einem Interview zum Ausdruck, in dem er darüber sprach, dass Fremdgehen in der Ehe eine große Sünde sei,[7] genauso das Trinken von Alkohol. Dies sei von seiner Religion auch nicht erlaubt.[8] Dass seine Musik jedoch hochgradig sexistisch ist, er sich selbst als Gang-Banger bezeichnet und regelmäßig vorehelichen Sex pflegt, blendet er erfolgreich aus. Wer sollte einen Mann auch daran hindern? Da er in Interviews häufig den Islam thematisiert, erreicht er mit seinem problematischen Frauen- und Islamverständnis viele Jungs, was in deren Köpfen all die frauenfeindlichen Klischees nur verfestigt. So ironisch das alles auch sein mag: Vor allem seine jungen Fans, die kein Elternhaus und Umfeld haben, wo solche Geschlechterbilder hinterfragt werden, begreifen das nicht. Es wird interessant sein, welchen Weg Farid Bang einschlagen wird, wenn er, wie angekündigt, irgendwann den Rap-Stecker zieht. Ob er sich von salafistischen Kreisen vereinnahmen lässt, wie es bei anderen Rappern der Fall ist? Jedenfalls ist er ein Beispiel dafür, wie religiöses Denken in den Köpfen einer Vielzahl von jungen Männern geprägt ist, die kaum oder, falls doch, nur eine dogmatisch geprägte religiöse Erziehung erfahren haben, die vor allem patriarchalen Charakters ist. Irgendwann übernehmen diese Männer Verantwortung für ihre eigene Familie und erklären der Frau, wie sich eine anständige Muslima zu verhalten hat. Ebenbürtige Partnerschaft spielt in der Vorstellung dieser Männer in den seltensten Fällen eine Rolle, egal wie emanzipiert die Frau auch sein mag.

Wer jetzt die Vorstellung von einem launigen, herrischen und gewalttätigen Mann hat, schrammt an der Realität vorbei. Es sind die Nuancen in der Persönlichkeit des Mannes, die den Unterschied ausmachen. Wie zum Beispiel, dass er auf die Ratschläge seiner Partnerin keinen Wert legt, auf die seiner Mutter hingegen schon. Dass seine Partnerin alles stehen und liegen lassen muss, wenn er es für notwendig erachtet. Dass sie ihr Studium oder ihre Ausbildung nicht zu beenden braucht, wenn sie heiratet oder ein Kind erwartet. Dass es ihm nicht gefällt, wenn sie mit kurzärmeligen Shirts auf die Straße geht und kein Kopftuch tragen will. Oder dass er sich als selbstbewusster und intellektueller, von seiner Partnerin unabhängiger Mann versteht, sich aber von ihr die Uni-Hausarbeiten oder Artikel korrigieren oder gar die Doktorarbeit schreiben lässt. Dies ist nichts »Muslim-Typisches«. Selbst linke Frauen der 68er-Bewegung können davon ein Lied singen, wie sich alte Rollenmuster auch bei ihren Partnern und Mitstreitern und bis heute auch bei jungen Nichtmuslimen gehalten haben. Kaffee kochen und Reden abtippen, das können Mädels halt einfach besser. Was kann Mann dafür!

Die Liste ließe sich noch endlos weiterführen. Diese Beispiele zeigen aber, dass die Saat der weiblichen Unterordnung früh gesät wird und viele Früchte trägt, die auf den ersten Blick harmlos erscheinen. Die Liebe zum Partner und zu den Eltern wird dann schnell zum Verhängnis, wenn sie bedingungslos ist und damit in diverse Zwänge führt. Wer jetzt einwirft, dass es doch auch hörige und unterwürfige Männer gibt, hat selbstverständlich recht. Doch die sind erstens nicht die Regel, und zweitens kann in solchen Fällen von einer ebenbürtigen Partnerschaft genauso wenig die Rede sein.

Was war zuerst da? Kopf oder Tuch?

Ein arabisches Sprichwort sagt: Die Araber haben sich darauf geeinigt, sich nicht zu einigen. Das trifft ohne Zweifel auch auf die sogenannte Umma, die muslimische Gemeinschaft, zu. Denn bei Fragen von politischer und sozialer Dringlichkeit sowie bei religiösen Positionen scheitern die mehrheitlich muslimischen und einflussreichen Herrschaften regelmäßig und lassen ihre Gesellschaften mit ihren unzähligen Herausforderungen allein zurück. Bei der Frage der Verhüllung der Frau und ihrer Rolle in der Gesellschaft sind sich Muslime der patriarchalen Prägung aber schnell einig: Es gilt ein Verhüllungsgebot, verbunden mit der hochgeschätzten Mutterrolle. Egal, aus welchem muslimischen Haushalt die weibliche Gläubige auch stammen mag, früher oder später klopft wegen genau dieser vermeintlichen Einigkeit eine Frage ganz gewiss an der Türe: Kopftuch – ja oder nein?

Auch mir stattete diese Frage einst einen Besuch ab. Mit sechzehn Jahren wollte ich verstehen, warum manche Muslimas sich verhüllten, andere wiederum nicht, und was die vielen Formen der Verhüllung zu bedeuten hatten. In meinem unmittelbaren Umfeld gab es nur meine Mutter, die ihre bunten Kopftücher wie die Queen unterm Kinn zusammenband, sodass es immer ein Leichtes war, sie in unserem Dorf wiederzuerkennen. Das änderte sich allerdings, als Mitte der 1990er-Jahre zunehmend kurdische Flüchtlinge unserem Dorf zugeteilt wurden. Die älteren Frauen liefen ebenfalls mit Tüchern auf den Köpfen herum. So begann ich, einen genaueren Blick auf den Rest der Bekleidung zu werfen, und mir fielen einige Unterschiede auf. Im Gegensatz zu meiner Mutter waren diese Frauen häufig mit traditionellen Pluderhosen und Strickwesten unterwegs. Meine Mutter trug eher lange Kleider, Röcke und Mäntel. Bei unserem nächsten Urlaub in Marokko nahm ich die vielfältigen Verhüllungsformen zum ersten Mal bewusster wahr – allein schon unter meinen Tanten! Vom einfachen, unter dem Kinn verknoteten Kopftuch, bei dem auch schon mal die Haare herausblickten und nach hinten fielen, über einen um den Kopf gewickelten Schal, der mit Nadeln festgesteckt wurde, damit er nicht mehr verrutschte, oder einem Gesichtsschleier, den eine Tante trug. Genauso gab es vor allem ältere Familienmitglieder, die sich ein großes Handtuch wie einen Haik (Schultertuch und/oder Schleier) umwarfen und um ihre Hüften einen rot-weißen Mindel (Webtuch) samt Wollgürtel banden. Wenn sie auf dem Land lebten, schmückte zudem ein großer Strohhut ihren Kopf. Alles in den prächtigsten Farben gehalten und von Region zu Region mit bestimmten Webtechniken versehen, sodass man vor allem am Mindel erkennen konnte, aus welcher Gegend rund um Tanger, Tetuan oder Chefchaouen die Frauen stammten. Aber wer in der Stadt lebte oder jünger war, zog eine Djellaba, ein Tunika-ähnliches Gewand, vor. Sie war nicht nur praktischer, sondern auch weniger altmodisch. Je nachdem, ob Frau sich verhüllte, kam dann ein Kopftuch und Gesichtsschleier hinzu. Es gibt eine Tante in der großen Familie, die einen Gesichtsschleier bis heute trägt. Nicht einmal meine Großmütter versteckten ihr Gesicht. Als Kind erinnerte sie mich aufgrund ihrer Djellaba, bei der sie auch die angenähte Kapuze aufsetzte und mitsamt dem kleinen Stück Stoff, das sie mit zwei Bändern hinter dem Kopf schnürte, über ihrer Nase zu einem Dreieck drapierte, an eine Kobra. Die meisten Frauen lassen die Kapuze auf dem Rücken baumeln, es sind eher die Männer, die sie aufsetzen und dann – nicht ganz freiwillig – an die Männer des Ku-Klux-Klan erinnern, wenn sie den Kopf nach unten geneigt halten.

Die Djellaba ist ein gutes Beispiel dafür, wie auch in mehrheitlich muslimischen Ländern Kleidung für die Geschlechter neu interpretiert wurde. Denn wie im Westen die Hose ist die klassische Djellaba vor allem ein über Jahrhunderte von Männern getragenes Kleidungsstück, während die Frauen in Nordafrika weiße Haiks trugen. Erst um die 1930er-Jahre herum bestanden auch die Frauen auf diese Kleidungsart, die sie weit weniger in ihrer Bewegungsfreiheit einschränkte. Auf dem Land arbeiteten die Frauen in Kaftanen und ohne Haik. So verwundert es auch nicht, dass Stadtfrauen in der muslimischen Welt den Bäuerinnen in Fragen von Kleideremanzipation etwas hinterherhinkten. Eine Frau in der Stadt war in erster Linie ein Objekt, das es zu verstecken galt. Sei es im herrschaftlichen Harem oder in den eigenen vier Wänden eines Stadthauses. Das Leben draußen war den Männern vorbehalten, die Frauen waren für Heim, Herd und Kinder zuständig und, je nach gesellschaftlicher Stellung, fürs Personal. Damit waren die Haushälterin, die Kindererzieherin, die Köchin, also die Angestellten zwar sozial schlechter gestellt, doch in ihrer Bewegungsfreiheit weit freier als ihre Herrin. Was sich heute aufgrund der schlechteren Bildung der Landfrauen umgekehrt hat. Neben Bildung ist Arbeit immer und überall auf der Welt der erste Schritt zur Emanzipation. Denn die finanzielle Unabhängigkeit ermöglicht es einer Frau, Entscheidungen eigenständig zu treffen. Und so kann es sein, dass eine gebildete Frau ohne Arbeit abhängiger ist als eine Analphabetin, die ihren Lebensunterhalt als Reinigungskraft verdient.

Auch wenn sich viel in sie hineininterpretieren lässt, allen voran in das Kopftuch, war und ist Kleidung immer auch ein Hinweis auf den sozialen Stand und die Selbstwahrnehmung und -präsentation. Wo es die Mode gibt, gibt es auch Aussagen. Egal ob es dabei um Markenkleidung, bestimmte Accessoires, die Befolgung oder Verweigerung von Modetrends geht oder um den Zustand der Kleidung und die jeweilige Kombination all dieser Aspekte mit der Verhüllung in Form von Kopftuch, Gesichtsschleier oder Ganzkörperverschleierung. Jede Frau ist dabei individuell wahrzunehmen, auch wenn es Anzeichen der kollektiven Interpretationen gibt, die sich in Modetrends wiederfinden. Dabei ist einem

Großteil der Frauen nicht einmal klar, welchen Ursprung ihre gewählte Kleidung womöglich hat und welches Signal sie damit vielleicht unwissentlich aussendet. Dies gilt vor allem aber für jene Herren, die Kleidungsgebote erlassen. So sind die Burka und der Niqab älter als die abrahamitischen Religionen, die Frauen so gerne verhüllt sehen wollen. Diese Kleidungsform ist vor über 5000 Jahren vor allem ein Kleidungsstück der Prostituierten im sumerischen Teil Mesopotamiens, im heutigen Kuweit und Irak gewesen. Freien Frauen war es untersagt, sich zu verhüllen. Was auch den Zerstörungswahn der IS-Schergen in ein neues Licht rückt. Wo kein kulturelles Erbe ist, gedeihen Unwissenheit und blinder Gehorsam. Es ist daher sehr kurz gegriffen, wenn Tuchträgerinnen sich über westliche Modediktate echauffieren. Dem lässt sich undogmatisch der Rücken zuwenden. Aber etwas in einer ganz bestimmten Form tragen zu sollen, was aus männlicher Sicht obendrein noch eine Abwertung alles Weiblichen beinhaltet, ist meines Erachtens der größere Skandal. Für mich sind Prostituierte keine Frauen, die weniger Respekt verdienen als Frauen, die sich nicht prostituieren. Doch schon unsere Sprache macht deutlich, dass Frauen, die ihren Körper in den Dienst von Geld, Macht oder des nackten Überlebens stellen, Abschaum sind. »Du Hure«, »Schlampe« oder »Hurensohn« geben Zeugnis über die Verachtung eben jener Frauen. Aus der Perspektive meines ausgeprägten Modeinteresses heraus allerdings wäre ich auf aufregende und exzentrische Niqab- und Burka-Kreationen sehr gespannt. Die Sexartikelbranche hat mit Latex-Burkas und Domina-Niqabs bereits die ersten Kundenbedürfnisse befriedigt. In der Geschichte der Mode und Kunst haben Frauen aus dem horizontalen Gewerbe Freigeistern schon immer Inspiration für manche Kreation gegeben. Es bleibt spannend. Vergessen wir also ein Burkaverbot in Deutschland.

Und da in Deutschland noch immer einige nicht zwischen einem iranischen Tschador, einer afghanischen Burka oder einem Hidschab unterscheiden können, erfahren Sie nun, meine verehrten Leserinnen und Leser, dass es noch viele weitere Verhüllungsformen gibt. Mit dem Fall des eisernen Vorhangs veränderte sich nicht nur die Weltpolitik sondern wieder einmal die Wahrnehmung der muslimischen Welt – wie schon so oft in der Geschichte dieser globalen Religion. Sei es nach ihrem Entstehen, während ihres Expansionskurses bis nach Europa oder anlässlich der Gründung und des Zusammenfalls des Osmanischen Reichs, sei es während der Zeit der Kolonialisierung oder der darauffolgenden Unabhängigkeit der einstigen Kolonien. Im Fokus standen immer auch die Rolle der Frau und ihre Wahrnehmung im öffentlichen Raum. Durch die zunehmenden Reisen diverser Kaufleute aus den unterschiedlichsten muslimischen Ländern in die Golfregion sowie die wachsende Wirkung neuer TV-Sender, deren Bilder sich mit einer Satellitenschüssel in die heimische Wohnstube holen lassen, veränderten sich auch die Selbst- und Fremdbilder der Frauen.

Die vielfältigen Kleidungsformen der Filmmetropolen Ägyptens und Indiens wurden um die Bilder von Frauen aus der Golfregion erweitert, die dank des Ölbooms in Luxus lebten. Wenn auch nicht weniger unglücklich und tragödienreich, wie die Fernsehzuschauerin regelmäßig vernehmen durfte. Sei es im eigenen Leben, in einem patriarchalen Umfeld, in den zahlreichen ägyptischen Serien oder mexikanischen Seifenopern, die ähnlich tragische Schicksale erzählten und eher katholisch als muslimisch waren. Doch diese Frauen vom Golf, die genauso benachteiligt waren und unter ihren Männern, Brüdern oder Schwiegermüttern litten, lebten nicht nur in schönen Häusern, sie kleideten sich mit etwas, das für etliche einfache Zuschauerinnen kostengünstiger erschien als vieles, was sie in ihrem Leben erwerben konnten. Eine Abaya, die nicht nur praktisch war und einfach genäht, sondern auch noch die Frage erübrigte: Was ziehe ich heute an? Sie war ohnehin immer schwarz – im Gegensatz zu so vielen anderen Kleidungsstücken, die einem gewissen Modetrend unterlagen, was Schnitt, Stoffarten oder Farbe anging. Selbst eine einfache Djellaba oder ein Kaftan konnten mehrere hundert Euro kosten, wenn der Stoff und besonders die Stickereien und Borten raffiniert waren. Daran ließ sich immer die Investition erkennen. Hinzu kam der Druck, ständig ein neues Stück erwerben zu müssen. Das alles erübrigte sich mit einer schwarzen Abaya, die Frau mit wenig Geld erwerben konnte, wenn sie zusätzlich auf einen kostengünstigen synthetischen Stoff zurückgriff.

So dauerte es nicht lange, bis zum Beispiel in Marokko keine Bekleidungs-Kaissaria (traditionelle Basare für Schmuck, Kleidung und Accessoires) ohne die Waren aus dem Golf blieb. Ich erinnere mich noch gut daran, wie sich auch die Stimmung veränderte. Junge Männer, die Jahre zuvor noch ungeniert ihrer weiblichen Kundschaft Büstenhalter und Slips lauthals verkauften, und Händler, die Negligés, Bettwäsche und Babystrampler zu Oum-Kalthoum-Musik anpriesen, wichen einer anderen Verkaufshaltung, die weniger ausgelassen war, sich dafür aber frommer präsentierte. Indem sie Koransuren aus dem Kassettenrecorder abspielten und zum Teil grimmig gegenüber der weiblichen Kundschaft auftraten, die doch schon immer die wichtigsten Konsumentinnen waren.

Heute reisen weniger Händler in den Golf, sie bestellen ihre Waren weltweit bequem beim größten Onlinegroßhändler Alibaba.com. Und wieder trifft westliche Innovation (Internet) auf orientalische Tradition (Basar). Die Verbreitung arabischer Sender via Satellit, wo Frauen aus dem Golf noch vor den Russen den westlichen Luxusmarken Absatzrekorde bescherten, weckten im Maghreb nun Abaya- und Niqab-Begehrlichkeiten. Wer im Souk von Rabat, Algier oder Tunis eine schwarze Hülle erstand, erstand auch einen Hauch Dekadenzfeeling à la Golf, der aufgrund seiner Öl- und Gasvorkommen irgendwie auch dem Westen auf die eine oder andere verschrobene Art die Stirn bietet. Weil er dem Westen wichtige Absatz- und Arbeitsmärkte eröffnet, wendet sich die Rolle des Untergebenen. Nun müssen Westler plötzlich »die Araber«, »die Muslime« von ihren Diensten und Angeboten überzeugen. Angesichts einer tief sitzenden Kränkung vieler Muslime weltweit bietet dies eine gewisse Form von Befriedigung. Selbst wenn man dabei nur Zuschauer vor einem Fernsehgerät bleibt. Man fühlt sich als Teil der großen Umma, die am Golf die Zügel in den Händen hält. Egal wie unabhängig dabei die Golfstaaten tatsächlich sind.

Mit den Satellitensendern verbreiteten sich aber nicht nur die Bilder traditioneller Golfkleidung und des Luxus, sondern auch ein engstirniges Religionsverständnis, das zwischen den Spektren Salafismus und Muslimbruderschaftsideologie schwankt und alten männlichen Gestalten à la Abd al-Aziz ibn Baz, Yusuf al-Qaradawi und Co. eine Bühne bereitet. Vor dem quadratischen Flimmerkasten trifft religiöse Unwissenheit schnell auf Islamismus und nicht mehr nur auf arabische oder indische Schmachtschmonzetten oder arabische Schlager.

Der Ägypter Yusuf al-Qaradawi ist regelmäßig als Fernsehprediger zu sehen. Er hat an der Al-Azhar-Universität islamische Theologie studiert und sich früh von den Schriften und Inhalten des Muslimbruderschaftsbegründers Hassan al-Banna beeinflussen lassen, als deren geistlicher Führer er heute gilt. Al-Qaradawis Ansichten reichen von dem Wunsch, das Werk Hitlers, die Judenvernichtung, durch die Hände der Muslime zu Ende zu bringen, über Gedanken zu Sex-Praktiken und Aufrufen zu Selbstmordattentaten sowie weiblicher Genitalverstümmelung, gegen die er sich nur halbherzig in einer Fatwa vom Jahr 2009 als Werk des Teufels wandte, die er aber grundsätzlich nach den Rechtsschulen für eine Pflicht oder Empfehlung hält.

Wer eine Satellitenschüssel aufs Dach bauen konnte, konnte auch al-Qaradawis Predigerstündchen ansehen und sich gänzlich von seinem Restverstand verabschieden, vor allem, wenn Muslima das verinnerlichte, was er regelmäßig von sich gab. Und das alles, ohne auch nur einen Fuß vor die Tür setzen oder Pay-TV-Gebühren bezahlen zu müssen. Vor allem brauchte es keine umfangreiche islamisch-theologische Lektüre, die ohnehin nur einer gebildeten Bevölkerungsschicht zugänglich ist, in Ländern, wo die Analphabeten-Quote hoch ist und es kaum gut bestückte öffentliche Bibliotheken gibt – ein weiteres Manko in Sachen Bildung. Laut einem Al-Jazeera-Report vom Juli 2015 liegt allein der Analphabetismus in arabischen Ländern, von Marroko bis Irak, extrem hoch. Von 300 Millionen Arabern und Araberinnen sind ein Drittel Analphabeten.

Doch noch einmal zurück zur Mode: Wenn auch die sozialen und wirtschaftlichen Entwicklungen oder der Stillstand in einigen Ländern im öffentlichen Raum kaum wahrnehmbar sind, verändert sich dennoch immer wieder das Straßenbild. Mode und Kleidung sind und bleiben ein wichtiger Indikator für gesellschaftliche Haltungen. Während in Marokko mit der Unabhängigkeit auch die Frauen den öffentlichen Raum für sich beanspruchten und einstmals von Männern dominierte Kleidung und westliche Modetrends für sich beanspruchten, führten Jahrzehnte später Marokkanerinnen – neben anderen muslimischen Auswanderinnen – diesen Kleidungsstil vom Golf in Europa ein. Bevor die wohlhabenden Golftouristen die Düsseldorfer Kö, die Münchner

Maximilianstraße oder die Pariser Champs-Élysées für sich entdeckten.

Als ich in Tanger im Sommer 2000 an einem Morgen mit meiner Cousine Milch und Baguettes besorgen ging, kam uns in unserer Gasse eine komplett in Schwarz verhüllte Frau entgegen. Ich staunte aus zweierlei Gründen. Einmal, weil sie in der Hitze in schwarzem Synthetikstoff unterwegs war. Bekanntlich zieht jede dunkle Farbe die Sonnenenergie an. Und die Sommerhitze war auch in der Mittelmeer- und Atlantikstadt Tanger alles andere als mild. Ganz besonders, wenn wieder einmal der Ostwind, für den die Stadt bekannt ist, den Tag zur Herausforderung macht. Zum anderen konnte ich nicht glauben, dass in meinem so lebensbejahenden und multikulturellen Tanger nun Frauen herumliefen wie in Saudi-Arabien. Ich hatte Jahre zuvor zwar wahrgenommen, wie sich aufgrund saudischer Unterstützung auch in Marokko der Salafismus breitmachte und immer mehr Männer und Frauen zu Wanderpredigern wurden, die gerne schon mal demonstrativ am Strand beteten, um den Badegästen verständlich zu machen, dass sie allesamt Sünder seien. Denn an richtigen Moscheen – keine beengten Hinterhofmoscheen, wie sie einem aus Europa bekannt sind –, wo diese Männerschar hätte beten können, mangelt es weder in Tanger noch in anderen marokkanischen Städten und Dörfern. Hier ging es um eine politische Demonstration des Islamismus. Die Überlegenheit, geboren aus der vermeintlichen Kenntnis des wahren Glaubens, dem sich am besten die gesamte Welt anschließen sollte, um dem Satan zu entkommen, um dem aus ihren Augen dekadenten westlichen Werten abzuschwören, und vor allem, um Gottes Wohlgefallen zu erlangen. Offenbar hatten sie allein den direkten Draht zu Gott. Blasphemisch konnten immer nur die anderen sein. Besonders in wirtschaftlich schwachen Vierteln und bei Männern der

Mittelschicht, die frustriert mit Freiheit nicht umgehen konnten, fand diese neue islamistische Bewegung ihre Anhänger und auch Anhängerinnen. Endlich waren sie auf der richtigen Seite, auf der Gottes. Wie absurd das ist, zeigt sich bereits in der Tatsache, dass aus Sicht der Gläubigen diese ohnehin von Gott erschaffen sind und somit ganz natürlich zu Gott gehören, wie Gott auch zu ihnen gehört. Aber egal, alle anderen Gläubigen waren ihrem Verständnis wie dem ihrer Vordenker nach ohnehin keine wahren Gläubigen. Offensichtlich wiegt die Sehnsucht nach einem ideologischen Zuhause mehr als die Liebe zu Gott.

Als meine Cousine und ich in die Küche zu meiner Großmutter, Tante und Mutter gingen, erzählte ich ihnen von der Begegnung. Ich war sehr aufgeregt. Es beunruhigte mich. Die Veränderung der Stadt war selbst mir, die ich nur einmal im Jahr für einige Wochen dort verweilte, nicht entgangen. In den Souks und kleinen Geschäften trugen die männlichen Händler nun pakistanische Kleidung und ließen sich einen langen Bart mit freier Oberlippe wachsen. In Dauerschleife liefen statt Chaarbi (Volksmusik) und den ägyptischen und libanesischen Ikoninnen Oum Kalthoum oder der christlichen Fairouz nun Koranrezitationen. Als wollten sie, statt den zauberhaften weiblichen Stimmen zu lauschen, den Verkaufssegen mit ein wenig Islam auf sich beschwören. Plötzlich wurde Musik als haram (nicht erlaubt) erklärt. Musik, die in der muslimischen Welt fest in der Kultur verankert war und andere Kulturen inspirierte, sollte dem Menschen schaden, statt Freude zu bereiten und zum Träumen einzuladen. Wie konnte so etwas Schönes so schlecht gemacht werden? Doch diese Denker und ihre Anhänger schafften es, selbst aus einer für Menschen gut tönenden und rechtleitenden Religion eine Terror- und Gewaltideologie zu stricken und sogar religiöse Gesänge wie den *nasheed* zu einem gewaltverherrlichenden Manipulationsinstrument verkommen zu lassen. Die Verkäufer von raubkopierten CDs, Videos und Kassetten erweiterten ihr Sortiment nun um zahlreiche islamische Tonträger. Die nehmen es obendrein nicht so genau mit dem Copyright. Manch einer spezialisierte sich nur noch darauf und verkaufte nebenher noch alkoholfreies Parfum, Gebetsketten, Häkelmützen und andere Kleidungsstücke und islamische Devotionalien.

Als meine Tante mir erklärte, dass es sich bei der verhüllten Frau um die Gattin ihres Cousins handelte, die nebenan wohnte, fiel ich aus allen Wolken. Komplett verhüllte Frauen fanden sich also auch in meiner eigenen Familie. Meine andere Tante zählte ich nicht mal dazu, weil ich sie nicht anders kannte und sie vor allem eine Kleidungsform wählte, die zur marokkanischen Tradition gehörte. Bis dahin dachte ich, Extremismus habe mit meinem Leben, mit meiner Familie nichts zu tun. Das gab es nur im Fernsehen oder in den Printmedien. (Doch ein Jahr später sollten ich und all die anderen weltweit verstreuten Muslime erleben, zu was der Extremismus im Namen unserer Religion unter Federführung von Osama Bin Laden noch fähig war. 9/11 war ein Schock auch für unzählige Muslime weltweit.)

Nun erfuhr ich, dass diese Frau samt Familie nebenan im zweistöckigen Haus der Tante meiner Mutter wohnte. Dort lebten weitere acht Personen, und obwohl ich die Familie öfter besuchte, war sie mir zuvor so nie in Erscheinung getreten. Wie auch? In den eigenen vier Wänden bewegte sie sich unverhüllt. So wusste ich im Gegensatz zu allen anderen Menschen auf der Straße, wie sie tatsächlich aussah, doch als Verhüllte blieb sie mir fremd und nicht wiedererkennbar. Sie war nun zu einem x-beliebigen Wesen unter einem Ballen schwarzen Stoffs verwandelt und durch jede andere Vollverschleierte austauschbar. Die Vollverschleierung beraubte sie ihrer Individualität im öffentlichen Raum.

Vor einigen Jahren ist die junge und liebevolle Mutter an einem Gehirntumor verstorben. Sie hat drei Kinder und einen Ehemann hinterlassen. Der alleinerzichende Vater kümmert sich rührend um seine zwei Töchter und den Sohn. Trug er damals selbst noch einen langen Bart und traditionelle marokkanische Pluderhosen, hat sich das mit dem Ableben seiner Ehefrau und seines Vaters, der ein sehr traditioneller und strenger Vater war, geändert. Sein Vater war ein Mann, der seinen Lebensunterhalt mit dem Rezitieren von Koransuren verdiente. Er war von einer alleinerziehenden Mutter aufgezogen worden, die aufgrund ihrer Armut ihrem Sohn keine wirkliche Bildung zukommen lassen konnte, obwohl das immer ihr größter Wunsch war. Ausgestoßen als geschiedene Frau, war ihre einzige Hoffnung die Koranschule, wo ihr Sohn lernte, den Koran auswendig zu rezitieren. Sowohl seine Töchter als auch seinen Sohn erzog er sehr streng und mit vielen Verboten. Vieles wurde für haram erklärt. Vor allem den Töchtern und zum Teil auch Enkeltöchtern war etliches verboten. Allerdings wirkte bei den Enkeltöchtern noch deren Vater mit ein, der einige Ansichten seines Schwiegervaters nicht teilte, aber aus Respekt keine Grundsatzerklärungen anzettelte. So durften die Enkeltöchter zum Beispiel alle keinen öffentlichen Hamam aufsuchen, es wurde eigens ein kleiner Hamam im Haus eingerichtet. Es war ihnen untersagt, die Augenbrauen zu zupfen oder sich die Beinhaare zu entfernen, zudem war es üblich, nicht laut zu lachen und immerzu leise zu sprechen. Sie amüsierten sich häufig selbst darüber. Ich empfand das als sehr wohltuend. Denn manche Gesprächs- und Diskussionslautstärke bei anderen Familienmitgliedern war eher anstrengend. Bei ihnen herrschte dagegen eine angenehme Ruhe, die meine Mutter als Kind früher jedoch eher als gruselig empfand. Erst als das Familienoberhaupt sich mit einem Kadi anfreundete, der seine

Töchter nicht so sehr in ihren Freiheiten beschränkte, lockerte auch er die Zügel.

Die Mädchen durften früher kaum vor die Tür. Oft besuchte ich sie, und wir Mädchen verbrachten den Tag oder den Abend auf der Dachterrasse mit Quatschen, Spielen oder Die-Nachbarn-vom-Dach-Beobachten. Ein bisschen lästerten wir natürlich auch. Wir hatten ja sonst nichts zu tun. Da ihre Eltern mich aber nicht als schlechten Umgang empfanden, durften wir im Alter von sechzehn endlich alleine ausgehen.

Meine Cousine und ich waren immer zur Stelle und nutzten jede Gelegenheit, um nach draußen zu gehen, statt den anderen Kindern durch ein Gitterfenster beim Spielen zuzusehen. Ich kann mir nur zu gut vorstellen, wie sich Haremsfrauen gefühlt haben müssen, ständig unter Beobachtung zu stehen und immerzu Verboten ausgesetzt zu sein. Da ich nur eine kurze Zeit mit Sonderregeln konfrontiert war, hielt sich mein Protestieren in Grenzen. Ich war in Marokko, wo vieles anders war als das Leben, das ich aus Europa kannte. Aber irgendwann wollte ich das nicht mehr akzeptieren, da ich zwar noch ein Teenager war, aber trotzdem verantwortungsbewusst und selbstständig, und da man mich nicht vor irgendwelchen Entführern zu schützen brauchte. Das wussten meine Eltern, und so erlaubten sie mir ohne weitere Diskussion, mit sechzehn allein mit meiner Cousine die Stadt zu erkunden. Meine Tante hingegen hatte Bedenken und versuchte mich und meine Cousine mit unsinnigen Gründen wie, man könnte uns kidnappen oder Gewalt antun, davon abzuhalten. Mich beeindruckte das kaum. Es gab schließlich auch andere marokkanische Frauen und Mädchen, die sogar ganz allein unterwegs waren, die gar arbeiteten und immer heil nach Hause zurückkehrten. Es waren auch die Sängerinnen aus unserer Region, die die traditionellen arabisch-andalusischen Gesänge auf Feierlichkeiten vortrugen und dazu die Oud (Laute) oder die Darbuka (arabische Trommel) spielten. Sie waren es, die mich noch vor den britischen Spice Girls faszinierten und mich darin bestärkten, den eigenen Neigungen und Interessen zu folgen, anstatt irgendwelchen fraueneinschränkenden Regeln. Mein Herz macht heute noch freudige Sprünge, wenn ich ihre Lieder höre oder ihnen neudeutsch beim Performen zusehe. Doch mit sechzehn war dieses Ausgehthema ein für alle Mal vom Tisch und wurde nie wieder aufgerollt.

Auch wenn eines sehr unangenehm war: die Dauerbelästigung durch viele junge und ältere Männer. Ich begegnete ihnen mit absoluter Ignoranz, was manche eher anspornte, andere ließen von uns. Daran musste ich mich erst gewöhnen. So etwas habe ich bis heute in Deutschland nicht erlebt, und das scheint mir wieder ein Beweis dafür zu sein, dass Männer lernfähige Wesen sind, wenn sie nur wollen und Mensch sie dahin erzieht. Auch in Marokko hat endlich ein Wandel stattgefunden. Frauen haben diese Belästigungen medienwirksam zum Thema gemacht und landesweit protestiert, wie die Women-Shoufouch-Bewegung[9] zum Beispiel. Geht also! Es war nicht nur lästig, weil Frau immerzu in Habachtstellung war. Manchmal war es auch beängstigend, weil ich nie wusste, ob diese Männer durchdrehen würden, da ich ihnen die Aufmerksamkeit, die sie auf so respektlose und penetrante Weise suchten, verwehrte. Dieses Betragen sowie die kurze Begegnung mit der Ganzkörperverschleierung in der eigenen Familie weckten immer mehr meine Neugier, was die Verhüllung der muslimischen Frau anging.

Aber ich beobachtete noch eine weitere Eigenheit: Frauen, die erst nach der Eheschließung das Kopftuch trugen. Wenn es doch eine Pflicht ist, warum trugen sie es nicht vorher? Warum erst, nachdem sie einen Mann ergattert hatten? Mir kam das als junges Mädchen sehr unehrlich vor. Vorher flirten, sich den Zukünftigen angeln, um direkt hinüberzugleiten in die Rolle der gottesfürchtigen und prüden Muslima? Denn nicht immer war eine arrangierte Ehe gegeben. Oft mussten und wollten die jungen Frauen sich ihren Partner selbst aussuchen. Ein Grund war unter anderem, dass es hieß, Frau würde durch das Nichttragen des Kopftuchs dem Ehemann ihre Sünden aufbürden. Wer dachte sich solche Mätzchen aus?

Es war an der Zeit, mich mit den Quellen zu beschäftigen. Mein Vater sprach nie von einem Kopftuchgebot. Aber damit war meine Frage selbstverständlich nicht beantwortet, warum sich so viele Frauen auf der Welt verhüllten. Irgendwoher mussten diese Frauen es ja haben. Ich schnappte mir meinen deutsch-arabischen Koran, den meine Eltern mir als Dreizehnjährige geschenkt hatten, und studierte die entsprechenden Suren.

Noch im selben Jahr war für mich die Kopftuchfrage geklärt, bis zum heutigen Tag. Keine Unsicherheit, keine Ungewissheit mehr beim Umgang mit diesem Thema. Ich würde es weder vor noch nach einer Heirat oder als alte Frau tragen oder ablegen. Sittsamkeit und Würde, das erlange ich durch mein Verhalten und mein Auftreten, nicht durch ein Stück Stoff, wie das ein Schlag von Männern eigenmächtig bestimmen will. Jeder Mann und auch jede Frau, der oder die mich nicht zu respektieren weiß, hat ein gravierendes Respekt- und Sexismusproblem, für das ich nicht verantwortlich bin und auch nicht verantwortlich gemacht werden kann. Wer so denkt, glaubt auch, dass eine Frau selbst schuld daran ist, wenn sie aufgrund ihrer Kleidung vergewaltigt, belästigt oder angegriffen wird. Dass mittlerweile tuchtragende Mädchen und Frauen in Schulen und an den Universitäten Mädchen und Frauen bedrängen, die kein Tuch tragen, beweist leider nur, dass sie sich mit jenen Männern gemein machen, die Frauen dominieren und kontrollieren wollen, und es ihnen in keiner Weise um ihr spirituelles Heil geht. Trotz fortgeschrittener Erkenntnisse in der Molekularphysik lässt sich Spiritualität in keinem verhüllenden Stück Stoff finden, die sich auf den Geist eines Menschen überträgt. Was die Angewohnheit mit dem Kopftuch nach der Eheschließung anbelangte, war dies in Marokko vor allem der alten jüdischen traditionellen Religionspraxis geschuldet, die vorsah, dass verheiratete Jüdinnen fortan ein Kopftuch zu tragen haben. Auf die Frage, was zuerst da war, sollte sich jedes Mädchen und jede Frau ehrlich selbst eine Antwort geben.

Aus Denkverbot wird Gehorsam

Wer als Muslima oder Muslim die vermeintlich falschen Fragen stellt, kann sich in so mancher muslimischen Gemeinschaft schnell unbeliebt und verdächtig machen. Wie ein Menetekel begleitet es einen bei religiösen Fragen: Bloß keinen Schritt zu weit! Besonders dann nicht, wenn Mann oder Frau Machtverhältnisse hinterfragt. Dabei ist die Haltung jener Eiferer, die unverzüglich Denkverbote aussprechen, so widersprüchlich wie ihre Reaktionen selbst. In der Praxis sieht es dann schon einmal so aus, dass der bekannten libanesischen Dichterin und Künstlerin Joumana Haddad als Araberin die Einreise in ein arabisches Land verwehrt wird. Sie, die in Deutschland durch ihr Buch *Wie ich Scheherazade tötete* und ihr Kulturmagazin *Jasad* bekannt wurde, hat eine Mission. Eine Mission der Enttabuisierung, die aber nicht jedem gefällt. In *Jasad*, auf Deutsch: Körper, thematisiert sie in arabischer Sprache die Auseinandersetzung mit der eigenen Körperlichkeit. Themen wie Masturbation, Homosexualität oder die Auseinandersetzung mit dem einseitigen westlichen Blick auf die Frauen im Mittleren Osten haben ihr den Ruf von »Scheherazades Mörderin« eingebracht. Sie wehrt sich gegen den orientalisierenden erotischen Blick des Westens auf ihre Geschlechtsgenossinnen in dieser politisch aufgeheizten Region. Neben der Anerkennung durch ihre Leserinnen und Leser von Marokko über den Golf bis Saudi-Arabien hat sie sich auch erzürnte Feinde gemacht. Feinde, die es nicht gewohnt sind, dass Frauen frei über Intimitäten sprechen und schreiben und mit ihren Schriften Menschen überall auf der Erde erreichen können. Allein ihre Bücher wurden in mehrere Sprachen übersetzt. Sie schreibt und streitet mit Mut und in voller Konfrontation. Keine Veröffentlichung im Magazin unter Pseudonym. Das ist eine Bedingung, die sie auch an ihre Autoren und Autorinnen stellt. Im übertragenen Sinne fallen die Hüllen nicht nur bei den Beiträgen. Das Pseudonym ist wie eine Verhüllung, unter der Mann und Frau sich gleichermaßen verstecken können. Doch wer zur Enttabuisierung in Fragen der Sexualität in der arabischen Gesellschaft beitragen will, muss aus der eigenen Komfortzone hervorkriechen. Schließlich versteckt auch sie sich nicht – weder unter einem Künstlerinnennamen noch unter einem Schleier. Selbst ihr, als ehemaliger Angehörigen der christlich-orthodoxen Kirche, ist der Schleier nicht unbekannt. So heißt es im 1. Korintherbrief 11,5-6: »Eine Frau aber entehrt ihr Haupt, wenn sie betet oder prophetisch redet und dabei ihr Haupt nicht verhüllt. Sie unterscheidet sich dann in keiner Weise von einer Geschorenen. Wenn eine Frau kein Kopftuch trägt, soll sie sich doch gleich die Haare abschneiden lassen. Ist es aber für eine Frau eine Schande, sich die Haare abzuschneiden oder sich kahlscheren zu lassen, dann soll sie sich auch verhüllen.«

Heute ist Joumana Haddad bekennende Atheistin und eine Kritikerin organisierter Religionen und lebt weiterhin im Libanon. Ihre Gedanken, ihre Beobachtungen und ihre Kritik formuliert sie in arabischer Sprache, der Sprache des heiligen Koran, der arabischen Poesie und vor allem der Sprache des gemeinen arabischen Volkes. Religionskritik und intime Themen finden in arabischen Ländern seit der Kolonialisierung aus vielerlei Gründen eher in französisch- und englischsprachigen Publikationen statt. Nicht ohne Grund wurde ihr Magazin deshalb in einigen Ländern, wie zum Beispiel der Golfregion, unter dem Ladentisch verkauft und als pornografisch eingestuft. Kein Wunder, dass sie engstirnige arabische Männer verunsichert und Extremisten das Fürchten lehrt.

Wie sehr die Selbstbestimmung der muslimischen Frau in einigen Gesellschaftsgruppen gefürchtet wird, zeigt Haddads geplante Teilnahme an einer Kulturveranstaltung der bahrainischen Authority for Culture and Antiquities (Baca). Diese steht unter der muslimischen Schirmherrschaft von Tourismus- und Kulturministerin Shaikha Mai Bint Mohammad Al-Khalifa, die zur Herrscherfamilie gehört und die die Einladung an Haddad persönlich aussprach. Der Premierminister von Bahrain verwehrte Haddad allerdings die Einreise. Grund: Sie ist Atheistin. Für diese Ausladung entschuldigte sich die Ministerin prompt bei ihr und teilte ihr mit, dass selbst sie nichts gegen diese Entscheidung unternehmen könne. Die ängstlichen erzkonservativ-muslimischen Kräfte im Land begrüßten hingegen die Ausladung, sie konnten ihren Willen damit durchsetzen. Die salafistisch-islamistische Partei Al Asalah hatte sich gegen Haddads Beteiligung gestellt. Die Partei ließ laut www.gulfnews.com in einer offiziellen Erklärung verlautbaren: »Wir verurteilen aufs Schärfste die Einladung durch die Baca, die die Gefühle von mehr als einer Milliarde Muslime und die Überzeugungen der bahrainischen Bevölkerung missachtet und eine Atheistin einlädt, die sich für

Pornografie und Ehebruch einsetzt, um ihre kranke Mentalität bei der Veranstaltung ›Frühling für Kultur‹ zu verbreiten.«

Mal davon abgesehen, wann sie denn eigentlich die Zeit gefunden haben, die über eine Milliarde Muslime zu befragen, war ihnen vor allem entgangen, dass sich unter den zahlreichen Ingenieuren, Elektrikern, Managern und anderen Arbeitskräften, die zur Bewältigung von Bauprojekten und Investitionen nach Bahrain einreisen, auch Atheisten befinden. Aber das scheinen die männlichen Herrscher und islamistischen Köpfe wohlwissend zu ignorieren. Selbst das Auswärtige Amt in Deutschland gibt keine Angaben zur Religiosität bei den Reisebestimmungen nach Bahrain an. Doch die Bigotterie am Golf, die seit Jahrzehnten gerne einen dogmatischen und menschenverachtenden Islam in der Welt verbreitet sehen will, wird sich hüten, solchen weiblichen Stimmen eine Bühne zu überlassen. Selbst wenn diese Frau 2014 vom CEO Magazine *Middle East* zu »One Of The World's 100 Most Powerful Arab Women« gewählt wurde.

Vermutlich gerade deshalb unterstützen Kleriker am Petrodollar-Golf diese Bestrebungen durch frauenverachtende und engstirnige Prediger. Ihnen wird nicht nur in einschlägigen Brutstätten der Misogynie und Rückwärtsgewandtheit – unter anderem im wahhabitischen Saudi-Arabien – die Ausbildung finanziert, sie erhalten auch großzügige Sendestunden in diversen arabischen TV-Anstalten. Nicht wenige, wie der bekannte Muhammad al-Arifi, auch bekannt als der Tom Cruise des Salafismus, werden auf Welttournee geschickt. Von Tansania bis Berlin – für Flug und Honorar ist gesorgt. Welche hiesige Moschee sollte das auch finanzieren können? Im Absatzmarkt der Orientwaren baut Mann heute eher auf religiöse und folgsame Anhänger als auf Köstlichkeiten aus dem Orient. Besonders des weiblichen Nachwuchses wegen, der um keinen Preis Autonomie einfordern darf.

Wenn sich die Töchter vom archaischen Islamverständnis abwenden oder es zu sehr hinterfragen, werden schnell die Mütter beziehungsweise die Frauen der Gemeinschaft dafür verantwortlich gemacht. Denn Ziel ist die weltweite folgsame Umma, die nicht eigenständig denkt.

Und dennoch gibt es unbeugsame Frauen wie Haddad, eine frei denkende arabische Frau, die die Grundpfeiler des islamistischen Machtmonopols am Golf ins Wanken zu bringen droht und die Herren das Fürchten lehrt. Dass sie einmal nichtmuslimischen Glaubens war, tut hierbei nichts zur Sache. Denn sie verkörpert und spricht aus, was auch zahlreiche muslimische Frauen denken und fühlen. Und vor ihr wurden schon ganz andere Muslimas diffamiert und der Unwahrheit und Irrleitung bezichtigt. Wie Mensch in der TV-Dokumentation *Die Löwin vom Nil* am Beispiel der ägyptischen Ärztin und Feministin Nawal El-Saadawi sehen kann. Der damalige ägyptische Innenminister unter Präsident Gamal Abdel Nasser unterstellte ihr, die allgemeinen Werte und Anstandsregeln zu verhöhnen und die Frauen dazu anzustiften, gegen die islamischen Regeln und Gesetze zu rebellieren. Gemeinsam mit anderen Mitstreiterinnen steckte man sie ins Gefängnis, bezichtigte sie der Apostasie und ging so weit, sie von ihrem Ehemann zwangsscheiden zu wollen.

Dabei gehen Muslimas wie El-Saadawi den Weg vieler anderer muslimischer Frauen vor ihnen, die als muslimische Herrscherinnen oder als Töchter und Ehefrauen des Propheten die Männer ihrer Zeit berieten, hinterfragten und herausforderten. Den Propheten Mohammed eingeschlossen. Im Gegensatz zu vielen muslimischen Männern der Vergangenheit und Gegenwart verhielt er sich zahlreichen Überlieferungen zufolge den Frauen gegenüber nicht despotisch. Ilyas ibn Abdullah ibn Abi Dhubab überliefert, dass der Prophet warnte: »Schlagt nicht die Dienerinnen Allahs.« Das verdrängen muslimische Kleriker und Männer heute nur allzu gerne, um zu betonen, der Prophet sei ihr größtes Vorbild. Seine Haltung Frauen gegenüber lassen sie dabei geflissentlich außen vor. Neckisch gesprochen: Welcher Mann ist schon fähig zum Multitasking?

Unerträglich ist es diesen Männern offenbar, dass Frauen über einen Verstand verfügen, der auch benutzt werden will. Aber das könnte den religiösen Glauben ins Wanken bringen. Womit wir wieder beim Multitasking wären, was Frauen allein wegen der ganzen Anforderungen bekanntermaßen eher gelingt. Diese Selbstbestimmtheit des freien Denkens erscheint aber dermaßen bedrohlich, dass eine umfangreiche Literatur vonnöten ist, um dem Abfall vom rechten Glauben zu verhindern. Bei Joumana Haddad und ihresgleichen kann ängstlicher Muslim schließlich sehen, wohin das führt. Laut ihren Kritikern nämlich zu Pornografie und dem Aufruf zu Ehebruch und zu Atheismus. Von diesen haltlosen Unterstellungen einmal abgesehen, glaubt man offenbar, dass Atheismus eine ansteckende Krankheit ist, die durch Meidung solcher Menschen und selbstverständlich durch entsprechende Literatur heilbar ist.

Nervöse können aufatmen. Für sie gibt es Bücher, sie sind meist in deutscher Sprache auch hierzulande in einschlägigen islamistischen Onlineshops wie www.basari.de, www.darulilm.de oder www.muslimbuch.de, aber auch bei amazon.de sowie in diversen Moscheebuchhandlungen erhältlich. Selbst der Skandal-Rapper Bushido verspürt das Bedürfnis in einem Youtube-Video mit dem Titel *Bushido in der Al-Nur Moschee*[10] seinen Fans die berüchtigte Berliner Al-Nur-Moschee-Buchhandlung ans Herz zu legen, wo neben arabischsprachiger auch deutschsprachige Literatur angeboten wird. Die Bücher zeigen: Es gilt noch viel zu lernen über »den Islam«. Getreu dem Motto: Je mehr man darüber liest, desto gefestigter wird der Glaube. Um dies zu untermauern, wird gerne der prophetische Ausspruch »Strebe nach Wissen« bemüht. Die stete Aufforderung von muslimischer Seite, sich »Wissen« anzueignen, ist dabei sehr irreführend. Denn wenn von Wissen die Rede ist, dann wird darunter oftmals religiöses Wissen verstanden, Glaubensinhalte, die weniger auf wissenschaftlichen als auf traditionellen Inhalten beruhen. Doch Wissen ist alles andere als Glauben. Wissen steht vor allem für Fakten, die sich durch einen hohen Grad an Gewissheit und Beweisen auszeichnen, sodass von ihrer Gültigkeit und Wahrheit ausgegangen wird. Eine Überlieferungskette des Hören-Sagens bleibt bei allen Nachweisen der Überlieferer keine hundertprozentig sichere Quelle, was die Hadith-Wissenschaft maßgeblich auszeichnet. Als Muslima kann ich also an bestimmte Hadithe glauben, ihre Authentizität aufgrund von fehlenden wissenschaftlichen Beweisen aber nicht belegen. Mein Glaube wird dadurch aber nicht erschüttert, und gleichzeitig schade ich niemandem damit. Solange ich nicht mit der Befolgung bestimmter Hadith Menschen Schaden zufüge oder Ausgrenzung erzeuge.

Das sehen zahlreiche salafistische und wahhabitische und manche erzkonservative Muslime allerdings anders. Laut ihnen gilt es, religiöse Inhalte und Traditionen nicht zu hinterfragen. Das dürfen Muslime gerne in den Naturwissenschaften oder in anderen nichtreligiösen Fächern tun. Vorausgesetzt, dem Muslim beziehungsweise der Muslima bleibt dazu bei all den eigentümlichen Regeln, die zu befolgen sind, überhaupt noch die Zeit. Es gilt, wie vielerorts in autoritären Ländern üblich: unreflektiert auswendig zu lernen und die von Menschen gemachten Regeln in jeglicher Art mit größter Präzision zu internalisieren. Je früher diese Geisteshaltung vermittelt wird, umso schwieriger ist es, aus der religiösen Gemeinschaft auszuscheren oder für Unfrieden, Arabisch *fitna,* zu sorgen.

Das macht auch das Buch *Jama 'ah – Die Notwendigkeit der Jama 'ah (Gemeinschaft) im Islam* deutlich. Demnach ist es die Pflicht eines jeden Muslims, damit zu beginnen, gemeinsam mit Gläubigen, die den Iman (Glauben) verinnerlicht haben, in einer Jama'ah unter der Führung eines Amirs dafür zu arbeiten, dass die Muslime wieder eine Umma werden. Und damit alle Pflichten als Individuum und in der Gemeinschaft zu erfüllen. Unter einem Individuum wird hier ausschließlich ein Untertan verstanden, ohne eigene Bedürfnisse und freie Gedanken. So lässt sich auf nur 96 Seiten Diktatur in einer Demokratie verinnerlichen.

Besonders gefestigt und überzeugt scheint mir der Glaube jener Zielgruppe bei solch einer Haltung nicht zu sein. Mich hat meine jugendliche Fragerei weder als Kind noch als Jugendliche oder Erwachsene vom islamischen Glauben entfernt. Und mir drängt sich die Frage auf, ob diese Muslime ohne diese sich gegenseitig in ihrer Weltanschauung bestätigende Gemeinschaft überhaupt praktizierende Muslime sein können. Ohne eine Gemeinschaft, die unweigerlich auch gegenseitige Kontrolle zur Folge hat. Vor allem wenn Mensch bedenkt, dass zahlreiche Muslime – seien sie nun extremistisch oder gemäßigt – die Haltung vertreten, dass Allah uns immerzu prüft. Demzufolge wären Muslime in ihrem Glauben viel stärker, wenn sie eben nicht in der muslimischen Gemeinschaft lebten. Die sogenannten Prüfungen wären dadurch viel schwerer zu bewältigen als in einem Umfeld, wo jeder andere genauso lebt und denkt wie Mensch selbst.

Damit das aber so bleibt, entwickeln windige Geschäftsleute zu diesen muslimischen Unsicherheiten eine ganze Buchindustrie inklusive Hörbücher und DVDs, die die Muslime in geistige Korsetts drängen sollen. Exemplarisch für die Tabuisierung des Hinterfragens seien zwei Publikationen herausgegriffen. In ihrem Layout erinnern sie allesamt an Sektenliteratur wie die der

Zeugen Jehovas oder einschlägige Publikationen von Scientology, Organisationen also, die nicht zuletzt dafür bekannt sind, dass sie ein großes Interesse am Geld ihrer Mitglieder und Mitgliederinnen haben. Dass die Inhalte dieser Sekten und ihr Gemeindemodell durchaus vergleichbar sind mit salafistischen Gruppen oder der Muslimbruderschaft, entgeht selbst einem Laien nicht. Auch sonst scheinen die islamistischen Organisationen durchaus von christlichen Missionaren beeinflusst und inspiriert. Sowohl die Muslimbrüder als auch die Salafisten sind Erscheinungen der Neuzeit. Beide Gruppen hegen eine geheime Bewunderung für den westlichen Missionarserfolg, ihr Blick in Richtung Westen ist durchdrungen von einer jahrhundertealten Hassliebe.

Den besagten Schriften geht es darum, die Muslime darauf zu trimmen, um keinen Preis vom Gemeinschaftskurs abzukommen und dem Islamverständnis der Salafisten und der Muslimbruderschaftsideologie zu folgen. Im Buch *Islamische Fataawa für Frauen* zum Beispiel wird in 147 Kapiteln erklärt, was eine Frau vom Islam entfernt. Übrigens gibt es kein vergleichbares Buch für Männer, es scheint offenbar nicht notwendig zu sein. Bereits das erste Kapitel zeigt drohend, wohin die Reise führt, wenn weiblicher Verstand nach Antworten verlangt: »Was jemanden vom Islam entfernt: 1. Fragen im Zusammenhang mit 'Aqīdah (Glauben).« Die Muslima hat so viele Regeln zu befolgen – die im Übrigen nicht im Koran stehen –, dass sie kaum in den Genuss eigener Überlegungen kommt. Denn es gilt, unter anderem Folgendes zu beachten: »Wie man sich nicht-betenden Verwandten gegenüber verhält, wie man sich nach dem Geschlechtsverkehr und der Menstruation wäscht«. Oder: »Es klingelt beim Beten an der Tür.« Für fast alles gibt es eine vermeintlich islamische Erklärung. Wozu also als Muslima die Ratio bedienen, wenn ohnehin nur für das Jenseits auf Erden gelebt und andere für einen das »Denken« übernehmen.

Besonders unsichere Muslimas ziehen es vor, von Männern ausgedachte Regeln zu befolgen, um Allahs Wohlgefallen zu erlangen, damit sie im Paradies reichlich gelohnt werden und auf Erden vielleicht einen kleinen Funken Anerkennung in der Gemeinschaft ernten. Im Buch *Die Schwäche des Glaubens* wird die mutmaßliche »Schwäche« als Krankheit darstellt, die es zu kurieren gilt. Beide Bücher sind von Männern verfasst, die inzestuös voneinander beeinflusst sind. Der Verfasser des Frauenbuchs ist nämlich Schaikh ibn Bāz, ein ehemaliger saudischer Minister für religiöse Studien. Er ist ein Gelehrter des wahhabitischen Islam und einer der führenden Vertreter des Salafismus, einer Strömung im sunnitisch-wahhabitischen Islam. Sie ist aus der hanbalitischen Rechtsschule hervorgegangen, der kleinsten Rechtsschule im sunnitischen Islam, die in etwa fünf Prozent der muslimischen Weltbevölkerung repräsentiert. Im Jahr 1966 erklärte Schaikh ibn Bāz die wissenschaftliche Erkenntnis, dass die Welt sich um die Sonne dreht, als Unglaube, da sich dazu in den koranischen Versen nichts ableiten lasse. *Die Schwäche des Glaubens* stammt von seinem ehemaligen Schüler Muhammad Salih al-Munajjid, einem in Syrien geborenen Palästinenser, der in Saudi-Arabien aufwuchs. Er studierte Industrial Management, bevor er in die Salafia-Lehre ging. Aufgrund seiner zahlreichen Fernsehauftritte bei den saudischen Sendern Iqra TV und Al-Majd TV ist er dank Satellitenfernsehen auch über die Landesgrenzen Saudi-Arabiens hinaus mit seinem Islamverständnis und seinen antiwestlichen Hetztiraden einem großen Publikum bekannt. Auch in Deutschland. Es ist daher nicht verwunderlich, dass hiesige Prediger wie Pierre Vogel (Abu Hamza), Abdul Adhim Kamouss (Quassel-Imam) oder Hassan Dabbagh (Talkshow-Dauergast) ihn und seinesgleichen nicht nur optisch kopieren, sondern auch seinen Predigerstil in den Social-Media-Kanälen nachahmen.

Der Legitimation der Deutungshoheit insbesondere über das weibliche Geschlecht ermächtigt sich Mann hierbei wie so oft über die Religion. Menschlichem Handeln wird eine göttliche Bedeutung beigemessen – egal, ob sich diese in Unterdrückung, Benachteiligung oder Gewalt manifestiert. Die Denkverbote erheben menschliche Tyrannei zum Heiligtum. Wer nicht schweigt, droht logischerweise Tabus offenzulegen. Anachronistische Traditionen hingegen befördern als Vehikel die Tabus von einer Generation zur nächsten. Sie bewahren sich am ehesten, wenn sie unangetastet und unhinterfragt bleiben. Wie in patriarchalen Strukturen üblich drehen sich diese Tabus häufig um das weibliche Geschlecht, um die Bedürfnisse der Frau, um ihren Körper, ihre Sehnsüchte und um ihren Drang nach Selbstbestimmung und Freiheit. In kaum etwas ist sich die Menschheit seit Jahrtausenden über Völker und Religionen hinweg so einig wie über die Notwendigkeit der Konditionierung und Kontrolle der Frau. Nicht Frieden oder Bildung stehen auf der Agenda, sondern die Einflussnahme auf alles Weibliche. Denn die lässt sich so wunderbar im privaten Raum durchsetzen. Andere Bereiche würden hingegen aufrichtiges Interesse im Sinne des Gemeinwohls fordern. Und das wäre vor allem mühsame Arbeit.

Leider geschieht diese Einflussnahme allzu oft unter weiblicher Komplizenschaft, die die patriarchale Macht – sei es nun freiwillig oder durch die Erziehung – akzeptiert und anerkennt. Als Wächterinnen und Vollstreckerinnen der männlichen Forderungen und Gesetze machen sich Frauen zu Werkzeugen der männlichen Machtgelüste. Dadurch wird ihnen ein Teil dieser Machtausübung übertragen, die ihnen einen Hauch von Einfluss und Freiheit in ihrer geraubten Autonomie suggeriert. Mit dem befriedigenden Glauben, im Sinne der einzig wahren Religion und im Sinne des Göttlichen zu handeln. Wer sich ihrer Vorstellung widersetzt, widersetzt sich, wie sie meinen, Gott. Die Handlangerinnen verdrängen, worauf dieser Hauch einer Einflussnahme basiert. Die Despotie fußt auf männlichen Sex- und Ohnmachtsfantasien, auf gekränkten Egos und auf der Furcht vor dem Femininen. Was sich im letzteren Fall vor allem auf Männer bezieht, die homosexuell sind oder auf Maskulisten »verweichlicht« wirken. Aber auch Menschen, die als transgender gelten. Ansonsten gilt die Frau weiterhin als das unheimliche Wesen. Die Frau, die Leben empfängt und schenkt, die Frau, die verführt und verunsichert – sie gilt es unter allen Umständen zu kontrollieren, je nach sozialen und wirtschaftlichen Zuständen mal mehr, mal weniger aggressiv.

Hier stehen sich übrigens Abendland und Morgenland in nichts nach. So schrieb der frühchristliche Schriftsteller und Gründervater der römisch-katholischen Kirche Quintus Septimius Florens, bekannt unter dem Namen Tertullian, in *Über den Putz der Weiber:* »Du bist es, die dem Teufel Eingang verschafft hat, du hast das Siegel jenes Baumes gebrochen, du hast zuerst das göttliche Gesetz im Stich gelassen, du bist es auch, die denjenigen betört hat, dem Teufel nicht zu nahen vermochte. So leicht hast du den Mann, das Ebenbild Gottes, zu Boden geworfen.« Das christliche Bild der Frau ist dabei viel ungerechter und verachtender als in islamischen Offenbarungstexten.

Umso bemerkenswerter, dass sich vor allem hiesige Muslimas in ihrem Glauben und ihrer Selbstbestimmung verunsichern lassen. Dass sie sich endlich eigenständig mit den islamischen Quellen und der Historie auseinandersetzen, ist mehr denn je vonnöten, damit Mädchen und Frauen sich nicht weiter mit Misogynie und muslimischen Quacksalbern arrangieren müssen. Denn das tun sie heute noch viel zu oft. Aus Gründen, die zwar nachvollziehbar sind, die aber langfristig selbstzerstörerisch wirken. Sei es der Familie zuliebe, der Gemeinde oder dem Partner: In unserem Fall sind Muslimas zu Opfern bereit, während ihr forderndes Gegenüber kompromisslos ist. Wenn Muslimas dann behaupten, alles sei frei gewählt und lediglich ein Gottesdienst am Allmächtigen, wird es zusehends absurd.

Dabei ist die emanzipatorische Ausgangslage für Muslimas deutlich günstiger als bei anderen Glaubensgruppen. Allein wegen der vielen Frauenfiguren im Umfeld des Propheten sowie der mehrheitlich frauenfreundlichen Haltung des Propheten gegenüber seinen Töchtern, Ehefrauen sowie Frauen der Gemeinde. Interessant dabei ist, dass die beiden Söhne, die er zeugte, von Gott zu sich genommen wurden und der Prophet dadurch vor allem ein Vater von Mädchen war. So viel auch zum Thema Prophetenvorbild und männliche Fixierung auf männlichen Nachwuchs. Aber auch wegen jener bedeutenden Muslimas, wie sie im Laufe der muslimischen Geschichte immer wieder auftauchten. Die Kämpfe um Gleichberechtigung sind seit dem Aufkommen der Suffragetten Anfang des 20. Jahrhunderts auch heute in westlichen und nichtmuslimischen Gesellschaften noch nicht abgeschlossen, sie werden nicht nur in queer-feministischen Kreisen noch anhalten. Frauen im Westen müssen auch heute noch erklären, warum sie auf das Recht der Vereinbarkeit von Familie und Mutterschaft pochen, gleiche Bezahlung fordern oder den Verzicht auf Sexismus. Noch immer gilt: Was Frau einfordert, muss dem Manne erst schmackhaft gemacht oder zumindest lang und breit erklärt werden. Danach bleiben immer noch genug Herrschaften zurück, die sich ihrer Rechte beraubt sehen, wie es bei Maskulisten-Initiativen wie dem Männerrat zu beobachten ist. Umverteilungen von Macht und Ressourcen sind immer schmerzhaft und sorgen für Unmut. Das ist nachvollziehbar. Doch Vorteile ergeben sich auch für die männliche Seite, der veraltete und unangenehme Rollenklischees anhaften. Gewalt und Dominanz, verbunden mit dem Gebot, keine Tränen zu vergießen, sind Synonyme für alles Männliche. Ungerechtigkeiten jeglicher Art müssen bekämpft werden! Während Weiblichkeit mit Verletzlichkeit, Launenhaftigkeit und Schwäche assoziiert wird. Was dazu führt, dass Mann glaubt, Frau beschützen zu müssen.

Gilt es das als Muslima wirklich zu bewahren? Streben wir Frauen tatsächlich danach? Beschützen bedeutet in diesem Kontext vor allem bevormunden und kontrollieren. Je mehr Einfluss dem Patriarchat eingeräumt wird, desto größer wird die Wahrscheinlichkeit, dass Männer Frauen und Mädchen auch einsperren will. Der Harem, der verbotene Ort im Haus beziehungsweise im Palast, ist die beste und bekannteste Form für das Argument, muslimische Frauen beschützen zu wollen. Wenn muslimische Männer Vergleiche heranziehen wie, eine Frau gleiche einer wunderschönen Perle, die von einer Muschelschale beschützt werde, dann sollten muslimische Mädchen und Frauen hellhörig werden. Dieser Vergleich ist unter Muslimen besonders verbreitet, wenn es darum geht, die Vorzüge der weiblichen Verhüllung anzupreisen. Und wenn erst ein solch schäbiger Vergleich herangezogen werden muss, zeigt das zudem, dass viele Muslimas mitnichten von Beginn an von dem vorgeblichen Verhüllungsgebot überzeugt sind. Es ist vor allem die männliche Bevormundung, die sich hierin ausdrückt, und weniger der Respekt gegenüber Frauen und Mädchen. Muslimas sollten sich hüten, das als romantisch, heldenhaft oder total süß zu empfinden. Durch solche Vergleiche konstruiert die muslimische Gesellschaft erst das vermeintlich schwache Geschlecht.

Frauen sind aufgrund ihrer widerstandsfähigen Natur und der vielfältigen Herausforderungen, denen sie ausgesetzt sind, alles andere als schwach. Sicher sind Frauen mal überfordert, müde oder reizbar. Nur zu verständlich, wenn Frau die Kinder neun Monate austrägt, inklusive Schwangerschaftsbegleiterscheinungen, sie gebärt, sich um ihre Erziehung, um die eigenen Eltern und um den Partner kümmert. Um nebenher noch den Haushalt zu schmeißen und gegebenenfalls einer Arbeit oder einer Ausbildung nachzugehen. Über Erschöpfung braucht sich dann niemand zu wundern. Beim männlichen Geschlecht hingegen droht überspitzt gesagt der Weltuntergang in regelmäßigen Abständen. Nämlich immer dann, wenn es bei halber Belastung oder einer Erkältung mit dem Manne zu Ende geht.

Tradierte Rollenmuster zu überdenken, kann sich auch darin ausdrücken, dass sich ein deutsch-türkischer Jugendlicher verwirrt über ein Mädchen zeigt, das ihm ungeniert ein Kompliment über seinen knackigen Hintern in der Jeans macht. So berichtet vom Berliner Heroes-Mitarbeiter Yilmaz Atmacar auf der Bühne der Zenith-Magazin-Preisverleihung »Muslime in Deutschland« im Frühjahr 2015. »Heroes – Gegen Unterdrückung im Namen der Ehre« ist ein Jugendprojekt für Jungen aus Zuwandererfamilien, die häufig aus muslimischen Familien stammen und die sich in Gesprächsrunden offen und frei mit tradierten und unterdrückenden Rollenmustern befassen. Um einen geschützten Raum anzubieten, bleiben Mädchen hier außen vor. Solch einen geschützten Raum gibt es oftmals für Mädchen, kaum aber für Jungen, wie die Berliner Heroes-Gruppenleiterin Eldem Turan erklärt: »Jungen werden meist nur Fußball, Boxen oder Playstation-Spiele angeboten. Ein Ort, wo sie über ihre Erfahrungen im Alltag, Liebe, Erziehung etc. reden können, wird ihnen kaum angeboten.« Es zeigt sich, dass Jungen genauso wie Mädchen unter dem weit verbreiteten und nach Dominanz strebenden Männlichkeitsverständnis aus ihren Reihen leiden. »Die Jungen wollen oftmals ihre Freundin vor dem Gerede von Freunden und ihren Familien beschützen und verfallen schnell in dieselbe Haltung, unter der sie insgeheim selbst leiden«, fährt Eldem Turan fort. Sie geben den Beschützer-Macho oder heiraten vorschnell, um ihre Partnerin nicht als »Schlampe« dastehen zu lassen. Auf keinen Fall darf ihr Ruf beschädigt werden. Da reicht es oftmals nicht aus, die Treffen in einen anderen Stadtteil fernab von ihren Bekannten oder Familienangehörigen zu verlagern. Man könnte das »Luder« mit einem Jungen ihrem Verständnis nach »herumhurend« im McDonald's-Café antreffen. »Herumhuren« bedeutet in diesem Kontext Milchshake schlürfen und reden. Vielleicht auch schüchtern unter dem Tisch Händchen halten. Denn wenn Mann und Frau alleine sind, ist der Teufel der Dritte im Bunde, so das weit verbreitete muslimische Verständnis. Damit ist der Ruf des Mädchens oder der Frau schneller ruiniert, als ihr lieb sein kann.

Torschlusspanik und religiöse Parameter

Wie groß die Angst um den eigenen Ruf auch heute noch ist, bringt die kanadische Dating-App Minder anschaulich zur Geltung. Der 35-jährige Erfinder Haroon Mokhtarzada berichtet bei *SPIEGEL ONLINE* vom Dilemma der Muslima: »Viele Musliminnen haben Angst um ihren Ruf und fürchten, verzweifelt zu wirken, weil sie online einen Partner suchen.« Selbst in den Weiten des Webs, wo Anonymität möglich ist, fürchten Muslimas um ihren Ruf. Da braucht es laut dem 29-jährigen Berliner Muslim und i,Slam-Mitbegründer Younes Al-Amayra eine klare Marktpositionierung. »Eine solche App muss absolut seriös sein und gewisse religiöse Parameter erfüllen, damit sie funktioniert und auch Musliminnen sie gern nutzen.« Sagt ein Mann! Eine Marktlücke, die sich mit der Torschlusspanik der Frauen im Allgemeinen und mit der Heiratserwartung der Muslima im Besonderen in bare Münze verwandeln lässt. Dabei geht der afghanischstämmige Kanadier Mokhtarzada genauso vor, wie Tausende männliche Clubbesitzer weltweit. »Die Frauen müssen sich wohlfühlen, das ist das Wichtigste«, sagt er. Dann folgen auch die männlichen Kandidaten. Schon zahlt sich die gute alte, über Jahrtausende anerzogene Frauenverunsicherung wieder einmal aus. Ein ganzer Industriezweig wird geschaffen.

Apropos Industriezweig: Wer rigoros an der Verhüllung der Frau als Zeichen ihrer Ehrbarkeit festhält, kann auch mit Kopftüchern, Hijabs und Niqabs und mit der Herstellung der notwendigen Stoffe, wie wir gelernt haben, Milliardenumsätze erzielen. Religion dient unter anderem als Marktlückengenerator für viele kapitalistische Unternehmer. Denn wie man aus der Islamischen Charta des Zentralrats der Muslime entnehmen kann, will der Islam Reichtum nicht abschaffen, sondern Armut bekämpfen. Deshalb »fördert der Islam unternehmerische Initiative und Verantwortung«. Der medienwirksame Verbandsvertreter Aiman Mazyek, der sich regelmäßig zu muslimischen Themen in Deutschland zu Wort meldet, sah bislang weder die Notwendigkeit einer Stellungnahme bezüglich der Ausbeutung und Diskriminierung muslimischer Frauen, noch ermahnte er die »Verantwortung der unternehmerischen Initiative«. Nun denn. Das Beharren auf den unterschiedlichsten Geschlechterregeln schafft gewissermaßen Arbeitsplätze. Wer hat dagegen etwas auszusetzen? Sicher, das passiert auf Kosten der gläubigen Frauen, die dadurch in der Gesellschaft ausgegrenzt werden. Aber hey, warum lassen sie sich auch nicht einfach von der Familie verheiraten und wollen ihren Partner selbst auswählen? Selbst schuld!

Doch zurück zur Dating-App. Minder steht in einer Reihe mit Portalen wie www.muslima.com, www.muslimlife.eu oder www.islamic-marriage.com. Zusammen bilden sie einen Markt, der allein in Deutschland theoretisch vier Millionen Muslime bedient, was im Fall von Minder in der Praxis geringer ausfällt. Und zwar, weil ein Teil der Muslime bereits liiert ist, weil ein anderer Teil sich nicht als religiös versteht, weswegen ihn diese Vorauswahl nicht anspricht, und weil wieder ein anderer Teil muslimische Verkupplungsportale für uninteressant bis suspekt erachtet. Auch weil so mancher Heiratsschwindler unterwegs ist, der ausschließlich eine vom Imam geschlossene Ehe eingehen möchte, um sich kurze Zeit später wieder von der Frau zu trennen, womit diese dann rechtlich schlecht dasteht, wenn ein Kind ins Spiel kommt. Denn eine sogenannte Imam-Ehe ist vor keinem (muslimischen) Staat gültig.

Dennoch gibt es genug Musliminnen, die sich davon angesprochen fühlen, vor allem aus dogmatischen Umfeldern, in denen Geschlechtertrennung und patriarchale Denkstrukturen den Alltag dominieren. Die App und andere Angebote zielen damit auch konkret auf die Unsicherheit dieser Frauen. Und so zermartern sich diese Muslimas nicht nur den Kopf über ihr Aussehen, über Familienplanung, über ihre Rechte oder ihre berufliche Zukunft, sondern auch immer über ihren Ruf. Ein Teufelskreis, den zu durchbrechen unmöglich erscheint. Und all das nur, weil das Patriarchat das einzige Gesellschaftskonzept ist, das sich immer wieder durchzusetzen weiß. Weil Frauen sich allzu oft noch von falschen Komplimenten und unter fadenscheinigen Gründen in die Irre führen lassen, statt sich für ihre Rechte einzusetzen und sie wie beim Staffellauf an die nächste Generation weiterzureichen. Was auf den ersten Blick also logisch und nachvollziehbar erscheint, entpuppt sich fast immer als Widerspruch. Da hilft es wenig, Vergleiche mit orthodoxen jüdischen oder christlichen Partnerschaftsportalen zu bemühen, die in Sachen Frauenemanzipation auch keine Vorreiter sind. Wobei man den Bedarf bei jüdischen Männern und Frauen schon eher nachvollziehen kann. Denn bei nur 13,3 Millionen Juden weltweit, davon ca. 200 000 in Deutschland, gestaltet sich die jüdische Partnersuche schon mal zur Nadel-im-Heuhaufen-Suche.

Wir Frauen kümmern uns allzu oft noch um eingelaufene Kaschmirpullover, vollgeschissene Babywindeln, (Schwieger)Eltern- und Kinderversorgung, Hausarbeit und Ausbildung, statt uns mit all den Widersprüchen des männlichen Dominanzstrebens zu beschäftigen. Was wir tunlichst ändern sollten, denn von allein und ohne Widerstand werden sich die rundum versorgten Herren und Buben kaum von ihrer komfortablen Herrschaftszone erheben.

Dabei können die Muslimas ihre Emanzipationsforderungen mit dem Islam begründen, wenn ihnen das wichtig ist. Für die um Emanzipation bemühten Westlerinnen in Europa und den USA gestaltete sich das in der Vergangenheit, aber auch heute noch nicht so einfach. Oftmals mussten sie ohne oder mit nur begrenzten Rückgriffen auf religiöse Quellen mit vielen Entbehrungen und Ausgrenzungen zurechtkommen. Etliche Musliminnen hingegen sind einfach nur ängstlich und bequem. Statt den Mut zu haben, die Rechte und Freiheiten einzufordern und sie sich einfach zu nehmen, die uns Allah und der Prophet beschert haben, arrangieren sie sich mit den Regeln der Männer und versuchen sich einzureden, dass Leid und Unterwerfung ein Gottesdienst seien. Getreu dem Motto: Je mehr ich »für Allah« leide und entbehre, umso mehr wird mich Allah im Paradies dafür belohnen. Diese Muslimas übersehen ein wichtiges Detail: dass Allah weder menschlich noch männlich ist. Und dass ein ins Leid geschlittertes Leben keine Leistung ist, sondern Resignation bedeutet. Es ist, wie es ist: Männer sind jene Gattung, die aus den göttlichen Offenbarungen Regeln konstruierten, um für ihre Männergesellschaften Vorteile und Bevorzugung zu gewinnen. Der Weg von der Offenbarung zu den Hadithen, zu Rechtsschulen und zu Regelwerken à la Erlaubtes und Verbotenes des viel rezipierten Islampredigers Yusuf al-Qaradawi ist daher nur die logische Konsequenz.

Die Sache mit dem Feminismus

2015 erklärte die israelische Soziologin Eva Illouz im *SPIEGEL*, dass es in Zeiten größerer Unsicherheit immer unklarer werde, wer was zu tun habe. Die Bedeutung dessen sei verloren gegangen, was ein Mann oder eine Frau ist, und hier könne Sadomaso-Sex der Ausdruck eines Wunsches nach Rollen mit klaren Regeln sein. Eine spannende These. Sie impliziert aber auch, dass alle, die nicht auf Sadomaso stehen, lieber die klassischen Rollenmodelle wählen. Nun ist der Sadomaso-Sex vielen erst seit dem Weltbestseller *Fifty Shades of Grey* ein Begriff geworden und daher für die ältere Generation wohl eher keine Option. Dafür erlebte diese Generation die Frauenbewegung, die eine neue sexuelle Befreiung mit sich brachte und klassische Geschlechterrollen aufbrach. Wie so oft sind nicht alle von Bewegungen gleichermaßen angetan. Vielleicht ist das auch ein Grund dafür, warum sich nach dem Krieg das vor allem durch Faschisten zelebrierte und geförderte einseitige Mutterideal in manchen Köpfen halten konnte und heute neu entdeckt wird.

Der Blick zurück hat auch immer etwas Nostalgisches, und womöglich lebten gerade Konvertitinnen mit ihren angeheirateten Männern aus dem exotischen Orient diese Sehnsucht aus. Vor allem, wenn sie zwielichtige Organisationen aktiv mitgestalten konnten, die in ihren Augen in Sachen Islam in Deutschland das Nonplusultra darstellten und frei waren von der Unwissenheit der anderen Muslime aus dieser »Dritten Welt« wie es Sonia-Iman Rassoul einst beschrieb. Und weil sie aktiv waren und in einer Zeit lebten, in der es viele Feministinnen gab und das, wie auch heute zum Teil, als chic galt, war die neue Muslima eben auch Feministin, wenn auch nach einem sehr eigenen Verständnis.

Frauen wie Erika Theißen, Sabiha El-Zayat und Amena Shakir, um nur einige Akteurinnen einer neuen Bewegung zu nennen, taten sich mit dem Thema eines »islamischen Feminismus« hervor. Sie gehören zur alten Garde der sich als Feministinnen bezeichnenden Muslimas, die seit den 1990er-Jahren besonders aktiv sind. Sie sind zum Teil Konvertitinnen, in muslimischen Verbänden in Deutschland und Österreich tätig und mehrheitlich in der Frauen- und Kinderbildung engagiert oder leiten muslimische Frauenzentren. Wie zum Beispiel Sabiha El-Zayat, mit Ibrahim El-Zayat verheiratet und die Tochter des ehemaligen Generalsekretärs der IGMG, die wegen ihrer islamistischen Aktivitäten jahrzehntelang im Verfassungsschutzbericht auftauchte. In einem Interview mit Sanem Kleff,[11] der Leiterin von »Schule ohne Rassismus – Schule mit Courage«, erklärt El-Zayat nicht nur, dass Deutschland eine islamische Gesellschaft sein sollte, weil Islam Frieden bedeute, obwohl, wie Kleff einwendet, das Friedenskonzept kein allein islamisches ist. Darüber hinaus erklärt El-Zayat umständlich, wie es sich mit der Gleichberechtigung verhalte und warum eine Frau einen Partner zur Ergänzung brauche. Was die Vertiefung des Themas Feminismus angeht, weist sie einfach darauf hin, dass der Feminismus das alles noch nicht ausdiskutiert habe. Bei kritischen Fragen rund um allein reisende Frauen sowie Mädchen und Klassenfahrten weicht sie aus, setzt uns aber darüber in Kenntnis, dass sie nicht auf ihr koranisches Recht auf eigenes Vermögen verzichten möchte. Kleff kontert im Laufe des Gesprächs: »Alles Gute ist islamisch (...). Sie reden wie der Kommunist, der sagt, dass im wahren Kommunismus alles prima ist. Der reale Islam zeigt aber etwas ganz anderes.«[12] Muslime wie El-Zayat behaupten übrigens auch, dass Saudi-Arabien oder Iran keine islamischen Staaten seien.

Eine Generation und Sozialisation in diesen Einrichtungen und Gemeinden später haben die vermeintlich feministischen Inhalte ihre Wirkung gezeigt und neue Akteurinnen hervorgebracht. Sie heißen, um einmal drei prominente Beispiele aus Deutschland und Österreich zu nennen, Kübra Gümüşay, Dudu Kücükgöl oder Betül Ulusoy und entstammen der dritten türkischstämmigen Einwanderergeneration. Kübra Gümüşay ist Bloggerin aus Hamburg und Netzaktivistin, die sich unter anderem gegen Islamfeindlichkeit engagiert. Betül Ulusoy ist angehende Berliner Volljuristin und ebenfalls Bloggerin. Sie erlangte bundesweite Bekanntheit aufgrund einer inszenierten Kopftuchdiskriminierung beim Amtsgericht Neukölln und beschreibt 2014 mit einem Selfie, wie unbeschreiblich die Atmosphäre ist, während sie auf den türkischen Ministerpräsidenten Recep Tayyip Erdoğan wartet. Auf jenen Mann also, der auf einem Frauenkongress 2010 verkündete: »Man kann Frauen und Männer nicht in gleiche Positionen bringen. Das ist gegen die Natur, weil ihre Natur unterschiedlich ist. Im Arbeitsleben kann man einer schwangeren Frau nicht dasselbe abverlangen wie einem Mann.«[13] Nachdem er dafür harsche Kritik von Frauenrechtlerinnen erntete, relativierte er seine Aussage. Er sei falsch zitiert worden. Medien eben.

Die stehen laut seiner Aussage von 2013 ohnehin unter der Herrschaft Israels.

Dudu Kücükgöl, auf die Kübra Gümüşay medial voller Lob hinweist und die sich wie Gümüşay explizit als Feministin bezeichnet, ist Wirtschaftspädagogin, forscht aktuell über muslimische Frauen und postkolonialen Feminismus und ist ehrenamtlich in der muslimischen Jugendarbeit tätig. Sie schreibt regelmäßig für diverse österreichische Medien. Als 2014 in Österreich das sogenannte Islamgesetz auf den Weg gebracht werden sollte, das unter anderem vorsah, eine ausländische Finanzierung von Religionsgemeinschaften in Österreich zu unterbinden, brachte sie sich als MJÖ-Vorsitzende gegen die Regierungspläne in Stellung. Fuat Sanaç, dem Präsidenten der Islamischen Religionsgemeinschaft Österreich (IGGiÖ), bot sie selbstbewusst Paroli und forderte ihn öffentlich dazu auf zurückzutreten, weil er sich nicht gegen das Gesetz positionierte und auch anmerken ließ, dass hinter der MJÖ »alte Männer mit Bärten stehen«[14], kurz gesagt: die Muslimbruderschaft. Trotz all der Stellungnahmen und Klageandrohungen in der Vergangenheit gegenüber Journalisten und Kritikern, die das Gegenteil dieser Behauptungen beweisen sollten, wiegen die Beweise mehr, als die MJÖ der Öffentlichkeit weismachen möchte. Die ideologische Nähe haben mehrere Forscher und Journalisten akribisch offengelegt. Das Gegenhalten bewirkt bedauerlicherweise nur, dass weder den Akteurinnen und Akteuren noch der Organisation Glauben geschenkt werden kann.

Sie alle werden gehört und können ihre Stimmen in die öffentlichen Diskurse einbringen. Das ist gut. Lange genug galt im Zusammenhang mit Muslimas, dass über sie und nicht mit ihnen gesprochen wird. Ganz besonders, was tuchtragende Frauen angeht. Es ist gut, dass sich dahingehend in den letzten

Jahren endlich etwas verändert hat. Ihre Elterngeneration ist in Deutschland geboren oder im Kindesalter in Deutschland sozialisiert worden. Sie haben den Rassismus gegen ihre Großeltern und Eltern noch mitbekommen und wurden selbst aufgrund ihrer Herkunft und ihres Kopftuchs diskriminiert. Die islamische Erziehung wurde in ihren und anderen Fällen mitbeeinflusst durch ihre Sozialisierung bei Gemeinden wie Milli Görüş und der MJD oder MJÖ, dem österreichischen Pendant zur MJD, die viele neugierige junge Muslimas aufsuchen, auch jene, die nicht in Islam-Verbänden sozialisiert wurden. Heute bringen sie sich selbstbewusst und gut vernetzt in die Debatte um den Islam in Deutschland ein, um die sogenannte Islamophobie und den islamischen Feminismus, und sie geben kund, was sie beschäftigt. Im öffentlichen Diskurs werden sie als Aktivistinnen wahrgenommen, die Muslimasein mit Frauenbewegung vereinen. Denn die Angehörigkeit zu einer monotheistischen Religion – allen voran der islamischen – steht in keinem Widerspruch zu Frauenrechten oder gar Feminismus.

Allen Muslima-Klischees zum Trotz stellen die verschiedensten Musliminnen hierzulande Forderungen an die Gesellschaft. Zu Recht, denn Rassismus und Muslimfeindlichkeit sind real existierende Probleme. Aber auch frauenrechtliche Ansprüche innerhalb der eigenen Religionsgemeinschaft werden von nichtorganisierten Muslimas weltweit eingefordert. Die bekanntesten Gruppen heißen Sisters in Islam, Karamah oder Musawah. Sie kämpfen gegen Ausgrenzung und Entrechtung. Und sowohl Männer wie auch Frauen können sich bewusst oder unbewusst diesen Bemühungen entgegenstellen. Weil sie weder die Rechte noch die lange Historie des Islam kennen. Oder weil sie derart in sozialen Zwängen gefangen sind, dass sie, um privates Chaos und Konflikte zu vermeiden, sich nicht zur Wehr setzen. Wer Kinder hat und einen Ehemann, wer in einem Umfeld lebt, das erzkonservativ bis islamistisch ist, wird kaum in der Lage sein, auszubrechen und Missstände anzusprechen. Widerstand bis hin zur Ausgrenzung, der Androhung der Trennung und der Wegnahme der Kinder kann die Folge sein. Das will verständlicherweise nicht jede riskieren. Dabei kann allein schon das nicht in der Öffentlichkeit stattfindende Ablegen des Kopftuchs oder die Trennung vom Partner zu schweren Verleumdungen und Ausgrenzung aus der Gemeinde führen. Offenkundig kein Thema für »islamische Feministinnen«.

Daher sei besonders für manche nichtmuslimische Feministin notiert: Das Dasein als Muslima und als Feministin stellt keinen Widerspruch in sich dar, wie schon allein die Initiativen und weltweit aktiven Muslimas zeigen, die an Universitäten lehren und forschen, als Schriftstellerinnen aktiv sind oder weltweit den Diskurs als Künstlerinnen und Musikerinnen medial beeinflussen. Exemplarisch seien die bildende Künstlerin Sarah Mapel aus Großbritannien und die Rapperin Myam Mahmoud aus Ägypten genannt – mit und ohne Kopftuch, aber in jedem Fall ohne Tabugrenzen bei ihrem Einsatz für die Gleichberechtigung der Geschlechter. Es lassen sich auch in der jüngeren Geschichte rund um die 1970er-Jahre ähnliche Zuschreibungen bei jüdischen Feministinnen beobachten. Auch ihnen warf die mehrheitlich atheistische Frauenbewegung vor, einem durchweg archaischen Patriarchat verhaftet zu sein. Besonders haarsträubend war die Behauptung, dass sie sexuellen Missbrauch von Kindern legitimierten. Dass Jüdinnen wie Musliminnen, damals wie heute, Feministinnen sein konnten, war unvorstellbar.

Mut ist gefragt, Missstände zu benennen – denn Gegenwind gibt es nicht nur von Frauenhassern, sondern auch von Glaubensschwestern, die finden, dass der Feminismus dort aufhören müsse, wo »der Islam« Grenzen ziehe. Schließlich sollen die Geschlechterrollen nicht »verwestlicht« werden. Unter Islam verstehen sie den patriarchal dominierten Islam – auch wenn das vielen unter ihnen nicht bewusst ist. Und in der Tat: Was bliebe nach dem Wegfall eines solchen Islam vom Patriarchat übrig? Der gelebte Islam weltweit ist immer auch von den Bräuchen, Kulturen und sozialen Einflüssen der Gesellschaften oder, im Fall von nichtmuslimischen Ländern, von muslimischen Gemeinden beeinflusst. Die Funktion des Islam besteht heute oftmals darin, Identität zu stiften, statt Spiritualität zu schenken – besonders in westlichen Staaten und auch und gerade für Konvertiten, die sich mit den Herkunftsländern der meisten Muslime nicht identifizieren können.

Muslima und Feministin zu sein widerspricht sich nur dann, wenn sich der feministische Aktivismus ausschließlich auf einige wenige Forderungen beschränkt, die nur die eigene Peergroup bedienen. Es gilt daher, auch den Feminismus im Westen zu kritisieren, wenn dieser zu wissen meint, wie es eine Muslima zu befreien gilt. Muslimas müssen sich auf Augenhöhe und ohne Tabus selbst artikulieren dürfen, auch wenn ein Kopftuch manche nichtmuslimische Feministin irritieren mag. Kritisch wird es jedoch bei jenen muslimischen Feministinnen, bei denen die Solidarität für andere dort endet, wo sie entscheidend weitergehen müsste. Die Solidarität mit nicht verhüllten oder verhüllten Muslimas sowie mit muslimischen LGBTs oder mit Muslimas, die bireligiöse Beziehungen befürworten, oder mit jenen, die sich von der Religion abwenden, das Kopftuch ablegen oder einen Nichtmuslim ehelichen. Positionen wie diese stellen für manche politisierten Muslime einen schweren Verlust und eine Schwächung der Umma dar. Doch in einer pluralistischen Gesellschaft wie der unseren in Europa, wo Akzeptanz für die eigene Lebensform gewünscht und eingefordert wird, muss auch dies von jenen Muslimen ausgehalten werden, die solche Lebensformen persönlich als nicht erstrebenswert empfinden. Der Schutz der anderen muss gewährleistet sein, sie dürfen nicht zum Ziel von Verteufelungen und Ausgrenzungen werden. Der eigene Glaube an Allah geht dabei nicht verloren. Und wenn doch, sollte das einem selbst zu denken geben.

Wenn nun aber vermeintlich »islamische Feministinnen« mit dubiosen Kontakten und Aktivitäten in islamistische Kreise gegenüber der nichtmuslimischen Gesellschaft ausschließlich das Recht einfordern, sich verhüllen, monogam oder polygam heiraten sowie arrangierte Ehen anbahnen zu dürfen, wenn sie bei Diskriminierung und Sexismus oder Mobbing von nicht tuchtragenden Muslimas schweigen, wie es heute an einigen Universitäten und Schulen Realität ist, dann sind dies einseitige Positionen, die es dringend zu hinterfragen gilt. Es wird auch nicht glaubwürdiger, wenn versucht wird, sich mit atheistischen und anderen Glaubensgruppen zu verbünden und von Dialog zu schwadronieren. Allein um der Öffentlichkeit beweisen zu wollen, dass Muslima denselben Geist teilt wie jene Verbündete.

Wenn es also um Muslimfeindlichkeit geht, wird Anschluss zu Anti-Rassismus-Gruppen gesucht. Geht es um das Recht, sich zu verhüllen, werden Allianzen mit orthodoxen Jüdinnen initiiert. Letztere sind gerade wegen der deutschen Geschichte besonders beliebt und fungieren als Feigenblatt für viele Diskussionen und Personengruppen. Laut weit verbreiteter Meinung innerhalb der Gesamtgesellschaft können Juden ja nicht kritisiert werden. Es sei angeblich ein Tabu. Verbündete mit ähnlichen Zielen lassen sich also immer finden.

Dagegen ist zunächst auch nichts einzuwenden. Absurd wird es aber, wenn als Antwort auf den in unserer Gesellschaft verbreiteten Sexismus die Verhüllung und die Geschlechtertrennung genannt werden. »Muslimische Frauen tragen Schleier oder Kopftuch zwar oft aus religiöser Pflicht, aber jede hat dafür auch ihre ganz eigene Motivation.«[15] Wie zum Beispiel die »Entsexualisierung des öffentlichen Raumes (…) Diese Frauen wollen sich etwa durch das Kopftuchtragen dem Modediktat entziehen, dem Bild der perfekten Frau, das von Männern gemacht wird, und den Blick stattdessen auf ihren Verstand und ihre Gedanken lenken«[16], sagt Amena Shakir, die selbst aber ihr sexistisches Umfeld rund um Muslimbruderschaft und Reformsalafismus unhinterfragt lässt, die allesamt klare Geschlechter- und Kleidervorschriften diktieren. Augenwischerei und Widerspruch pur! Obendrein werden diese Aussagen genauso unreflektiert von der jüngeren Garde heute wiedergegeben. Der Begriff Verhüllung bekommt hierdurch eine ganz neue Dimension, hilft der Glaubwürdigkeit aber nur bedingt und gibt aufgrund von Amena Shakirs heutigen Aktivitäten im Bildungssektor in Deutschland und Österreich sehr zu denken. Sei es nun die Islamische Religionspädagogische Akademie (IRPA) in Wien-Liesing, deren Leiterin sie ist und wo islamische Religionslehrkräfte ausgebildet werden, oder das Institut für islamische Theologie in Osnabrück.[17]

Aufhorchen lässt dieses Argument vor allem auch deshalb, wenn Frau es von einem Mann zu hören bekommt, der sich selbst als »Reform-Salafist«[18] bezeichnet und das Kopftuch zum Zeichen der Emanzipation erklärt sowie zum Zeichen der Identität; der zugleich aber Frauen, die komplett verhüllt sind, unterstellt zu übertreiben.[19] Es handelt sich um keinen Geringeren als den Islamwissenschaftler Tariq Ramadan, der als Reformer und Vordenker eines Euro-Islam gilt, der nicht zu verwechseln ist mit dem 2007 verbreiteten Begriff des Euro-Islam von Bassam Tibi, dem mittlerweile emeritierten syrischstämmigen Professor für Internationale Beziehungen an der Georg-August-Universität in Göttingen. Ramadan versteht unter Euro-Islam – er selbst benutzt den Begriff übrigens nicht – nichts anderes als eine europaverträgliche Version des Salafismus, die in modischen Kopftüchern gepflegter daherkommt als im Niqab und die Tuniken und Rauschebärte durch Anzug und kurzgetrimmte Bärte ersetzt, kombiniert mit Uni-Abschlüssen. Während Tibi für eine Trennung von Staat und Religion plädiert, hält Ramadan, wie bereits ausführlich in Kapitel 2 erläutert, an der Scharia fest und fordert gerne Moratorien für Körperstrafen.[20]

Dabei richtet sich Ramadan nicht nur nach dem Islamverständnis von Yusuf al-Qaradawi, er arbeitet mit ihm auch eng zusammen, zum Beispiel an der Qatar Faculty of Islamic Studies. Mit jenem al-Qaradawi also, der einer Muslima mithilfe seines islamischen Rechtsgutachtens erlaubt, ihr Tuch abzulegen, um in Israel als Märtyrerin zu sterben.[21] Selbstmord ist zwar haram, aber wie immer finden die Herren Wege, ihre Machtinteressen zu begründen. Geflissentlich werden über Koransuren hinweggesehen wie »Allah hat das heilige Land den Kindern Israels gegeben bis zum jüngsten Tag« (Sure 5, Vers 21) und »Wir haben die Kinder Israels zu den Erben (des Landes) gemacht« (Sure 26, Vers 59). Diese Verse stören – bei aller Ungerechtigkeit gegenüber den Palästinensern – das Feindbild für die kollektive muslimische Welt. Ganz zu schweigen vom oft und gern zitierten Teilvers, »dass jeder, der einen Menschen tötet (...) gleichsam die ganze Menschheit tötet«. Es handelt sich um die Sure 5, Vers 32, und lautet vollständig: »Deswegen schrieben wir den Kindern Israels vor, dass jeder, der einen Menschen tötet – es sei denn als Vergeltung für Mord oder Unheilstiftung auf Erden –, gleichsam die ganze Menschheit tötet; und wer einem, den der Tod bedroht, zum Leben verhilft, der hat gleichsam der gesamten Menschheit zum Leben verholfen. Wir haben ihnen unsere Gesandten mit den klaren Darlegungen geschickt, und viele unter ihnen haben trotzdem Maßloses auf Erden begangen.«

Die Pflege der Feindbilder ist für salafistische und reformsalafistische Bewegungen wie der Muslimbruderschaft von großer Bedeutung. Sie dient der eigenen Legitimation und der Rekrutierung neuer Anhänger – und auch neuer Anhängerinnen. Dies erklärte mir ein ehemaliger Muslimbruder, der u.a. die deutsche Szene von innen sehr gut kennt. Es gehe nicht ohne Antisemitismus und die Abgrenzung gegenüber Nichtmuslimen, sagte er mir im vertraulichen Hintergrundgespräch. Dass es kein Vorurteil ist, dass die Muslimbrüder bewusst mit Lügen und Indoktrinierung arbeiten, sondern der Realität entspricht, hat selbst mich staunen lassen. Und dies mit tatkräftiger Unterstützung der Frauen. Unweigerlich muss ich an Sure 32, Vers 9, denken. Vor allem für alle vermeintlich Gottesfürchtigen ein Must-Read: »Dann formte Er (Allah) ihn und hauchte ihm von Seinem Geheimnis ein. Euch gab Er das Gehör, das Augenlicht und den Verstand. Ihr dankt aber nur wenig dafür.« Vor allem moralisches Denken ist in diesen Kreisen unerwünscht.

So tradieren diese Frauen auch al-Qaradawis Anweisungen zu Geschlechterfragen weiter. In *Erlaubtes und Verbotenes*, seinem Longseller von 1989, erklärt al-Qaradawi zum einen, dass der Islam dazu auffordere, sich als Frau schön zu kleiden und zu schmücken. Wer das nicht tue, begebe sich auf den Weg Satans. Mit Höllenandrohung fordert er von den Frauen obendrein, sich zu verhüllen und weite, blickdichte Kleidung ohne antoupiertes Kopftuch zu tragen, und er verbietet vermeintlich männliche Kleidung. Auf seiner Fatwa-Webseite islamonline.net war noch bis 2010 nachzulesen, dass ein Ehemann seiner Frau befehlen muss, ein Kopftuch zu tragen, und er sich bei Widersetzung scheiden lassen kann.[22] Aber zurück zu seinem Buch. Eine Frau, die Parfum auflegt, wird von ihm zur Ehebrecherin erklärt. Untermauert wird dies statt mit Koranversen vorrangig mit Prophetenerzählungen. Diese werden je nach Intention herangezogen. Das ist deshalb interessant, weil in der malikitischen sowie hanafitischen Rechtsschule die Offenbarungstexte oftmals höheres Gewicht haben. Ibn Qutaybah verlieh allerdings im 9. Jahrhundert der Sunna einen göttlichen Rang, was ihre weitere Interpretation bis heute nachhaltig beeinflussen sollte. Die Sunna ist vor allem für Salafisten eine der wichtigsten Legitimationen für ihre exlusivistische und misogyne Weltanschauung. Denn während der Koran eindeutig vom Schlagen der Frau spricht, die Prophetentradition aber berichtet, dass Mohammed nie eine Frau schlug, gilt das Schlagen der Frau als legitim.[23] Es wird also kurz gesagt das herausgepickt, was das Konzept des Patriarchats stärkt und unterstützt. Da sind dann frauenfreundliche Hadithe wieder uninteressant. Vorrang hat alles, was vor allem dem Manne dienlich ist. Und sei es auch nur, um in westlichen Gesellschaften als Frauenfreund dazustehen und Gewalt an Frauen als nicht islamisch zu postulieren. Es gilt immer das, was gerade in den Kram passt.

So auch für al-Qaradawi, der erklärt, dass der Ehemann einem Kapitän gleiche, ohne den der Haushalt zu kentern drohe. Daher darf er seine Frau schlagen, sollte sie ihm gegenüber ungehorsam sein. Auch wenn al-Qaradawi darauf hinweist, dass die Schläge nicht ins Gesicht gerichtet werden und eher einem Klaps ähneln sollten, handelt es sich hierbei dennoch um körperliche Züchtigung.

Übersetzt und verlegt wurde dieses Buch übrigens vom Islamkonvertiten Ahmad von Denffer, der auch Buchübersetzungen von Omar El-Shabassy und seiner Ehefrau Eva-Maria El-Shabassy veröffentlichte. Von Denffer ist langjähriger Funktionär im Islamischen Zentrum München, das unter anderem Gründungsmitglied des ZMD ist. Laut Verfassungsschutz, aber auch nach Angaben des ehemaligen ägyptischen Muslimbruder-Chefs Muhammad Mahdi Akef, gilt das IZM als deutsche Vertretung der Muslimbruderschaft, dessen wichtigster Funktionär Ibrahim al-Zayat ist. Obwohl al-Zayat diese Aussage ablehnt und auf der Webseite der Muslimbruderschaft in Ägypten eine Gegendarstellung veröffentlichte, wurde er 2007 unter der Mubarak-Regierung in Abwesenheit zu zehn Jahren Gefängnis verurteilt. Gerade diese widersprüchlichen Reaktionen, vermeintlichen Zufälle, Verbindungen und Aussagen, die diese Personen von sich regelmäßig geben, machen sie unglaubwürdig. Eva-Maria El-Shabassy hält das alles aber nicht zurück, auch öffentlich über Emanzipation zu reden. Sie spricht sich aber im Sinne der frauenfeindlichen Positionen in diesen Kreisen aus, dass das Kopftuch einen Schutz in der Ehe darstelle sowie dass beide Geschlechter sich nicht allein in einem Raum aufhalten sollten. Sie findet auch, dass die Steinigung für Ehebruch eine schreckliche Strafe sei. Aber: »Diese Strafe steht in der Scharia (…) Ehebruch ist ein Verbrechen, wie Mord. (…) Wenn einmal in hundert Jahren eine Ehebrecherin gesteinigt wird, vielleicht werden dann ganz viele Ehen gerettet?«[24] Vermutlich werden die besten Ehen auch in Ländern wie Afghanistan, Iran und Saudi-Arabien und nun auch im Islamischen Staat gelebt. Ist nur noch nicht bis zu uns in den Westen durchgedrungen.

Damit führen solche Islamauslegungen und Positionierungen zur Mehrfach-Diskriminierung und Belastung von Musliminnen sowohl in der nichtmuslimischen Mehrheitsgesellschaft als auch in der eigenen religiösen Gruppe.

Wozu all die Qual? Wem will etwas bewiesen werden? In Sure 50, Vers 16, heißt es: »Wir haben den Menschen erschaffen und wissen genau, was er sich in seinem Inneren sagt. Wir sind ihm näher als seine Halsschlagader.« Unverhüllte Muslimas stehen unter diesen Umständen in mehrfacher Hinsicht allein da. Denn durch die oben aufgeführten Erklärungen dieser sogenannten Feministinnen erfahren sie nicht nur von den eigenen Glaubensschwestern Ausgrenzung. Von Nichtmuslimen werden sie exotisiert und genauso als Nichtmuslima oder per se als liberale Muslima angesehen.

Summa summarum ist diese Haltung nur bedingt als feministisch zu bezeichnen, ist dieser begrenzte, dieser vermeintliche Feminismus und Aktivismus ausschließlich dazu da, über die Hintertür für islamistische Werte zu werben, die als religiöse und konservative Praxis getarnt werden, um der Mehrheitsgesellschaft mehr Akzeptanz abzugewinnen. Ob nun bewusst oder unbewusst unterstützen diese muslimischen Akteurinnen durch fehlende Reflexion und Diskussionsbereitschaft die Durchsetzung politischer und gesellschaftlicher Ziele durch islamistische Akteure, die die Mädchen und Frauen für ihre Interessen instrumentalisieren. Größte Aufmerksamkeit ist auf allen Seiten angebracht, wenn es darum geht, wer wem wann aus welchen Gründen die Unterstützung zusichert. Eine Aufmerksamkeit, die allerdings nicht in hysterische Panik vor der sogenannten Islamisierung umschlagen darf. Ruhe und kritisches Nachfragen sind gefragt.

Denn nicht jede Muslima mit Kopftuch ist Verfechterin einer islamistischen Gesellschaftsordnung. Sie als solche wahrzunehmen, sollte nicht die Schlussfolgerung meiner Ausführungen sein. In erster Linie sind Musliminnen – ob verhüllt oder unverhüllt – Individuen, und es muss ihnen auch so begegnet werden.

Wer aber öffentlich oder in seinem privaten Umfeld Unterschiede in der Wertigkeit zwischen den Frauen hierzulande trifft – ob Muslimas oder Nichtmuslimas –, macht sich unglaubwürdig und sollte das eigene Islam- und vor allen Dingen Feminismusverständnis überprüfen.

Denn Feminismus tritt vor allem für die Gleichberechtigung, für die Menschenwürde und für die Selbstbestimmung der Frauen ein sowie für das Ende aller Formen von Sexismus, egal, um welche Menschengruppen es geht. Und damit verweist der Feminismus nicht nur auf wenige Anliegen, die einen persönlich oder in der Glaubensgemeinschaft bewegen. Es gelten gesamtgesellschaftliche Verhältnisse – und die sind nicht islamischer Natur. Der Feminismus strebt einen grundlegenden Wandel der sozialen und symbolischen Ordnung an – das gilt auch für die intimsten Geschlechterverhältnisse. Auch wenn hiesige Feminismusakteurinnen in der Vergangenheit lange Migrantinnen und Muslimas ausblendeten, kann seit einigen Jahren eine Öffnung festgestellt werden. Wer wie Dudu Kücükgöl und ihresgleichen in den Medien klagt, als gläubige Muslima nicht am Diskurs teilnehmen zu dürfen, negiert diese Realität. Vielmehr sollte eine ebenso ehrliche wie kritische Auseinandersetzung mit dem Selbst- wie auch mit dem Fremdbild und mit den Zuschreibungen innerhalb der eigenen Gemeinschaft stattfinden – ohne Tabus. Wer sich aber in Kreisen bewegt, die Frauen nur als Erfüllungsgehilfinnen ihrer Agenda verstehen, muss sich den Vorwurf gefallen lassen, gegen universelle Frauenrechte und Gleichberechtigung zu agieren.

Hier sind diese »feministischen« Akteurinnen nicht allein. Auch sogenannte rechte Feministinnen kreieren einen Feminismus nach eigenen Maßstäben. Auch sie sind selbstbewusst, selbstsicher und fordern die gleichberechtigte Teilnahme in der rechten Politik. Obwohl auch die rechten Männer Widerstand leisten, können sie doch nicht auf weibliche Verstärkung für ihre Bewegung verzichten. Wie eine Frau in solchen Gruppierungen als Feministin auftreten kann und auch nach außen auftritt, beschreibt die Psychologin Prof. Dr. Birgit Rommelspacher anhand der radikalen Hindutva-Bewegung in Indien. »Wenn diese Ausdehnung und Verstärkung des Selbstwertgefühls durch die Identifikation mit einer größeren sozialen Einheit als ›Emanzipation‹ gesehen wird, stellt sich die Frage, gegen welche Art von Unterdrückung sich diese Emanzipation richtet – besonders angesichts der Tatsache, dass diese größere soziale Einheit selbst in hohem Maße patriarchal ist. Die Unterdrückung, um die es hier geht, scheint in der Beschränktheit und der Leere des privaten Lebens zu bestehen. Dieses Leben (...) wird als ein Leben erfahren, dem eine darüber hinausgehende Perspektive fehlt. Das ist die Unterdrückung, von der hier ›Befreiung‹ erfahren wird.«[25] Weiter erklärt Rommelpacher allgemeingültig: »Das Paradox, dass Frauen sich chauvinistischen, patriarchalen rechtsextremen Bewegungen anschließen – und dies sogar als Emanzipation empfinden – hat wesentlich mit dem Bedürfnis zu tun, die eigene enge, weibliche Welt zu überschreiten, Sinnstiftung und gesteigertes Selbstwertgefühl zu erfahren. Die Grenze zwischen dem Politischen und dem Privaten wird neu gezogen, das Politische dringt in die Privatsphäre ein und öffnet sich gleichzeitig für Frauen.«[26] Solche Ideologien stellen hiermit nicht nur die Feinde emanzipierter Frauen und Männer dar, sondern sind auch im Fall der Frauen Verfassungsfeindinnen. Unmissverständlich nachzulesen im Deutschen Grundgesetz in Artikel 3, Absatz 2 und 3:

»(2) Männer und Frauen sind gleichberechtigt. Der Staat fördert die tatsächliche Durchsetzung der Gleichberechtigung von

Frauen und Männern und wirkt auf die Beseitigung bestehender Nachteile hin.

(3) Niemand darf wegen seines Geschlechtes, seiner Abstammung, seiner Rasse, seiner Sprache, seiner Heimat und Herkunft, seines Glaubens, seiner religiösen oder politischen Anschauungen benachteiligt oder bevorzugt werden. Niemand darf wegen seiner Behinderung benachteiligt werden.«

Allerdings sind auch jene Feministinnen zu kritisieren, die eine Zwangsentschleierung fordern und damit Musliminnen bevormunden. Tuchträgerinnen unisono unter Generalverdacht zu stellen, wie es Alice Schwarzer leider allzu oft in der Vergangenheit mit Unterstützerinnen wie der Soziologin Necla Kelek getan hat, zeugt genauso wenig von Solidarität und Unterstützung der individuellen Entfaltung. Wer andere stets auffordert, vor der eigenen Haustüre zu kehren, sollte als Vorbild damit beginnen. Das legt das Fundament für Vertrauen und fruchtbare Zusammenarbeit für alle Geschlechter. Und dies gilt für jede einzelne Person – vor allem in Gruppierungen. Schließlich wird niemand dazu gezwungen, Teil davon zu sein.

Überlegenheit? Nein, danke!

Männliche Bevormundung fand ganz augenscheinlich auch unter kolonialer Einmischung statt, wie das etwa aus Algerien oder Ägypten dokumentiert ist. Hier kamen Franzosen und Briten auf die glänzende Idee, auf öffentlichen Plätzen den arabischen Frauen Nachhilfe in weiblicher Befreiung geben zu wollen. Und das, obwohl zur selben Zeit die eigenen Frauen in Frankreich und Großbritannien noch mitten in ihrem Emanzipationskampf steckten. Frau darf vermuten, dass es diesen Herren damals genauso wenig um die Emanzipation der muslimischen Frauen ging wie in unserer Zeit Tariq Ramadan und seinesgleichen. Es ging um rein politische und strategische Interessen, wie die feministische Harvard-Professorin Leila Ahmed am Beispiel des britischen Lord Cromer, der von 1883 bis 1907 Generalkonsul in Ägypten war, darlegt. In seinen Augen erschien der Islam als mittelalterlich und barbarisch und ein sozialer Fehlschlag. Er dachte wie heute noch viele Nichtmuslime, die sich durch Terror und Nahost-Konflikte hierin bestätigt fühlen. Wer aber berechtigterweise den Westen mit all seiner Aufdringlichkeit zur Zwangsemanzipation nach seinen Vorstellungen kritisiert, muss die eigenen Argumente ebenso kritisch beäugen. Alles andere wäre unglaubwürdig und würde den Eindruck erwecken, Frau wolle ausschließlich »anti« sein. Anti-Medien, Anti-Westen, Anti-Verstand-Nutzen. Und solch eine Haltung ist genauso einfallslos, hysterisch und gefährlich wie die der Pegida. Obendrein ist sie völlig unproduktiv und läuft an der Sache der Frauen und Mädchen vorbei.

Bei einigen, die ihre Identität ausschließlich durch ihre muslimische Religionsgemeinschaft definieren, herrscht allzu oft der Duktus vor, besser und erhabener zu sein als die anderen, die Nichtmuslime und die Kulturmuslime, wie sie abfällig bezeichnet werden. Dass der Islam immer schon durch die Kultur und die Lebensumstände vor Ort beeinflusst worden ist und davon auch lebt, ignorieren sie. Selbst der Koran wandte sich mit seinen frühen Suren an Menschen auf der arabischen Halbinsel, die in Sachen Zivilisation offenbar noch Nachhilfe durch göttliche Offenbarungen brauchten. Und jede spätere territoriale Eroberung ließ andere kulturelle Elemente in die Riten, Bräuche und Wissenskultur des Islam einfließen. Nur wer ohne Kultur und Wissensdurst ist, will Rückständigkeit, Ignoranz und Intoleranz. Und genau jener Geisteszustand beeinflusst durch Petrodollar,

Terror und durch den eigenen beschränkten Horizont den Islam unserer Tage erneut. Egal ob in Europa oder in Nahost, die Degeneration der Muslime schreitet mit solch einer Geisteshaltung voran. Auch einige Muslimas leisten einen gewaltigen Beitrag zum Verfall dieser kulturreichen Wurzeln und des einstmals lebendigen Denkens über den Islam. Vom weiblich-islamischen Erbe ganz zu schweigen, das lieber einem Konformitätsdenken geopfert wird. Ganz im Sinne jener Herren, die uns Frauen auch als die Unterwürfigsten nicht zu würdigen wissen werden.

Salafistische Strömungen jeglicher Couleur, die vor allem Muslimas schneller des Abfalls vom Glauben bezichtigen, als Frau A sagen kann, werden nicht die Antwort sein. Einen Teufelskreis gilt es zu durchbrechen – mit Worten und ohne Gewalt. Laut dem palästinensisch-amerikanischen Literaturtheoretiker Edward Said machen wir die »Anderen« zu Anderen, um uns selbst besser zu verstehen. Heute wiederholt sich der Diskurs laut Azza M. Kalam, Leiterin des Frauenprogramms World Council for Religion and Peace und Autorin des Buchs *Women, Islamism and the State* dahingehend, dass die ehemals Unterdrückten sich diese Wirkungskraft zunutze machen. Nun hören wir, wie religiöse ExtremistInnen die »Anderen« als »Feinde, das Böse« und »als Gotteslästerer und Ungläubige« abtun. Das Verlangen nach moralischer Überlegenheit findet heute fast überall auf der Welt bei all jenen bereitwillige Aufnahme, die eine Überhöhung ihrer selbst suchen. »Ich bin nicht gegen Moral – aber ich bin strikt gegen Ausschließlichkeit. Eine Moral, der zufolge du besser bist als ich – besonders in den Augen des Schöpfers –, müssen wir (…) unbedingt ablegen«[27], sagt die ägyptische Islamwissenschaftlerin Houda Youssef. Wir dürfen die Moral nicht enthumanisieren, was diese Akteure und Akteurinnen mit ihrem Denken betreiben.

Das Phänomen Muslimschwestern

Die Frauen-gegen-Frauen-Haltung ist weder etwas spezifisch Muslimisches noch eine genuine Entwicklung der Neuzeit. Wie aber eine muslimische Frauenbewegung gegen anders denkende und anders lebende Muslimas konkret aussieht, zeigt das Beispiel der Muslimschwestern. Sie sind das weibliche Pendant zu der in Ägypten gegründeten Muslimbruderschaft, der sie angehören. Auch wenn sie selbst sagen würden, dass sie die Muslimbrüder mit ihren weiblichen Fähigkeiten ergänzen, sind sie den Männern untergeordnet. Die Männer sind zuständig für Strategie und Politik, die Frauen helfen hingegen dort, wo sie gebraucht werden. Immer dann, wenn es dem Image dient, erscheinen sie in den Medien als Vorzeigefrauen, was den Effekt generieren soll, dass die Muslimbruderschaft weniger bedrohlich wirkt. In der Politik beschäftigen sie sich meist mit Bildung und Erziehung. Da unterscheiden sie sich nicht von westlichen Frauen, die zwar rechtsstaatlich deutlich besser gestellt sind, im Berufs- und im öffentlichen Leben aber auch noch den Regeln der Herren gehorchen müssen. Es wäre schön, wenn die religiösen und kulturellen Differenzen über Bord geworfen würden und wir einander akzeptieren könnten, ohne unser Gegenüber in der Freiheit einzuschränken. Weder von oben herab noch über die Hintertür. Wir sind keine Feinde. Nicht mal die Feinde der Männer. Diese haben uns aber leider allzu oft noch lieber unterwürfig.

Innerhalb ihres patriarchalen Zauns dürfen sich die muslimischen Schwestern also über solch nette Nebeneffekte wie Bildung, Gesundheit sowie juristische Rechte im Bereich der Eheschließung, Scheidung und Erbschaft freuen. Was ihnen aber von der Muslimbruderschaft nicht ganz uneigennützig gewährt wird. Denn wer eine Elite heranziehen will, kann das nicht ohne die

Frauen. Sie müssen alles Wissen der Gemeinschaft an die Nachkommenschaft weitergeben. Und da Geschlechtertrennung vorherrscht, braucht es eben auch Ärztinnen, Lehrerinnen usw. Was die Frauen bedauerlicherweise nicht akzeptieren, ist die Tatsache, dass diese Rechte dem revolutionären Charakter mit Aufkommen des Islam geschuldet sind, dass sie somit keine Rechte sind, die ihnen erst die Gruppierung verleiht. Zudem sind ihre Rechte Mittel zum Zweck und können eingeschränkt werden, um etwa Arbeitsmarktregulierungen vorzunehmen, wie wir das zum Beispiel aus dem Iran kennen. Dann kann es schnell heißen, dass die Frau lieber ihrer eigentlichen Bestimmung, nämlich Heim und Familie, nachkommen solle. Vor allem in einem schariagelenkten Staatsgebilde besteht diese Gefahr, und genau ein solches Staatsgebilde strebt die Muslimbruderschaft an, wobei klar ist, dass es die Brüder und nicht die Schwestern wären, die mehrheitlich bestimmen würden, würde ein solcher Staat entstehen. Universelle Gleichberechtigung wäre die sichere Bank – der islamische Geist ginge dabei nicht verloren, aber den Brüdern schwebt eine andere Gleichberechtigung vor.

Das beharrliche Einfordern jener islamischen Grundrechte durch die Muslimschwestern soll an dieser Stelle nicht kleingeredet werden. Schon gar nicht angesichts der Tatsache, dass sich dieses Engagement in muslimischen Ländern abspielt, wo die Verhältnisse sehr prekär sind und in denen Menschen über die Religion besser erreicht werden können. Doch dies liegt nur einer weiteren autoritären Ehrfurchtshaltung zugrunde, die genauso dem totalitären Staatschef entgegengebracht wird. Beide Formen der Unterwerfung sind durchdrungen von Angst und Einschüchterung. Allerdings darf nicht vergessen werden, dass die Muslimbrüder nicht von den Muslimschwestern profitieren würden, würden sie ihnen diese gottgegebenen Frauenrechte verwehren. Schließlich erledigen die Muslimschwestern unentbehrliche Basisarbeit. Die sogenannten Brüder wären nichts ohne ihre Schwestern. Und die Brüder wissen: Die Muslimschwestern sind mit ihren minimalen Forderungen das weitaus geringere Übel, verglichen mit den feministischen Frauenrechtlerinnen in Ägypten und andernorts. Verglichen mit Frauen also, die kein Muslimbruder heiraten würde. Die Muslimschwester hingegen, die früh lernt, was eine gute und anständige Ehefrau, Mutter und Dienerin Gottes ist, ordnet sich dem Heiratskandidaten schnell unter. Einer emanzipierten Frau gegenüber müsste er sich erst einmal beweisen, und womöglich würde er ihr intellektuell nicht das Wasser reichen können. Was liegt da für die Bruderschaft näher, als Frauen nach ihren Vorstellungen zu formen? Als Schwester denkt Schwester ohnehin, dass selbst emanzipierte Frauen nicht immer glücklich liiert und wirklich frei sind. Sie als verschworene Muslimgruppierung haben wenigstens Allah. Auch wenn Allah von niemandem vereinnahmt werden kann.

In Rechtsfragen hat der Muslimbruder immer das letzte Wort, und es lässt sich auch immer ein Weg finden, wie sich gerade hier einer lästigen Glaubensschwester entledigt werden kann. In der Regel sind Muslimbrüder und -schwestern miteinander verheiratet und haben Kinder. Das vereinfacht nicht nur die gemeinsame Arbeit, sondern verstärkt auch die Abhängigkeit. Soziale Ächtung, keine individuelle Entfaltung und die Drohung, die Kinder bei einer nicht einvernehmlichen Scheidung der Mutter wegzunehmen oder ihr keinen Unterhalt zu zahlen – all das ist auch aus nichtmuslimischen Gesellschaften bekannt. Doch mit dem Unterschied, dass alles göttlich Legitimierte theokratisch missbraucht wird – in allen Religionen! Wenn also beispielsweise bei einer Scheidung, die von der Frau gewünscht ist, die *mahr* (Brautgabe) beziehungsweise eine im

Ehevertrag vereinbarte Summe der Frau nicht ausgezahlt wird, wenn ihr die gemeinsamen Kinder vorenthalten werden oder kein Unterhalt gezahlt wird, dann finden sich genügend Aussagen männlicher Gelehrter, männlicher Zeugen oder gar von Glaubensschwestern, die die Version des Mannes unterstützen. Der Druck der Gemeinschaft ist zu hoch und wird nur von jenen bekämpft, deren Persönlichkeit stark genug ist, sich solchen Anfeindungen zu stellen und die Ausgrenzung durchzustehen. Wieder einmal ist auf den Bund der Männer Verlass. Aber ohne Mission, ohne eine Extraportion Überlegenheitsgefühl geht es nicht, obwohl sich das mit Sure 7, Vers 13 nicht ganz vereinbaren lässt. Dort heißt es: »Gott sprach: ›Hinab von hier! Du darfst hier nicht hochmütig sein. Geh hinaus! Du sollst gewiss zu den Verachteten gehören.‹«

Akzeptabel ist es auch nicht, sich zu verstellen und zu lügen, einigen besser bekannt unter dem Begriff der *taqiya*. Eigentlich ein vornehmlich schiitisches Phänomen, was aber in islamistischen Gruppierungen ruhigen Gewissens durchgeführt wird. Eine Art Notlüge, die eigentlich nur angewendet werden darf, wenn das eigene Leben auf dem Spiel spielt. Also wenn Muslime aufgrund ihrer Konfession um ihr Leben fürchten. Doch wie aus Muslimbruderschaftskreisen nun bekannt, lässt sich die Notlüge ungeniert ausweiten, bis sie einfach nur eine Lüge ist, die Vertrauen zerstört, Misstrauen sät und gesellschaftliche Spaltung forciert. Taqiya gilt für beide Geschlechter. Und es ist wieder einmal interessant zu beobachten, wie Koranverse und die Lebenspraxis des Propheten und seiner Gefährten für kriminelle Zwecke missbraucht werden. Jene Muslime, das lerne ich daraus, erlauben es sich, sich im Namen des Allmächtigen zu was auch immer zu ermächtigen, leide darunter, wer will. Im Zusammenhang mit der Taqiya nicht zu vergessen: die Nachahmung westlicher Ideen. So sehr man diese auch gerne als imperial, fremd und unterdrückend erklärt, geht es dennoch nicht ohne die Grabenhilfe jenes Westens, den man gerne für all seine teuflischen Ideen, der politischen Doppelmoral und Dekadenz verabscheut. Plötzlich ist Popmusik nicht mehr haram, zumindest dann nicht, wenn sie von Yusuf Islam oder Sami Yusuf stammt, genauso wenig Popkultur wie StreetStyle, PoetrySlam oder Graffiti oder das neuste iPhone. Denn entweder sind sie als Statussymbole unerreichbar oder aber sie dienen der Rekrutierung vor allem junger Mitglieder sowie der Ansprache des Nachwuchses. Sie stiften Zusammenhalt, wonach sich offenbar viele junge Muslime sehnen.

Auch in Deutschland zeigt sich dank der uneingeschränkten weiblichen Unterstützung, wie die Ideologie der Muslimbruderschaft Früchte trägt. Die Verhüllung spielt dabei leider eine nicht unbedeutsame Rolle. Ablegen ist nur dann eine Option, wenn es sich laut Yusuf al-Qaradawi nicht vermeiden lässt: »Notwendigkeit erlaubt, was sonst verboten ist.«[28] Notwendigkeit liegt etwa dann vor, wenn es um die Erlangung von Bildung geht, sonst würden sich die Muslime zurückentwickeln, und vom geistigen Führer der Muslimbruderschaft haben wir gelernt, dass er auf diesem speziellen Gebiet auf die Mädchen nicht verzichten kann. Ginge es ihm allein um das Wohl der Mädchen und Frauen, würde er sie von der Last befreien ein Kopftuch tragen zu müssen, da es im Koran keine Aufforderung gibt, sein Haar zu bedecken. Wenn sich also die junge Berliner Juristin Betül Ulusoy, die seit ihrem neunten Lebensjahr ein Kopftuch trägt, darüber aufregt, dass sie und ihresgleichen immerzu von Nichtmuslimen darauf angesprochen werden, dass im Koran vom Kopftuch nicht die Rede ist, ist das ihr gutes Recht. Frauen steht es frei, sich einer männlichen Lesart unterzuordnen. Was im Falle al-Qaradawis konkret bedeutet: Solange Muslima keinen Einfluss auf die westliche Gesetzgebung hat, gilt es, klein beizugeben oder die Rechte einzuklagen.

In Deutschland tritt niemand als Muslimbruder und schon gar nicht als Muslimschwester auf. Sie existieren aber, und laut meinem Muslimbruder-Informanten arbeiten sie am effektivsten im Hintergrund. So manche Muslima hat auch zu spät bemerkt, dass sie nur Mittel zum Zweck war. Aber diese Gruppierung anprangern? Fehlanzeige! Wenn junge Frauen nun aber aus einschlägigen Gemeinden stammen und dort sozialisiert sind, wie zum Beispiel in der IGMG oder aus dem Umfeld des IGD und ZMD, und durch bestimmte Strategien auffallen beziehungsweise zu bestimmten Themen und Vorkommnissen schweigen, ist das Grund zum Nachdenken. So brach die Berliner Juristin Betül Ulusoy einen Kopftuchstreit vom Zaun, weil ihr das Bezirksamt Neukölln angeblich eine Stelle zugesagt hatte, obwohl das Bewerbungsverfahren noch gar nicht abgeschlossen war und sie rechtlich bezüglich ihres Kopftuchs gar nicht abgewiesen werden konnte.[29] Über die Presse verbreitete sie nicht nur falsche Tatsachen, sondern teilte mit: »Kompromisse verderben den Charakter«.[30] In ihrem Blog spricht sie sich zudem für Geschlechtertrennung aus, weil sie und ihresgleichen »nicht mit Mitschülern schwimmen«[31] wollen, da dies zu einem religiösen Konflikt führe. Bei so viel Kopftuch im Kopf kann einem das Ganze auch schon mal zu Kopf steigen. Bei einer Informationsveranstaltung zum Thema diplomatischer Dienst im Auswärtigen Amt, die auf die engagierte Initiative von DeutschPlus e.V. gestartet wurde, fiel Ulusoy bei der abschließenden Fragerunde mit Außenminister Frank-Walter Steinmeier nichts anderes ein, als Kopftuchfragen zu stellen. Nämlich unter anderem, ob Steinmeier nicht als Zeichen der Anerkennung symbolisch ein Kopftuch aufsetzen könne. Obwohl er ihr zuvor zugesichert hatte, dass auch Frauen mit

Kopftuch wie alle anderen Bewerberinnen eine Chance auf eine Anstellung haben, sofern sie als Voraussetzung den umfangreichen Aufnahmetest bestehen, den selbst Nichtmuslimas-ohne-Kopftuch und männliche Bewerber nicht immer bestehen.

Das Kopftuch gerät immer mehr zu einem Fetisch. Während die libanesischstämmige Pornodarstellerin Mia Khalifa das Kopftuch zu ihrem Markenzeichen macht und Millionen Männern als Onaniervorlage dient, knien sich andere in Kopftuchinitiativen rein. Wie dem internationalen Hijab Day in Großbritannien und den USA, den Nazma Khan 2013 initiierte. Auch die Berliner muslimisch-jüdische Salam-Shalom-Initiative rief zum symbolischen Kopftuchtragen vor dem Neuköllner Rathaus als Zeichen der Solidarität auf. Keine schlechte Initiative. Allerdings wird Solidarität nur einseitig gefordert. Wo bleibt die Solidarität mit Mädchen, die auch heute noch dazu gedrängt werden, Tuch zu tragen, oder die es ablegen (wollen) und dadurch in ihren Gemeinden ausgegrenzt werden? Warum gibt es keine Aktion von Frauen wie Ulusoy und Co., bei der gerade Kopftuchmädchen – wie sie der türkische Romanautor Orhan Pamuk in seinem Roman *Schnee* bezeichnet – das Tuch symbolisch für Muslimas ohne Tuch ablegen? Um sich mit ihnen gegenüber der männlichen Deutungshoheit innerhalb der Gemeinden zu solidarisieren, die ebenjene Frauen nicht als vollwertig und als praktizierende Muslima akzeptieren. Es gibt keinen inhaltlichen Austausch. Lieber weiter mit IGD, MJD und Co. und mit Predigern wie Ferid Heider zusammenarbeiten, der Frauen als die größte Fitna bezeichnet und erklärt, dass Frauen sich anständig zu kleiden haben.[32] Hassan al-Banna darf beim lobenden Zitieren nicht vergessen werden.

Der Wahn um die Kopftuchsolidarität führt bisweilen auch zu sehr hässlichen Episoden, wie ein Beispiel aus den USA zeigt. Linda Sarsour, eine eloquente Islamophobie-Aktivistin, die auch familiäre Verbindungen zur Hamas hat[33], startete 2012 beim Mord an der irakischstämmigen Shaima Alawadi die Aktion *One Million Hijabs for Shaima Alawadi* auf Facebook.[34] Da am Tatort ein Zettel mit einer rassistischen Bemerkung lag, ging sie von einer Islamophobie-Tat aus. Daher rief sie im Netz dazu auf, ein Kopftuch aufzusetzen, ein Selfie zu machen und auf die eingerichtete Facebookseite zu stellen. Doch Alawadis Familie war sich sicher, dass es anders war. Die Ermittlungen führten alsbald auch zur Verurteilung von Kassim Alhimidi, dem Ehemann Alawadis. Tatmotiv: Shaima Alawadi wollte sich von ihrem Ehemann trennen. Die Aktion wurde nach den ersten Äußerungen der Schwester und Tochter Alawadis umbenannt, doch Sarsour entschuldigte sich nicht öffentlich für ihren übereilten und geschmacklosen Aktionismus. Obwohl sie bei ihren Medienauftritten sonst nie ein Blatt vor den Mund nimmt.[35] In Deutschland erfährt der Mord an Marwa El-Sherbini die größte Instrumentalisierung, was so manche ehemalige enge Freundin von ihr als äußerst abstoßend empfindet. Selbst der Islamophobie-Begriff ist vorbelastet. Er wurde 1979 als Kampfbegriff von iranischen Mullahs eingeführt. 2006 forderte der türkische Ministerpräsident Erdoğan, Islamophobie wie Antisemitismus zum Verbrechen gegen die Menschlichkeit zu erklären.

Sicher: Jeder Angriff ist ein Angriff zu viel, aber wer eine kritische Auseinandersetzung sucht, sollte niemanden instrumentalisieren oder sich instrumentalisieren lassen. Denn auch dieser Bereich mutiert gewissermaßen zu einem Geschäftsmodell. Auch Kübra Gümüşay, die mit ihrem Ehemann Ali Aslan Gümüşay das Social-Entrepreneur-Projekt Zahnräder initiiert hat und mit der Twitteraktion #schauhin für täglichen Rassismus sensibilisieren möchte, darf so wenig über muslimische Abwertung gegenüber Nichtmuslimen, Unterdrückung auf der anderen Seite schweigen wie Ausgrenzung und Frauenverachtung unterstützen. Sie darf also nicht schweigen, wenn beispielsweise eine nicht tuchtragende Frau bei einer Zahnräder-Konferenz von mehreren Frauen mehrmals bedrängt wird, sich zu verhüllen. Oder seit fünf Jahren verschiedenen salafistischen Besuchern Zugang zu gewähren[36], wie zum Beispiel dem Islamischen Zentralrat Schweiz (IZRS), dessen islamistische Ausrichtung von Anfang an bekannt ist. Kein kritisches Wort, keine Ausladung, keine Aufklärung von den Gümüşays. In der Schweiz fiel der IZRS bereits 2011 dadurch auf, dass Mitglieder mit einem Judenstern gegen »Islamophobie« öffentlich protestierten. Geschichtsversagen auf ganzer Linie und Antisemitismus, wie er im Buche steht. Ebenso empfindet der IZRS den aus Südafrika stammenden salafistischen Prediger Ismail Menk[37], der Homosexuelle als schmutzig bezeichnet[38], als Highlight einer Veranstaltung in Malaysia. Genauso gibt es zu denken, wenn regelmäßig an Vereint-im-Islam-Treffen in Hamburg teilgenommen wird, wie es das Gümüşay-Ehepaar tut, wo sich die Crème de la Crème des Salafismus und der Muslimbruderschaftsideologie trifft. Vereint im Islam kooperiert mit dem Verein Haus des Islam, der von den bereits erwähnten Ahmad von Denffer und Muhammad Siddiq in Aachen gegründet worden ist. Letzterer ist auch der Gründer der MJD und Mitglied des Europäischen Fatwa-Rats, dessen Leitung kein anderer als Yusuf al-Qaradawi innehat, der diesen Rat auch ins Leben rief, wo also Antisemitismus, Frauenverachtung und Islamismus zum guten Ton gehören.

Aktive Teilnehmer von Vereint im Islam sind zum Beispiel Mohammed Naved Johari. Laienprediger und »Frankfurter Amerikaner mit deutschen & indischen Wurzeln«[39], wie er sich selbst auf seiner Website bezeichnet. Vor muslimischen Universitätsgruppen erklärte er 2015 schon mal, dass Muslimas Jura und Medizin studieren sollen, damit sie mit keinem männlichen Arzt oder Juristen alleine in einem Raum sitzen müssen. Genauso treibt ihn auf seinem Blog die Frage um, ob Frauen alleine reisen dürfen, wobei er sich unter anderem auf niemand Geringeren als al-Qaradawi bezieht. Und es darf auch nicht der leidige Juden-Opfer-Vergleich fehlen. Denn »Muslime tragen den neuen Judenstern«, erklärt er im Internet und bedankt sich für diese von Jürgen Todenhöfer und Xavier Naidoo gemachte Aussage überschwänglich.[40] Immer gedacht und endlich von den zwei bekannten Köpfen ausgesprochen. Darüber hinaus war Kübra Gümüşay 2014 auch aktiv als Sprecherin zum Thema Medien bei Vereint im Islam eingebunden, der bis heute damit beworben wird, dass der wahhabitische Prediger Dr. Muhammad Musa al-Shareef aus Saudi-Arabien als Speaker eingeladen war.[41] Al-Shareef ist ein prominenter Befürworter der Ehe mit minderjährigen Mädchen.[42] Einem »männlichen« Journalistenkollegen ist es zu verdanken, dass Al-Shareef schließlich ausgeladen wurde.

Es ist daher etwas scheinheilig von Kübra Gümüşay, sich medienwirksam gegen Thilo Sarrazins verschrobene Theorien zur Wehr zu setzen, aber zu bedauern, dass der so interessante Tariq Ramadan in Deutschland nicht so prominent ist wie in Frankreich und England[43]; oder bei BR-alpha (seit 2014 ARD-alpha) zu erklären, dass ein Einkauf bei H&M ethisch problematisch sei,[44] dabei aber ignorant zu übersehen, dass gewisse finanzschwache Menschen keine andere Option haben, selbst aber für die Scharia-Bank Kuveyt Medienberatung betreiben. Geschweige denn einen Tweet bei #schauhin abzusetzen oder gerne auch beim Sexismushashtag #aufschrei von Anne Wizorek wäre das Mindeste gewesen, um diese Perversionen anzuprangern. Aber nein, stattdessen wird Mohammed Naved Johari beim #schauhin-Story-Salon eine Plattform gegeben. Anstatt reformsalafistischem Gedankengut weiter Verbreitung zu schenken, wäre es angebracht, sich als junge Frau gegen Misogynie und Homophobie in den eigenen Reihen zu engagieren und sich nicht mit Akteuren dieser islamistischen Ideologie zu solidarisieren und deren Etablierung zu unterstützen, wenn es mit dem Feminismus ernst gemeint ist. Wegzusehen und tatenlos zu bleiben, weil damit möglicherweise die eigene Gemeinde oder gar »der Islam« beschmutzt würde, zeugt leider von einem wenig emanzipatorischen Geist. Und es zeugt auch nicht unbedingt von Antirassismus, sich darüber zu wundern, dass Menschen distanziert auf Vereinigungen wie die IGMG reagieren, die noch heute die Meinung von Gründervater Necmettin Erbakan teilen, demzufolge der Zionismus Glaube und Ideologie sei und die Menschen versklave.[45]

Der Begriff Zionismus gilt im Übrigen vor allem in rechts- und linkspopulistischen sowie in islamistischen Kreisen als Synonym für »die Juden«, und er wird auch auf dem antisemitischen Al-Quds-Tag aufgebracht intoniert. [redacted] Wenn Gümüşay sich 2012 auf ihrer Kolumne darüber wundert, warum die IGMG und MJD im Verfassungsschutzbericht stehen[47], lässt das einen schon die Stirn runzeln.

Es drängt sich die Frage auf, ob die jahrelangen Bestrebungen im Bereich der Mädchen- und Frauenbildung von Vereinen wie Deutschsprachige Islamische Frauengemeinschaft und dem Institut für Internationale Pädagogik und Didaktik unter Amina Hanna Erbakan heute mehr denn je ihre Wirkung entfalten. Frau Erbakan ist Konvertitin und Ehefrau des ehemaligen Milli-Görüş-Generalsekretärs Mehmet Erbakan, der obendrein mit Ibrahim al-Zayat verschwägert ist. Muslimbruderschaftsideologie ist offensichtlich Paar- und Familienaufgabe. Und es gibt noch viele weitere Paare, die im interreligiösen Dialog oder als Ansprechpartner des organisierten Islam fungieren und damit auch die Lehrinhalte für muslimische Schülerinnen und Schüler bestimmen. Der berühmte Satz der Frauenbewegung, das Private sei politisch, bringt es auch in diesem Zusammenhang auf den Punkt. Gruppenbezogener Rassismus trifft viele, nicht nur Muslime. Jeder kann zum Rassisten werden, Muslime eingeschlossen. Als junges Paar könnten sie sich zumindest gegenseitig Ermutigung zusprechen im Kampf gegen faschistoide Ideologien. Gesetzt den Fall, dass sie es auch wollen. Doch wer schweigt und sich bewusst in diesen Kreisen bewegt, stimmt zu. Oder um es mit Erich Kästners Worten zu sagen: »An allem Unfug, der passiert, sind nicht etwa nur die schuld, die ihn tun, sondern auch die, die ihn nicht verhindern.«

Die Liste ließe sich noch um viele weitere Damen erweitern, die für das Recht auf Verhüllung und gegen Islamophobie und Islamfeindlichkeit kämpfen, die zugleich in den einschlägigen Kreisen verkehren, ohne bis heute eine interne und tatsächliche Auseinandersetzung und Aufarbeitung zu suchen. Sie zeigen große Ähnlichkeiten mit völkischen und rechten Gruppen, bei denen oft ebenfalls Paare aktiv sind. Frauen wie Marianne Pastörs und ihr Ehemann, der NPD-Landtagsabgeordnete aus Schwerin, teilen eine Ideologie und unterstützen sich darin. Rechte erkennen den Wert der pädagogischen Berufe und rufen ihre jungen Frauen dazu auf, Erzieherin und Lehrerin zu werden. Und selbst so mancher Nazi findet seinen Weg zu den Islamisten, wie das Beispiel des Schweizers Ahmed Huber zeigt. Hier lassen sich dieselben Feindbilder pflegen, nur mit etwas mehr Exotik versetzt und unter dem Deckmantel der Religionsfreiheit. Es lohnt sich, einen näheren Blick auf die beiden Ideologien zu werfen, um extremistische Ränder nicht erstarken zu lassen und Jugendliche mit und ohne Migrationshintergrund sowie junge Muslime und Nichtmuslime zu immunisieren. Es gibt viele, die sich mit und ohne Kopftuch engagieren, die den Mund aufmachen, wenn Chauvinismus, Rassismus, Homophobie, Muslimfeindlichkeit oder Antisemitismus in Erscheinung treten, und die sich von keiner ideologischen Gemeinde vereinnahmen lassen. Diesen Frauen und Männer gelten unsere Aufmerksamkeit und Unterstützung. Sie gestalten unsere Gesellschaft zu einem friedlichen Zusammenleben – mit und ohne Religion. Sie haben den Mut, etwas im Sinne der Gerechtigkeit zu verändern. Allen anderen sei gewünscht, ihre Haltung zu überdenken und in ihren Gemeinden dringend eine glaubwürdige Aufarbeitung vorzunehmen. Aber wenn sogar die junge Generation, die zum Teil selbst Eltern ist, das krude Denken dieser Männer bis heute nicht hinterfragt, dann steht es nicht gut um diese Generation. Denn um freie Entfaltung und Religionsfreiheit geht es hier schon lange nicht mehr, sondern um die Etablierung des politischen Islam auf dem Rücken vieler muslimischer Mädchen und Frauen.

Für al-Qaradawi gilt es in Europa und Nordamerika über den demokratischen Weg Einfluss zu gewinnen. Er erklärt diesen Teil als *dar Al-'Ahd* (Haus des Vertrags). Also wird friedlich zum *dar Al-Islam* (Haus des Islam) missioniert, während andere Orte wie Israel zum Beispiel als *dar Al-Harb* (Haus des Verteidigungskriegs) erklärt wird. Amr Khaled ist ein weltweit bekannter Fernsehprediger in Anzug, der auch junge Frauen begeistert und die Bewegung Lifemakers gegründet hat, getreu dem Muslimbrüder-Motto, sich als Muslime in der Gesellschaft einzubringen und positiv als Muslime aufzufallen. Muslim-PR quasi. Das erhöht die Chance, mit diesen aktiven Muslimen auf staatlicher Ebene zusammenzuarbeiten und den ein oder anderen zur Konversion zu bewegen. Das lässt Muslime und »den Islam« weniger bedrohlich wirken.

Freimütig erklärte Amr Khaled 2008 in einer arabischen Sendung, dass Muslime in Europa noch viele Kinder bekämen und es damit nur eine Frage der Zeit sei, bis Europa islamisiert sei. Da muss nicht mal Pegida Fakten erfinden, die liefert der Ägypter samt Ängsten von ganz allein. Die aggressive Stimmung, die wiederum den Muslimen wegen dieser Islamisierungsangst entgegenschlage, sei nun mal so bei den Feinden des Islam, erklärte er zudem.[48] Er sitzt ja auch fernab im warmen Studio und pflanzt, fürstlich aus Katar bezahlt, die antisemitischen Flausen samt vermeintlichem Muslimideal der Jugend in den Kopf. Diese Ideologie fällt auf fruchtbaren Boden, immer dort, wo eine jahrhundertealte Identitätssuche nach Reform verlangte und im Radikalismus landete.

Zwei-Klassen-Muslime

Zwei-Klassen-Muslime werden unter anderem durch Bildung und durch Stipendien geschaffen. Die meisten Muslime müssen sich selbst für Bildung abmühen und halten vor allem Abstand von religiösen Gruppen, die ihnen suspekt sind. Andere suchen diese Nähe – auch weil es zum Wettbewerbsvorteil wird. Neben anderen konfessionellen Studentenstiftungen gibt es seit 2014 nun auch eine muslimische: Avicienna, benannt nach dem persischen Mediziner und finanziert durch die Stiftung Mercator und das Bundesministerium für Bildung und Forschung. Damit unterstützt die Stiftung den Gedanken einer Förderung muslimischer Ausnahmestudenten. Eine lobenswerte und berechtigte Initiative, wenn man bedenkt, dass Muslime aus bildungsfernen und Migrantenfamilien es im Bildungswesen schwerer haben, da sie oft nichts von Stipendien wissen. Gäbe es da nicht einen kleinen Haken.

Um den zu erkennen, ist ein Blick auf eine andere Stiftung notwendig. Die Rede ist von der Elyas-ar-Rumi-Stiftung, die den wenigsten Muslimen in Deutschland bekannt ist, jedoch all jenen, die sich in Islamverbandskreisen bewegen. Das Elyas-ar-Rumi-Stipendium wurde unter anderem vom ZMD sowie dem Begegnungs- und Fortbildungszentrum muslimischer Frauen (BfmF) auf ihren Webseiten empfohlen. Der ZMD schreibt in einer Pressemitteilung: »In Kooperation mit dem Zentralrat der Muslime in Deutschland und seiner anhängigen Elyas-ar-Rumi-Stiftung für Bildung und Kultur vergibt die Islamic Development Bank Stipendien an förderungswürdige Studenten in Deutschland.« Die Islamic Development Bank ist eine Art Entwicklungsbank für die muslimische Welt. So weit, so gut. Die Damen vom BfmF, dessen Geschäftsführerin niemand anderes ist als Erika Amina Theißen, sind allerdings ein bisschen nachlässig, was sich darin manifestiert, dass weder die entsprechende Webseite abrufbar ist noch die Liste der Stipendiaten. Merkwürdig ist auch, dass Anwärterinnen und Anwärter verbandsnahe Aktivitäten vorweisen müssen, ohne die sie sich erst gar nicht zu bewerben brauchen, wie dem Bewerbungsbogen zu entnehmen ist. Dort heißt es: »10 Punkte nach Engagement im muslimischen Gemeindeleben (Bewerber mit 4 oder weniger scheiden aus)«.[49]

Und es kommt noch eine weitere Merkwürdigkeit hinzu. Der Stiftungsleiter, Dr. Nadeem Elyas, habe 1991 als damaliger ZMD-Leiter dem Konvertiten Christian Ganczarski mit einem Stipendium zu einem Studium in Saudi-Arabien verholfen.[50] Das wahhabitische Saudi-Arabien ist nicht gerade als Hort von Fakultäten bekannt, die auch nur ansatzweise für Geschlechtergerechtigkeit und körperliche Unversehrtheit von Frauen stehen, geschweige denn für eine lange Tradition der islamischen Gelehrsamkeit. Das hinderte Erika Amina Theißen aber nicht daran, die Empfehlung für dieses Stipendium auf ihrer Frauenbildungswerk-Seite zu bewerben. Nach seinem gescheiterten Studium kehrte Ganczarski 1994 nach Deutschland zurück und radikalisierte sich zunehmend. Aufgrund seiner guten Beziehungen zur Führungsriege der Terrororganisation Al-Qaida und wegen seiner Beihilfe zum Anschlag auf die Al-Ghriba-Synagoge auf Djerba wurde er 2002 in Paris zu achtzehn Jahren Haft verurteilt. Einmal mehr bekam einem Muslim der wahhabitisch-salafistische Islam nicht.

Es mag nicht in Elyas' Absicht gelegen haben, einen Terroristen heranzuzüchten, doch müsste ihm bekannt gewesen sein, dass in Saudi-Arabien alles andere als religiös frei denkende Intellektuelle ausgebildet werden. Auf Nachfragen von Journalisten stritt Elyas jegliche Verbindung zu Ganczarski ab, obwohl dieser wiederholte, dass Elyas gezielt für ein Stipendium geworben hatte. Eine Haltung, die weder Elyas noch den ZMD glaubwürdiger erscheinen lässt.

Für die langjährige Geschäftsführerin des BfmF, Erika Amina Theißen, die von sich sagt: »Natürlich bin ich Feministin«[51], hat sich die Treue derweil gelohnt. Heute sitzt sie im Avicienna-Kuratorium. Obwohl die Leiterin einer Frauenbildungsstelle und ehemalige ZMD-Frauenbeauftrage keine Bedenken gegen die Nähe zur Muslimbruderschaft äußert und obwohl sich so manche ehemalige BfmF-Teilnehmerin nicht weiter indoktrinieren lassen möchte und unzufrieden eine andere Bildungsstätte sucht, wie mir eine ehemalige Mitarbeiterin berichtete, bekommt Amina Theißen dennoch ein Bundesverdienstkreuz verliehen. Nicht, dass es nicht auszeichnungswürdig wäre, sich für Frauenbildung einzusetzen, doch gerade von einer Frau, die sich selbst als Feministin bezeichnet, erwartet Frau Einspruch gegen solche Kräfte, mehr Differenzierung, mehr Benennung von Sexismus in den eigenen Reihen. Eindeutige Stellungnahmen gegen salafistische

Lehren wären angebracht oder gegen den Referenzgelehrten der Muslimbruderschaft al-Qaradawi, der bis heute auf islam.de und zmd.de zitiert wird. Und das als ehemalige Fraucnbeauftragte des ZMD. Kein kritisches Wort war von ihr gegen die Muslimbruderschaft oder gegen den Salafismus zu vernehmen. Und so reiht sich mit Amina Theißen bedauerlicherweise neben Ex-FIFA-Boss Joseph S. Blatter oder der AfD-Parteivorsitzenden Frauke Petry eine weitere zwielichtige Person in die Reihe der Bundesverdienstkreuzträger und -trägerinnen.

Seit 2015 ist nun auch Prof. Dr. Bülent Uçar, Leiter der Avicienna-Stiftung, Träger des Bundesverdienstkreuzes. Zwar geht die Gründung nicht auf ihn zurück, aber auszeichnen lassen kann Mann sich dafür trotzdem. Viel interessanter ist das Bewerbungsverfahren für die Avicienna-Bewerberinnen und -Bewerber. Denn bundesweit mehren sich Aussagen von BewerberInnen, die trotz überdurchschnittlicher Noten entweder abgelehnt werden oder auf Nachfrage erklärt bekommen, dass ihre Bewerbung trotz automatischer Bestätigungsnachricht nicht im Bewerbungsbüro eingetroffen sei und damit nicht mehr berücksichtigt werden könne. Auch bestand nach Anfrage eines Berliner Mädchentreffs kein Interesse daran, explizit junge Frauen auf einem Bildungskongress anzusprechen, die mehrheitlich ohne Kopftücher waren. Auffällig zudem, dass unter Bülent Uçar der ehemalige MJD-Vorsitzende Hakan Tosuner die Geschäftsstelle leitet und man bei den Bewerbungsgesprächen sehr genau wissen will, wie es mit der Religiosität der AnwärterInnen steht und wie intensiv ihr Engagement in diversen muslimischen Islam-Verbänden ist. Zumindest war das in vier Fällen so, wie Aussagen belegen. Die Zusammensetzung der federführenden Entscheider erweckt den Eindruck, dass eine verbandsnahe Generation gefördert werden soll, sodass auch die Söhne einiger Verbandsfunktionäre als Stipendiaten nicht fehlen dürfen, genauso wie es bereits mit der Elyas-ar-Rumi Stiftung der Fall war, was eine Spaltung in Zwei-Klassen-Muslime befördert. Und dies ohne Einspruch von weiblicher Seite.

Der Begriff des Reformsalafismus bekommt angesichts dieser Entwicklung in westlichen Staaten eine neue Dimension, die ohne Mitwirkung der Frauen unmöglich wäre. Sie sind das Aushängeschild dieser Bewegung. Neu ist auch das Image: Die verhüllten Frauen sind nicht nur gut ausgebildet, sondern auch jünger, modischer und selbstsicherer im Auftreten. Sie bloggen, engagieren sich in vorrangig muslimischen Projekten und Initiativen und treten eloquent in den Medien auf. Oder initiieren gar eine politisch motivierte Medienkampagne à la Ulosoy in Berlin-Neukölln.

Das Selbstbewusstsein beider Geschlechter hat in dieser Generation eine neue Dimension erlangt. Bei der Mahnwache 2014 am Brandenburger Tor zum Gedenken an das Attentat auf die *Charlie Hebdo*-Redaktion stehen neben Aiman Mazyek der Berliner Prediger Ferid Heider sowie der Frankfurter Prediger Mohammed Johari selbstsicher auf der Bühne. Beide sind Absolventen der al-Qaradawi-Schule Institut Européen des Sciences Humaines (IESH) in Chateau Chinon. Al-Zayat legt großen Wert darauf, dass die Imame ihre Ausbildung dort erfahren haben.[52] Zu ihnen gehört auch Benjamin Idriz aus Penzberg, der als Hoffnung des deutschen Islam gilt. Salonfähig gemacht wurden die in Berlin ansässigen Prediger wie Heider oder Kamouss durch die Berliner Senatsverwaltung für Inneres und Sport. Dass sie an keiner geistigen Weiterentwicklung interessiert sind, zeigen ihre Predigten und Kontakte zu einschlägigen Organisationen und Einzelpersonen sowie Positionen. Eine verpasste Chance, sich glaubwürdig als waschechte Demokraten und Frauenfreunde fernab der Klischees zu präsentieren. Doch die Hoffnung stirbt zu allerletzt. Wenn auch an der Glaubwürdigkeit stark gearbeitet werden muss. Und das könnte eine Weile dauern. Ob sie dazu überhaupt bereit sind, wird die Zukunft zeigen.

4. WIEDER ÜBERGEHEN LASSEN? NEIN, DANKE!

Gute Aussichten! Eigentlich

Was lässt die muslimischen Frauen eigentlich am Islam festhalten, fragte mich jüngst ein älterer Nichtmuslim während einer meiner Lesungen. Schließlich, so meinte er, sei der Prophet doch ein narzisstischer Paranoiker gewesen, er wisse das aus einem Zeitungsartikel. Nun ist diese Behauptung weder neu noch eigentlich bewiesen. Was allerdings nicht von der Hand zu weisen ist, ist die Tatsache, dass sich zahlreiche friedliebende Muslime wohlfühlen mit ihrer Religion. Warum sollte sie also per se als Bedrohung oder Unheilbringer wahrgenommen werden? Aus der Perspektive einer Frau lässt sich sagen, dass im Islam auch Frauen eine aktive Rolle gespielt haben und dass sich ihre rechtliche Lage mit dem Beginn der koranischen Offenbarungen eindeutig verbesserte. Auch wenn in vorislamischer Zeit, also vor dem 7. Jahrhundert n. Chr., auf der arabischen Halbinsel ein zum Teil matriarchalisches Familienmodell vorherrschte, von dem heute nichts mehr übrig ist, kann Frau sich durchaus wohlfühlen mit der Religion Islam. Auch wenn die Zahl der Atheisten in muslimischen Ländern vielleicht gerade wegen der zwangsverordneten

Religionszugehörigkeit samt einer reaktionären Ausrichtung immer mehr ansteigt, wird es dennoch weiterhin Frauen geben, die ihr spirituelles Heil gerade im Islam finden. Und wer allen Fortschritt nur im Westen vermutet, sollte ruhig einmal seinen Blick gen Süden richten. Dies gilt übrigens auch und gerade für jene Muslime, die alles Westliche eher als Bruch mit der eigenen Kultur und Herkunft sehen. Lange vor der Gründung Saudi-Arabiens und dem Auftauchen der neuen Religion Islam auf der arabischen Halbinsel gehörten die Kinder zur Mutter. Da freie Liebe praktiziert wurde, war es die Frau, die ihre männlichen Sexualpartner wählte. Wer parallel mit mehreren Männern sexuell verkehrte, musste auch die Vaterschaft klären. So kam es, dass in den meisten Fällen Frau einfach den Mann zum Vater erklärte, den sie für den Richtigen hielt. Auch trennten sich die Frauen von ihrem Partner, wenn sie kein Interesse mehr an ihm hatten. Was das Thema »Oberhaupt der Familie« anging, wurde dies über die weibliche Seite bestimmt. So war nicht etwa der Vater der Kinder das Oberhaupt der Familie, sondern der Bruder der Mutter.

Bei all dem verwundert es nicht, dass viele islamische Gelehrte ihr einschüchterndes Bild von der Frau aus jener vorislamischen Zeit beziehen und in der islamischen Theologie alles Weibliche als verderblich und vor allem bedrohlich beschreiben. Diese vorislamische Zeit wird in der Regel als *dschahiliya*, als Zeit der Unwissenheit, bezeichnet und hat damit auch das Heidentum im Fokus. Für Islamisten gilt wie so oft Ibn Taimiyas Bewertung, wonach die *dschahiliya* immer dann vorherrscht, wenn eine Gesellschaft sich vom Islam entfernt, wenn eine Gesellschaft also nicht dem Salafismus folgt. Dementsprechend erklärten muslimische Gelehrte und Reformdenker jede Zeit zur *dschahiliya*, in der Muslime zu freigeistig lebten und Muslima drohte, zu emanzipiert zu werden. Weil mit dem Begriff der *dschahiliya* immer auch religiöse Unwissenheit beschrieben wurde und bis heute noch vonseiten der Salafia- und Wahhabia-Lehre wird, möchte besonders Frau jenen Herren zurufen: »Setzen! Sechs!« Denn vor allem Mädchen und Frauen mit dem Islam für dumm zu verkaufen, ist keine Wissensvermittlung. Und dadurch werden schon gar nicht die gesellschaftlichen Probleme mehrheitlich muslimischer Gesellschaften gelöst. Seien sie nun im Mittleren Osten angesiedelt oder in muslimischen Gemeinden in mehrheitlich nichtmuslimischen Gesellschaften. Die Konsequenz jener Herren, nämlich auch heute noch die Angelegenheiten von Frauen bis ins kleinste Detail zu reglementieren, zeugt vor allem vom Unwillen zur eigenen Weiterentwicklung. Getreu dem Motto: Der Mann vertritt die Interessen Gottes, und die Frauen haben ihm in dieser Aufgabe zu assistieren und sich Gott – damit ist aber der Mann gemeint – unterzuordnen.

Vor allem die aktive Sexualität der Frau scheint ihn im höchsten Maße zu verunsichern, was Muslima daran erkennt, wenn sie bemerkt, wie intensiv die Auseinandersetzung mit ihr in der männlichen Theologie und im Islamismus ausfällt. Etwa indem auf einer jungfräulichen Braut beharrt wird, was dem Mann vor allem Garant dafür ist, dass Frau keine sexuellen Vergleiche anstellen kann oder vom Mann ob seiner möglichen sexuellen Unbeholfenheit verschreckt wird. Würde eine Frau ihm womöglich auch intellektuell die Stirn bieten, bliebe nichts mehr übrig vom vermeintlich starken Geschlecht. Wie soll er ihr auch das Wasser reichen? Er kann keine Kinder gebären, kann oder will sie nicht aufziehen, und einen Haushalt parallel zu seiner Arbeit führen kann oder will er schon gar nicht. Sollte es sich bei ihm nicht gerade um ein gastrosexuelles Exemplar handeln, bleibt für die frustrierte Version des Mannes nichts weiter übrig, als einen Raum zu finden, wo er seine Dominanz ausleben oder überhaupt erst konstruieren kann. Was liegt also vor allem für Anhänger der Salafia näher, als theokratisch zu agieren? Wer gegen sie argumentiert, argumentiert angeblich gegen Gott, und das ist schließlich gotteslästerlich und eine Beleidigung für alle 1,6 Milliarden Muslime auf der Welt. Bei all den Absurditäten, die sich die Herren im Namen der Religion regelmäßig ausdenken und die allein unter Muslimen viel Leid erzeugen, müsste eigentlich von Drama Kings die Rede sein anstatt von Drama Queens. Maskulisten, und dazu gehören eben auch zahlreiche muslimische Männer, haben ein gewaltiges Ego-Problem. Wir Muslimas können da gerne helfen. Es gilt, an die Männer zu appellieren, es gilt, ihnen Mut zu machen, dass sie sich ihre Unsicherheiten und Ängste eingestehen und lernen, offen damit umzugehen. Dies würde das Leben für alle Geschlechter auf dieser Erde deutlich freundlicher gestalten.

Selbstbestimmter Sex allein ist allerdings kein Garant für Freiheit und Gleichberechtigung, was sich nicht nur an den oben genannten Beispielen erkennen lässt, sondern auch in liberalen Gesellschaften zu beobachten ist. Selbst unter jungen Frauen, die eine freie, wenn auch nicht immer liebevolle und ausgeglichene Sexualität ausleben konnten, befinden sich solche, die gerade im Salafismus nach klaren Verhältnissen suchen. Sie suchen nach Rechten, die sie auf Grundlage des Koran gegeben sehen und auch in einem nichtreligiösen Rahmen einfordern wollen. Wer aber das Prinzip der Liberalität nicht begriffen hat oder es nicht aushalten kann, stellt schon einmal kuriose Forderungen im Namen des Salafismus. So erklärt eine Niqabträgerin, dass die muslimischen Männer ihren gottgegebenen Pflichten nicht nachkommen. Der Muslim müsse nämlich die Versorgung der Frau garantieren, um sich ihr im Gegenzug sexuell nähern zu dürfen – ein weiteres Beispiel, wie durch die verschiedenen Spielarten des Salafismus der Islam zu einem Geschäft wird. Selbst die Intimitäten, die erfüllend und befreiend sein sollen, verkommen zu einem Konzept der Prostitution. Es ist ein Recht, das jedem sexuell aktivem Menschen zusteht, genauso wie das Recht auf sexuelle Unversehrtheit und auch das Recht, sexuell nicht aktiv werden zu müssen, wenn Mann oder Frau asexuell ist. Zwang zum Sex ist auch in der Ehe eine Vergewaltigung.

Was die schlechte rechtliche Lage der Frau auf der arabischen Halbinsel in der vorislamischen Zeit angeht, so war sie vor allem durch die ständigen kriegerischen Konflikte unter den verschiedenen Stämmen bedingt. Staatengebilde, wie wir sie heute kennen, gab es nicht zu dieser Zeit. Nichts war durch eine Religion oder ein Staatsgesetz geregelt. Es war völlig normal, wehrlose Frauen zu bedrängen und sie als Kriegsbeute zu nehmen. Die Unwissenheit und Armut einiger Nomadenvölker führte zu barbarischen Kindermorden. Da Mädchen keine geeigneten Arbeiterinnen waren und in erster Linie versorgt werden mussten, da ihre Familien womöglich befürchteten, sie würden ihnen Schande bereiten, kam es immer wieder dazu, dass sie bei lebendigem Leibe vergraben wurden. So wurde vermieden, Blut in der Verwandtschaft zu vergießen. Selbst die Koransure 81 trägt dem in Vers 8 und 9 Rechnung: »wenn das lebendig begrabene Mädchen gefragt wird, wegen welcher Schuld es getötet wurde«. Recht und Ordnung? Fehlanzeige!

Sozial schlecht gestellte Frauen konnten auch von mehreren Männern als Frau gehalten werden; nicht immer wurden sie gut behandelt und versorgt. Es gab Männer, die ihre kinderlosen Frauen für die Empfängnis zu besser situierten Männern schickten. Männern war es zudem möglich, die Frau des verstorbenen Vaters oder Bruders zu ehelichen – eine sogenannte Leviratsehe, die auch das Judentum kennt. Sie sichert in der Tora die Erhaltung der erbberechtigten männlichen Nachkommenschaft einer Familie. Darüber hinaus war es Frauen selbst nicht möglich zu erben, da das Vermögen im Stamm verblieb.

Mit dem Propheten und den Offenbarungen hielten rechtliche Sicherungen Einzug, die zum Teil auch mit Pflichten verbunden waren. Ein Grundstein war gelegt, und Sex wurde in eine eheliche Ordnung verwiesen, womit die Beziehung einen moralischen Rahmen erhielt. Die vielen Details, die nun geregelt wurden, besaßen durchaus revolutionäres Potenzial: die Versorgung der Ehefrau, die Stillzeiten, das Scheidungsrecht für beide Geschlechter, eine Trennung, in der es dem Mann nicht erlaubt wird, sich zwischenzeitlich einer anderen Frau zuzuwenden, genauso wenig wie eine voreilige Wiederverheiratung mit einer anderen Frau. Selbst der Fall, dass ein Mann mit seiner Frau die Ehe nicht vollzieht und sich scheiden lassen will, wurde geregelt, wie die meisten anderen Regelungen in Sure 2 nachzulesen, hier konkret in Vers 236.[1] Laut den Offenbarungen sollte Frauen fortan die Hälfte des männlichen Erbanteils zustehen.

Die Ehe wurde mit einem Ehevertrag besiegelt, und die Frau konnte bestimmte Forderungen festschreiben. Frauen durften nicht gegen ihren Willen verheiratet werden, sie mussten ihre Zustimmung dazu geben. Durch eigene Entscheidungen – was immer auch ein Nachdenken voraussetzt – übernahmen Muslimas fortan Verantwortung für ihr Leben. Ein wichtiger Aspekt, den einige Frauen und Mädchen heute gerne ignorieren. Andere für sich denken zu lassen ist zwar auch eine Entscheidung, aber eine, die eines gläubigen Menschen unwürdig ist, dem Gott das Leben schenkt und der dem eigenen Körper und Geist gegenüber Verantwortung trägt. Statt der klassischen Mitgift wurde Frauen fortan ein Brautgeld zugesprochen, denn allzu oft kam es vor, dass die Braut gerade nur wegen der Mitgift geheiratet wurde, über die der Mann in vollem Umfang bestimmen und die er im schlimmsten Fall verprassen konnte.

Dank Ehevertrag und Brautgabe hatten Muslimas über viele Jahrhunderte hinweg einen gewaltigen Vorsprung vor ihren europäischen Geschlechtsgenossinnen. Im Gegensatz zu den Westlerinnen mussten sie für die Erlangung dieser Rechte nichts tun. Sie mussten sich nicht beschimpfen oder schlagen, sich nicht verachten oder ausgrenzen lassen für einen Kampf um Menschen- und damit auch Frauenrechte. Doch heute, da zahlreiche muslimische Gesellschaften Muslimas schleichend ihrer Rechte berauben, schauen viel zu viele von ihnen tatenlos zu oder stützen gar das System, anstatt jenen Muslimas zu helfen, die den Mut finden, die Ungerechtigkeit gegenüber den Frauen zu bekämpfen. Ein Verrat findet statt an Gott und dem Propheten – von eben jenen, die sich als so gläubig verstehen. Ein ziemlich feiger und bequemer Verrat, der alles andere als verantwortungsvoll ist und unseres islamischen Erbes nicht würdig.

Das Brautgeld stand der Braut zu, sie allein konnte darüber bestimmen. Dass hierzulande die Brautgabe bei vielen Paaren einen symbolischen Euro ausmacht oder höher ausfällt, aber direkt beim Brautvater landet, weil regionale archaische Traditionen es so wollen, ist die andere Seite der Medaille. Der symbolische Euro dient dem Paar – wenn sie es einvernehmlich vereinbart haben –, um das *mahr*-Ritual aufrechtzuerhalten. Dem Vater jedoch dient das Geld zum Geschäft, was heute nur noch in sehr traditionell-archaischen Familien vorkommt. Denn emanzipierte Muslime lassen sich das in den seltensten Fällen gefallen.

Des Weiteren regelten die koranischen Offenbarungen auch die Frage nach der Vaterschaft. Wenn Frau oder Mann sich scheiden lassen wollte, mussten drei Monate abgewartet werden, bevor er oder sie sich neu ehelichen durften. Damit war das Risiko eines Kuckuckskindes minimiert und der Unterhalt geregelt. Allerdings wurden nun die Kinder nach dem Abstillen dem Vater überlassen, auch wenn Ausnahmen möglich waren und sind. Andererseits gab es keine Gütergemeinschaft, wie sie in Deutschland noch bis 1958 üblich war. Was die Frau verdiente, gehörte ihr. Frau konnte sich von ihrem Mann scheiden lassen, wenn sie beweisen konnte, dass ihr Ehemann impotent oder geisteskrank war oder er seinen Versorgungspflichten nicht mehr nachkam.

Den Versorgungsauftrag erläutert Sure 2, Vers 233 wie folgt: »Die Mütter haben ihre neugeborenen Kinder zwei volle Jahre zu stillen, wenn sie das Stillen zu Ende führen wollen. Der Vater hat die stillende Mutter (auch wenn sie geschieden ist) mit Nahrung und Kleidung angemessen zu versorgen. Unmögliches sollte von keinem verlangt werden. Keine Mutter soll durch die Sorge für ihr Kind zu Schaden kommen, und kein Vater soll durch die Sorge für sein Kind Schaden erleiden. Wenn ein Vater stirbt, hat sein Erbe für den Unterhalt des Kindes aufzukommen. Sollten die Eltern sich dafür entscheiden, das Kind (vor Ablauf der zwei Jahre) abzustillen, so dürfen sie das tun, vorausgesetzt, dass sie sich darüber beraten und dieses gemeinsam vereinbart haben. Wenn ihr wünscht, für das Kind eine Amme zu nehmen, die es (anstelle der Mutter) stillt, so dürft ihr das tun, vorausgesetzt, dass ihr (der Mutter und der Amme) den gebührenden Unterhalt wohlwollend bezahlt. Fürchtet Gott und wisst, dass Er alles sieht, was ihr tut!«

Vor islamischen Gerichten entscheiden allerdings nach wie vor Männer. Und sie tun dies allzu oft nicht fair oder im Interesse der Frau. Worauf nicht wenige Frauen, um einen Skandal zu vermeiden, sich lieber in Geduld üben und schweigen. Dabei ist Leiden als Glaubenspraxis doch eher Gläubigen im Katholizismus bekannt. Obwohl sich also die rechtliche Lage der Frauen verbessert hatte, verstärken Gelehrte heute wie früher das Patriarchat. Der Vater ist nicht nur das Oberhaupt der Familie, er vererbt auch – im Gegensatz etwa zum Judentum – die Religionszugehörigkeit, womit wieder Männer es sind, die die Deutungshoheit verkörpern. In diesem Fall über den Weg der Religion.

Ein anderer Aspekt ist die Geschlechtertrennung und die Distanz zur Frau. Hier sollte es etwas dauern, bis sie Einzug in die Offenbarungen fanden. Zu verdanken haben wir das – wie sollte es anders sein – den »Herren der Schöpfung«. Als nämlich einige Männer in Medina die Frauen des Propheten belästigten, die unter anderem nicht einmal die Gelegenheit bekamen, in Ruhe ein stilles Örtchen im Freien aufzusuchen, weil die Errungenschaft des Plumpsklos noch in weiter Ferne lag, wurden jene Verse herabgesandt, auf die sich alle heutigen Kopftuch- und Schleierdogmatiker berufen. Fortan sollten die sogenannten ehrbaren muslimischen Frauen von den Prostituierten, Nichtmuslimas und Sklavinnen zu unterscheiden sein. Omar, einer der ersten Prophetengefährten und später der zweite Kalif, ging nach einem Erlebnis mit einer verhüllen Sklavin, die er zunächst für keine hielt, später aber eines besseren belehrt wurde, daran, dass er diesen Frauen fortan die Verhüllung verbot. Hiermit wurde dank ungehobelten und lernresistenten Verhaltens einiger Männer ein Gesetz in die islamischen Gesellschaften eingeführt, das nicht nur den Grundstein für die rigorose Geschlechtertrennung legte, sondern auch noch bei Frauen mit der Verschleierung zwischen freien und unfreien unterschied, sie bewertete und ihnen mit einer frauenverachtenden und rassistischen Haltung begegnete. Wer das als verhüllte Muslima als religiöses Gebot weitertradiert und sich dadurch aufgewertet, wertgeschätzt oder als besonders gläubig fühlt, sollte sich dessen bewusst sein, welches Geschlechterkonzept damit aufrechterhalten wird. Insbesondere verhüllte Muslimas, die in der Öffentlichkeit stehen und sich mit Frauenfragen und oder dem Islam befassen, werden damit umgehen müssen, zumindest interessierte Fragen zu diesem Thema aufrichtig zu beantworten. Diese Fragen treiben nicht nur viele Nichtmuslimas um. Besonders junge Mädchen und Konvertitinnen, die noch wenig bis keine Ahnung von den vielen Strömungen im Islam haben, stellen sie sich. Oder Frauen, die aufgrund des Tuchs keine Anstellung finden und darunter leiden, wenn sie es ablegen, um für ihre Kinder arbeiten zu können oder generell ihrer Berufstätigkeit nachzugehen. Egal ob mit oder ohne Ehemann und Vater als Versorger.

Selbst denken lohnt!

Wer kennt sie nicht, die Redensarten »Das war Kismet« oder »Es ist Mektoub«? Sie werden immer dann bemüht, wenn einem etwas nicht glückt oder sich etwas Unerfreuliches zum Guten wendet. Das türkische *kismet* entspringt dem arabischen *qisma* und bedeutet so viel wie »ein Stück von etwas«. Während das arabische *mektoub* »es steht geschrieben« bedeutet. Diese Wörter sind ebenso fest im Sprachgebrauch unter Muslimen verankert wie die Redewendung *in scha'a llah* – so Gott will. Zahlreiche Muslime weltweit glauben daran, dass mit ihrer Geburt alles festgeschrieben ist, unveränderlich. Dinge treffen ein und fügen sich, weil Gott es so will. Wer an chronischer Unzuverlässigkeit leidet, wird gerne seine Sätze mit *in scha'a llah* beenden, sei es bei Verabredungen, Terminen oder einer schlampigen Reparatur. Diese Schludrigkeit wird vor allem jenen Einwanderern in Erinnerung gerufen, die sich inzwischen an die berühmt-berüchtigte deutsche Pünktlichkeit gewöhnt haben. Während ihrer sogenannten Heimatbesuche in Antalya, Nador oder Alexandria weicht die Freude nämlich allzu schnell der Genervtheit über das eigene Volk – sei es beim Hausbau, der Autoreparatur oder bei einer Verabredung mit Bekannten, die trotz Terminabsprache nicht anzutreffen sind. Absprachen werden so ernst genommen, wie gemeinschaftliches Sackhüpfen: eine Erfahrung, die alle teilen, die die deutsche Landesgrenze überqueren. Aber heute muss Mensch nicht mal den europäischen Kontinent oder gar Deutschland verlassen, um Unpünktlichkeit zu erleben. Der klischeehafte Chaossüden ist mitten unter uns und in uns. Vor der eigenen Haustür, im eigenen Haushalt, im Freundes- oder Bekanntenkreis ist das Laissez-faire anzutreffen. Egal ob mit oder ohne Südländer-Orientalen-Schnickschnack-Wurzeln. Es gibt nur einen einzigen Unterschied: Die einen haben schlichtweg keinen Bock auf Spießbürgertum, während die anderen die eigene Schlampigkeit dem lieben Gott in die allmächtigen Schuhe schieben. Dennoch: Deutsche Tugenden haben schon immer Eindruck in der Welt geschunden, sie haben sich bis heute als Top-Image erhalten und so manchen motiviert und inspiriert. Denn trotz der weitverbreiteten muslimischen Meinung, dass alles von Gott vorherbestimmt sei, haben vor allem diverse muslimische Organisationen begriffen, welches Potenzial in Eigeninitiative und Selbstverantwortlichkeit steckt. Wobei angemerkt werden muss, dass dem sogenannten christlichen Abendland ein fatalistisches Gottesverständnis ebenso wenig fremd ist wie dem Morgenland. In diesen Breitengraden war es genauso üblich, getreu dem Jakobusbrief aus dem Neuen Testament »so Gott will und wir leben« zu sagen. Das hat die deutsche und auch andere westliche Bevölkerungen allerdings nicht daran gehindert, etwas für kommende Generationen aufzubauen und sich weiterzuentwickeln.

Der Weg dorthin war nicht immer frei von Widerständen. Vor allem im Bereich der Geisteswissenschaften, immer dann, wenn Fortschritt und Erfindergeist mit Religionsfragen kollidierten. Der italienische Physiker und Philosoph Galileo Galilei ist wohl einer der bekanntesten Weltveränderer, die mit der katholischen Kirche ihre Kämpfe auszutragen hatten, die ihm und seinesgleichen das Denken verbieten wollte. Er hatte es gewagt, der von der Kirche verbreiteten, auf den griechischen Astronom Klaudios Ptolemaios zurückgehenden Lehrmeinung zu widersprechen und die Theorie des Astronomen Nikolaus Kopernikus mit eigenen Forschungen zu bestätigen. Nämlich dass die Sonne im Mittelpunkt des Universums steht und nicht die Erde und damit auch nicht die Menschheit. Was zu dieser Zeit vor allem die Macht des Männerbunds Kirche versinnbildlichte. Passivität kann einen Status aufrechterhalten – im Fall der katholischen Kirche sicherten Armut, Ablasshandel und fehlende Bildung in der Bevölkerung deren Passivität. Ein Fortschritt für die Allgemeinheit konnte dadurch nicht gewonnen werden. Diese geistige wie soziale Verwahrlosung lässt sich bedauerlicherweise auch, aber nicht nur, auf zahlreiche muslimische Staaten und Gesellschaften aus der jüngeren Vergangenheit und der Gegenwart übertragen.

Fortschrittliche muslimische Gesellschaften, die in der sogenannten Blütezeit des Islam existierten, waren auf der iberischen Halbinsel, in Persien, Byzanz und Bagdad anzutreffen. In jener Zeit zwischen 749 bis 1258 n. Chr. Diese Blütezeit war möglich, weil es Muslimen erlaubt war, neugierig zu sein, wissbegierig, kreativ und aktiv im Bereich aller Wissenschaften und in Fragen der Religion. Die muslimischen Herrscher und auch Herrscherinnen – die vielen heutigen Muslimen nicht bekannt sind – boten ihren Bildungseliten den dazu nötigen Raum, sie förderten den Fortschritt ihrer Glaubensgemeinschaft und der gesamten Menschheit. Viele Erfindungen aus der Mathematik, Medizin, Musik, Philosophie, Geometrie oder Astrologie sind der Gelehrsamkeit jener Zeit zu verdanken, die das Wissen der griechischen Antike nicht nur übersetzte und tradierte, sondern durch die Verbindung mit altem wie neuem persischen, indischen und iberischen Wissen weiterdachte.

Prozesse, die heute in kaum einem muslimischen Land gefördert, geschweige denn weitergedacht werden. Selbst die reichen Golfstaaten, die doch eigentlich über die finanziellen Mittel zur Förderung von Forschung verfügen, bevorzugen die Investition in Terror und in ein dogmatisches und menschenverachtendes Islamverständnis, um die sunnitische Vormachtstellung mit allen Mitteln durchzusetzen und den Weg zurück in die Rückständigkeit zu ebnen. Kein Wunder, dass Saudi-Arabien eher mit dummem Geschwätz als mit Wissenswertem von sich reden macht. Wie die Erklärung des saudischen Predigers Bandar al-Khaibari zeigt, der sich selbst als Mann des »Wissens« versteht und jede erwiesene und jahrhundertealte Forschung ignorant über Bord wirft, um 2015 zu verkünden, die Erde sei doch der Mittelpunkt des Universums.[2] Man möchte ihn am liebsten in eine Förderschule stecken, was eigentlich einer großen Beleidigung der Mitschüler gleichkäme.

Sich in der Region dann über das schlechte Islam- und Muslim-Image zu ärgern, spricht Bände, wenn im selben Atemzug jemand wie Raif Badawi vor Gericht gestellt, einsperrt und auspeitscht wird, der angeblich die Religion beleidigt hat. Badawi hinterfragte vor allem die Allmachtsansprüche der saudischen Monarchie und deren Machtapparat und Gefolgschaft. Beleidigt können sich deshalb nur jene zeigen, die sich als die Stellvertreter Gottes oder gar selbst als gottähnlich sehen. Schließlich verstehen sie sich im Königreich der al-Sauds als die Hüter der heiligen Stätten des Islam. Demut und Gottgefälligkeit wird im Islam geflissentlich übersehen. Selbst die Sicherheit der jährlichen Pilger setzen sie dilettantisch und verantwortungslos aufs Spiel, indem sie es bis heute nicht geschafft haben, ein System zu entwickeln, das es gewährleistet, dass sich Menschen nicht tottrampeln. Allein 2015 sind über 717 Menschen offiziell umgekommen. Die

Schätzungen liegen weit höher. Die alten polytheistischen und hinterwäldlerischen Zeiten auf der Halbinsel lassen grüßen. Für Badawi und viele andere Opfer der Justiz ist nur auf göttliche Barmherzigkeit und Anstrengungen aus dem Ausland zu hoffen, nicht aber auf saudische Gnade. Geschweige denn darauf, dass die Saudis die Kritik eines Badawi erfassen und begreifen werden oder zumindest aushalten. Lieber lässt man mit der Gewissheit auspeitschen, dass die Westler weiterhin kooperieren. Ihre Bigotterie kostet den demokratischen Staaten ja nur ein Leben außerhalb ihrer Grenzen. Gnade kann sich nicht jeder leisten und mit keinem Petro-Geld der Welt kaufen.

Wen wundert es daher, dass in Staaten wie jenen am Golf Fortschritt nur im Gewand des Konsums und Materialismus gefördert wird? Die Denkarbeit dürfen gerne die Ausländer übernehmen, die man dafür je nach sozialer und ethnischer Zugehörigkeit und Bildungsstand mal besser, mal schlechter bezahlt und auch schon mal wie Sklaven einsetzt, wenn sie als Lohnarbeiter die Wolkenkratzer unter menschenunwürdigen Umständen bauen. Die Krux am Fortschritt: Eine Emanzipation im Denken, Leben und Handeln wollen viele Autokraten und Organisationen unter allen Umständen vermeiden. Dennoch kommt keine Gesellschaft ohne Förderung im Bildungsbereich – fernab der Technokratie – voran. Schon gar nicht werden Menschen autonom und können eine Gesellschaft eigenständig aufbauen und am Leben erhalten. Demokratie, Säkularismus und Freiheitswerte müssen erlernt und erlebt werden, damit sie begriffen und an die nächste Generation weitergegeben werden können. Das ist ein Prozess, der weitergedacht werden muss.

Aber für jedes Problem findet sich bekanntlich eine Lösung, wie wir an der herausragenden Erziehungs- und Bildungsarbeit der Muslimbruderschaft beobachten können, der es gelungen ist, ihre antisäkularen, frauenfeindlichen und antisemitischen Keime in junge und erwachsene Köpfe zu pflanzen. Selbst »weibliche Emanzipation« bekommt hier eine neue und nicht zu unterschätzende Rolle zugesprochen. »Der Muslim ist erst dann ein Muslim, wenn er bereit ist, etwas um sich herum zu verändern«, sagte der Berliner Prediger Ferid Heider bei der Islamischen Jugendkonferenz YouCon 2015 in Berlin, bei der Ibrahim al-Zayat sich ebenfalls gleich höchstpersönlich der neuen naiven Zöglinge annahm.

Plötzlich zeigt sich, dass trotz aller Schicksalsbekundungen Muslime durchaus in der Lage sind, Entscheidungen zu treffen und entsprechend zu handeln. Mit jedem Tag in ihrem Leben treffen sie einen Entschluss, für den sie nicht nur vor Allah, sondern auch gegenüber der Gesellschaft Verantwortung tragen. Vor allem Musliminnen, die auf den Grundpfeilern des Islam einen emanzipatorischen Weg gehen und füreinander Verantwortung übernehmen möchten. Daher sind wache Köpfe gefragt, die mit Mut und Courage all jenen Paroli bieten, die gegen Geschlechterungerechtigkeit im Namen des Islam agieren und sich keinen Bären aufbinden lassen wollen. Mutige und kundige Muslimas vor! Erinnert euch an unser weiblich-islamisches Erbe und brecht das Schweigen!

Aus Reformation wird Islamismus

Der Ruf nach einer islamischen Reformation sowohl von muslimischer wie auch von nichtmuslimischer Seite offenbart oft die fehlende Kenntnis darüber, dass es diese bereits gab. Besonders vor dem Hintergrund, dass Luther Antisemit war und ein Sexist. Aus Luthers Feder stammen Sätze wie: »Die größte Ehre, die das Weib hat, ist allzumal, dass die Männer durch sie geboren werden.« Oder: »Der Tod im Kindbett ist nichts weiter als ein Sterben im edlen Werk und Gehorsam Gottes. Ob die Frauen sich aber auch müde und zuletzt tot tragen, das schadet nichts. Lass sie nur tot tragen, sie sind darum da.«[3] Für die Damenwelt hat aber die islamische Reformation bis heute ganz besonders bedauernswerte Nachwirkungen, sie negiert erfolgreich – auch unter Zutun weiblicher Akteurinnen – fast alles Weiblich-Progressive aus der Geschichte des Islam. Wie nicht anders zu erwarten, waren es wieder einmal Männer, die mit ihrem Denken und Handeln nicht nur in die Geschichtsbücher eingingen, sondern auch die Geschicke der Weltordnung bis heute zum Leid vieler Menschen nachhaltig beeinflusst haben. Männer wie Muhammad ibn 'Abd al-Wahhab, Dschamal ad-Din al-Afghani, Muhammad Abduh oder Muhammad Raschid ibn 'Ali Rida proklamierten Ende des 18. und Anfang des 20. Jahrhunderts eine Reform des Islam. Ausgangspunkt jener Herren waren dabei weit weniger Fragen nach der Spiritualität als vielmehr geopolitische Entwicklungen in den ehemals osmanischen Gebieten von Algerien bis hin zu Teilen des heutigen Saudi-Arabien und dem Balkan. Vor den Toren des zusammenbrechenden Großreichs taktierten die künftigen Kolonialherren bereits mit den muslimischen Provinzgouverneuren und diversen Stammesfürsten, die eine Loslösung vom Osmanischen Reich anstrebten und es nicht weiter dem Sultan im fernen Istanbul überlassen wollten, über sie zu regieren. Damit riefen diese Herren rund 400 Jahre nach Luther nach einer Reform ihrer Religion. Während die Spaltung in Europa in Protestanten und Katholiken in den Dreißigjährigen Krieg mündete, führten jene muslimischen Vordenker direkt in den Islamismus und damit zur Spaltung der Muslime weltweit. »Beim Islamismus handelt es sich um die Bestrebungen zur Umgestaltung von Gesellschaft, Kultur, Staat oder Politik anhand von Werten und Normen, die als islamisch angesehen werden.«[4] Die spätere Dekolonialisierung und der Panarabismus beförderten den Islamismus – nicht nur in arabischen Regionen. Wenn auch der Begriff Islamismus besonders bei vielen Muslimen ungern gehört wird, weil er ihres Erachtens Islam mit Terror in Verbindung bringt, wurde er von wissenschaftlicher Seite ausgiebig auf den Prüfstand gestellt und hat sich gegenüber unpräzisen Bezeichnungen wie Fundamentalismus durchgesetzt. Letzterer Begriff wird übrigens von manchen Muslimen als Selbstbezeichnung geschätzt, da sie ihrer Meinung nach gerne dem Fundament des Islam folgen.

Im Gegensatz zum christlichen Glauben kennt der Islam keinen Klerus, was Fluch und Segen zugleich bedeutet. Während sich die einen nach einem religiösen Führer sehnen, loben die anderen den eigenständigen Zugang zum Islam, losgelöst von jeglicher Autorität. Die seit Jahrhunderten andauernden politischen Umwälzungen in den mehrheitlich muslimischen Regionen sowie die Einwanderung von Muslimen in den Westen werfen bis heute selbst bei hier geborenen und aufgewachsenen Muslimen Fragen nach Identität und Zugehörigkeit auf, die von ihnen oft genug als Ohnmacht empfunden werden. Eine Ohnmacht, die so alt ist, wie die Präsenz der Osmanen in den von ihnen beherrschten Territorien. Die Überzeugung, eine Befreiung und Lossagung von allen Übeln und Rückständigkeit durch eine für viele Gesellschaften allgegenwärtige und verbindende Religion zu erlangen, die keine Nationalitäten braucht und die auch Konvertiten einen Raum für eine neue Identität schenkt, überrascht daher nicht. Sie überrascht noch weniger, wenn Mensch bedenkt, dass Muslime vom heutigen Irak bis zur iberischen Halbinsel das immer wieder gerne zitierte Goldene Zeitalter erlebten, dessen Dasein sie allein dem Islam zusprechen und weniger regionalen kulturellen Gegebenheiten, wie sie die arabischen Eroberer in Persien, Irak, Syrien oder Andalusien vorgefunden hatten. Und dass der Niedergang immer von reaktionären Kräften ausging, die Toleranz und Forscherdrang bekämpften. Wie es beispielsweise die Almohaden im Andalusien des 12. Jahrhundert taten, um nur ein Beispiel zu nennen. Damit standen Muslime wegen des Machthungers einiger anderer Muslime schon lange vor der Entdeckung Amerikas als Sündenbock sich selbst im Weg.

Doch die Geburt der islamischen Reformen ab Ende des 18. Jahrhunderts und die damit verbundene Neuinterpretation des Islam lassen bis heute vor allem Frauen und Mädchen die Nachwehen spüren. Sie haben mehr Leid und Unterdrückung als Frieden und Unabhängigkeit gebracht. Dieses neue Islamverständnis, das die Hinwendung zurück zum sogenannten wahren und unverfälschten Islam propagierte, muss vor allem als Instrument im antikolonialen Kampf verstanden werden. Während die Osmanen wegen ihres auf den alten Rechtsschulen basierenden Islamverständnisses abgelehnt wurden – es mangelte an Armutsbekämpfung und wirtschaftlichen und sozialen Fortschritten –, wurden die europäischen Imperialisten wegen der Ausbeutung ihrer Heimatregionen und wegen ihres christlichen Glaubens bekämpft. Wer also verstehen will, woher junge Menschen hierzulande ihr rigides und politisches Islamverständnis beziehen, muss den Blick vor allem in Richtung Saudi-Arabien und Ägypten lenken, wo die muslimischen Vordenker mit ausgeprägtem Hang zu Misogynie und Machthunger und mit einem offenbar beschädigten Selbstwertgefühl den Koran, die historischen Quellen und Gelehrtenaussagen in ihrem Sinne und für ihre politischen Ziele neu interpretierten. Die alten Gelehrten vom Schlage etwa eines al-Ghazali halten insbesondere für Mädchen und Frauen ganz spezielle Interpretationsperlen der islamischen Quellen bereit.

Auch in der Neuzeit gelingt es, die Quellen zum Nachteil der Frauen zu interpretieren. Und damit sind es wieder die Frauen sowie homosexuelle und queere Menschen, die zum Objekt der Erniedrigung werden. Und nun dienen sie auch der Abgrenzung zum verachteten Westen – was selbst der deutsche Muslim und die deutsche Muslima nutzen. Die Ablehnung von Werten, die von ihnen als westlich definiert empfunden werden, ist ebenso der Kitt dieser Gruppen wie Feindbilder überhaupt. Die heutigen Anhänger und auch Anhängerinnen jener Glaubenstheorien, die das Patriarchat seit Jahrhunderten gewohnt sind, teilen mit ihren Vordenkern vor allem das Gefühl des Abgehängtseins. Doch allen Vorurteilen zum Trotz handelt es sich bei ihnen vor allem um Mitglieder der gebildeten Mittelschicht, denen der gewünschte Aufstieg nicht gelungen ist und auch heute in manchen Teilen der Welt nicht gelingt. Ihr Streben nach Einfluss, gepaart mit der Suche nach religiösen Antworten und Rechtleitung fürs Leben, die sie sich durch die gesellschaftsverbindende und hochrespektierte Religion einverleiben, erweckt in ihnen obendrein das Gefühl, Auserwählte zu sein. Eine sehr überhebliche und exklusive Haltung, die mir und anderen Muslimen in der religiösen Erziehung fremd ist. Allah hat alle Menschen erschaffen, ohne dem Propheten verkündet zu haben, dass Gott manche Völker oder Muslime mehr liebt als andere. Ganz im Gegenteil. Selbst Nichtmuslime haben laut Sure 2, Vers 62[5], ein Anrecht aufs Paradies.

Besonders für manche Konvertiten und Konvertitinnen, die in der Gesellschaft eigentlich keine große Beachtung erfahren würden, ist die Aussicht auf Aufmerksamkeit verlockend. Oft wird ihnen von Geburtsmuslimen eine immense Anerkennung entgegengebracht: Ein Westler interessiert sich für ihre Religion, die doch medial so oft schlecht gemacht wird! Zudem stärken

Konvertiten die Bindung des Islam in den Westen. Denn, welche Überraschung, Muslime können auch Westler sein! Und zwar ohne dass Deutschland hierfür ein islamischer Staat sein muss. Der Pluralismus macht es möglich.

Obwohl besonders Salafisten die Sehnsucht hegen, in einem islamischen Staat zu leben, den es ihrer Meinung bislang nirgendwo gibt. Auf ihr Salafistentum angesprochen, antworten sie, dass sie schlichtweg nur Muslime seien. Als Sunniten, sagen sie, folgten sie nur dem Koran und der Sunna des Propheten. Doch nur weil sie Staaten wie Saudi-Arabien mit ihrer paradoxen Lebensweise ablehnen, können sie nicht behaupten, dass diese Länder keine islamischen Staaten seien. Ihr Staatssystem beruht auf den Interpretationen von Koran und der verbreiteten Sunna samt ihrer Interpretationen. Genauso im Iran, der seine schiitische Republik mit einer islamischen Staatsordnung versehen hat. Beide beruhen sie auf islamischen Quellen, die sie entsprechend ihrer Interpretationen und Interessen installiert haben. Beide sind absolutistisch wie Kuba, um auch mal einen nichtislamischen Staat zu nennen.

Was alle Anhänger des politischen Islam eint, ist ihr Credo: Der Islam ist perfekt, die Menschen sind es nicht. Umso erstaunlicher, dass die Verfechter und Verfechterinnen des politischen Islam dennoch einer von Menschen erdachten Ideologie folgen, die sich als islamisch versteht. Denn die Souveränität Gottes, für deren Stellvertreter sie sich insgeheim halten, bleibt vom Menschen erdacht. Die islamischen Ursprünge und Traditionen, die die Gelehrten für ihre Auslegung studieren, sind menschlicher Natur und damit nicht unfehlbar. Ihnen geht es eher um die Sicherung der männlichen Herrschaft und weniger um Gerechtigkeit. Islamisten versuchen ausschließlich, im Namen Gottes eine vermeintlich unverhandelbare Totalität zu legitimieren.

Die ersten Schritte der Emanzipation

Das Gefühl, als Muslime von allen Seiten – vor allem vom Westen – angegriffen und bekämpft zu werden, hat sich bei vielen, auch jungen Muslimen eingeprägt. Nicht nur das Internet ist voll mit Theorien des Muslims, der sich unentwegt Angriffen ausgesetzt sieht, auch die Haltung, dies einfach so zu glauben, ist weit verbreitet. Auch bei Konvertiten, die, wenn sie der Mehrheitsgesellschaft angehören, zwar keinem Rassismus begegnen, aber andere Degradierungen erleiden und sich im Kollektiv der Muslime als Opfer fühlen können. Doch auch die Anhänger von Pegida nutzen eine Sprache, die Realitäten und Tatsachen verdreht. Sie begreifen sich beinahe schon als die neuen Juden. Denn sie sind mittlerweile zur Überzeugung gekommen, dass die aktuelle Regierung mithilfe der sogenannten Lügenpresse und den Flüchtlingen samt der Muslime im Land »ihr Volk« auslöschen möchte.[6] Während es Dunkelhäutige sind und Menschen mit Einwanderungserfahrung – Muslime wie Nichtmuslime –, die den eigentlichen Rassismus erfahren. Von Racial Profailing bis Kopftuch- und Niqab-Aggressionen: alles dabei! Aber wir leben auch in einem Land, in dem sich viele auf die Seite der von Rassismus Betroffenen stellen und sie unterstützen. Das zu negieren wäre verlogen. Die gut Ausgebildeten in den muslimischen Reihen übernehmen derweil clever das Steuer, um sich zu profilieren und gegebenenfalls sogar als Ansprechpartner für Behörden zu fungieren. Vor allem aber helfen sie damit ihrem persönlichen und wirtschaftlichen Erfolg gewaltig auf die Sprünge. Deren emotionale wie soziale und wirtschaftliche Tragödie, die darin fußt, nicht überwunden zu haben, dass die eigene Herkunftskultur überlegen war, nahm nicht erst mit den imperialen Europäern ihren Anfang, sie liegt in der islamischen Expansion selbst begründet. Die Feststellung der heutigen Unbedeutsamkeit der islamischen Welt, ist vor allem in den Beobachtungen des ägyptisch-osmanischen Islamgelehrten Rifa'a al-Tahtawi nachzulesen, in seinem Werk *Taḫlīṣ al-ibrīz fī talḫīṣ Bārīz (Ein Muslim entdeckt Europa. Bericht über seinen Aufenthalt in Paris 1826–1831).* Ein einzigartiges Zeitdokument, in dem der arabisch-osmanische Blick auf den Westen festgehalten wurde, wobei der Autor kaum eine Beobachtung ausließ.

Al-Tahtawi bildete 1826 mit insgesamt 44 Männern eine osmanische Delegation in Begleitung des Paschas Muhammed Ali. Dabei fällt besonders die Bedeutung, die er den Frauen in der Gesellschaft beimisst, auf. Was dazu führte, dass es für die Region und vor allem bei Islamisten bis heute eine neue Qualität des Denkens erzeugte und sich islamistische Denker das für ihre Konzepte zunutze machten. Die von osmanischen Gouverneuren ausgewählten Männer von 15 bis 73 Jahren sollten in Frankreich Sprachen und diverse Wissenschaften studieren, um das dort erworbene Wissen in ihrem Heimatland im Sinne der osmanischen Modernisierung und Reformierung des Staatswesens anzuwenden. Al-Tahtawis Reflektionen über Frankreich bestanden aus Bewunderung, Verwirrung und Abneigung gleichermaßen. Er war von der Überlegenheit seines Glaubens und seiner Kultur überzeugt. Frankreich dagegen verstand er als ein Land des Unglaubens, denn obwohl sich die Christen in Frankreich als Gläubige bezeichneten, verhielten sie sich seiner Meinung nach nicht wie gläubige Menschen. Demzufolge hatte sich dort auch kein einziger Muslim niedergelassen.

Al-Tahtawi schreibt: »Während meines Aufenthalts empfand ich es als schmerzhaft, dass dort alle Dinge vorhanden sind, an denen es in den islamischen Reichen mangelt.«[7] Er erklärt es am Beispiel der Astronomie: Es waren europäische Wissenschaftler, die bewiesen hatten, dass die Erde rund ist, und das auf Grundlage des mittelalterlichen, durch muslimische Herrscher geförderten Forschungsklimas. In Frankreich erkannte er die Bedeutung und das Potenzial der Bildung von Frauen und Mädchen. Eine bessere Ausbildung von Frauen würde das Familienleben glücklicher machen, eine bessere Kindererziehung ermöglichen und die Chancen auf einen Arbeitsplatz erhöhen. Die Bildung von Frauen betrachtete er auch deshalb nicht als schändlich, weil seine Erfahrungen in Frankreich diesbezüglich positiver Natur waren. Er bewunderte die Sauberkeit, die sorgfältige Erziehung der Kinder, die fehlende Bequemlichkeit, die Gründlichkeit, mit der die Menschen ihrer Arbeit nachgingen, sowie die intellektuelle Neugier der Franzosen, verbunden mit ihrer sozialen Moral, die sich auch in ihrer politischen Standhaftigkeit und ihrem gegenseitigen Vertrauen in ihren Beziehungen äußerte. Zurück in der Heimat rühmte er nicht nur die französische Meinungs- und Redefreiheit, er warb auch für das Medium Zeitung, das bis dahin keiner seiner Landsleute kannte. Doch sein wichtigster Beitrag zur politischen Reform war die Übersetzung aller 74 Artikel der französischen Verfassung. In dieser Verfassung glaubte er den Schlüssel der französischen Errungenschaften gefunden zu haben. »Wir sollten dies bedenken, damit wir verstehen, wie sie durch ihren Verstand zu der Erkenntnis gelangten, dass Recht und Gleichheit die Grundlage für Kultiviertheit von Reichen und das Wohlergehen der Untertanen bilden und wie Herrscher und Beherrschte dadurch geleitet wurden, so sehr, dass ihr Land aufblühte, ihr Wissen wuchs, ihr Wohlstand zunahm und sie Zufriedenheit empfanden.«[8]

Für al-Tahtawi stellten Erziehung und Bildung den Grundstein jeglichen Fortschritts dar. Genau jenen Grundstein, den auch seine ägyptischen Landsleute, die Muslimbrüder, ein halbes Jahrhundert später für ihre Zwecke nutzen sollten, wenn auch die von al-Tahtawi proklamierte Anwendung des Verstandes und seine Würdigung der Meinungsfreiheit bis heute ein Dorn im Auge der Islamisten ist. Al-Tahtawis Ableitung, angesichts der Tatsache, dass im Mittelalter der rückständige Westen vom Wissenstand der islamischen Welt profitiert habe, sei es nun an der Zeit, dass sich die Osmanen die technischen Fortschritte Europas zunutze machten, erscheint auch als oberste Regel heutiger Islamisten. Und so verwundert es nicht, dass Jungen und Mädchen vor allem im Westen aus diesen Kreisen dazu aufgerufen werden, sich Bildung anzueignen. Nicht nur, weil es als Ausspruch des Propheten gilt, sich bis zum Sarge zu bilden, sondern weil Bildung im Westen besonders hochwertig ist und finanziell gefördert wird. Sie lässt sich nämlich später in den Dienst einer islamischen Gesellschaft stellen, die einmal eine angebliche »islamische« Demokratie sein könnte. Doch eben dieses Denken offenbart, wie ignorant sie dieser pluralistischen und freien Gesellschaft gegenüber stehen. Es ist die Tragik einer Teilgeneration hierzulande, die nicht begriffen hat, was Demokratie alles bedeutet, und dass Wahlen allein keine Demokratie herstellen.

Scheidewege der Reformer

Doch was heißt schon Demokratie? Der ägyptische Islamreformer, Journalist und Gelehrte Muhammad 'Abduh, von 1899 bis 1905 Großmufti Ägyptens, lehnte sie ab und befürwortete gar die Despotie. Seiner Auffassung nach fehlte es dem Orient an demokratischer Reife. Sein Denken, beeinflusst von den geopolitischen Gegebenheiten seiner Zeit, wandte sich sowohl gegen den lokalen arabischen Despotismus wie auch gegen die europäische Hegemonie. Die Willkür, die in Fragen des Islam und der Gerechtigkeit zutage tritt, offenbarte sich in seinem Denken unter anderem hinsichtlich der Rechte der Frau. Als Modernist und islamischer Reformist, der dazu aufrief, sich an den *salaf*, den Altvorderen, zu orientieren und der damit als wichtiger Förderer dieser Bewegung gilt, lehnte er die Mehrehe ab. Zugleich aber wandte er sich auch gegen die politische Teilhabe der Frauen, obwohl es vor seiner Zeit islamische Herrscherinnen gab und der Islam nichts ohne die Frauen und Töchter des Propheten wäre. Hier endet wieder einmal die Orientierung an den Ursprüngen. 'Abduhs Denken galt eher der Frage, wie sich die westlichen Errungenschaften in die Fundamente des Islam einfügen lassen.[9]

Seine bekanntesten Schüler sind 'Ali 'Abd ar-Raziq und Raschid Rida, die unterschiedliche ideologische Wege einschlugen. 'Abd ar-Raziq sprach sich für den Säkularismus aus, da das Kalifat in seinen Augen den Muslimen nur Unheil gebracht hatte. Er arbeitete heraus, dass der Prophet in erster Linie ein Religionsstifter und kein Staatsmann war, und er befürwortete eine Trennung von Staat und Religion, was den Islam vor Missbrauch schützen sollte; besonders, wenn Muslime bedächten, dass der Prophet keinen Nachfolger bestimmt hatte und damit die Herrschaftsfrage kein Thema für ihn zu sein schien. Zudem lägen keine eindeutigen Offenbarungen vor, auf die sich künftige Herrscher hätten beziehen können. Diese Meinung vertrat übrigens auch Gamal al-Banna, Islam-Gelehrter und Bruder des Begründers der Muslimbruderschaft, Hassan al-Banna. Wie Abd ar-Raziq lehnte er die Errichtung eines Kalifats nach den Vorstellungen der Muslimbruderschaft ab. Würde man den Islam zur Grundlage der Gesetzgebung machen, so Gamal al-Banna, säße man wegen der vielen Interpretationen und religiösen Sichtweisen zu den verschiedenen Fragen wie in einem Whirlpool. Gamal al-Banna vertrat auch in Frauenfragen eine deutlich emanzipatorischere

Sichtweise als sein Bruder – näher an den islamischen Ursprüngen. Er war der Meinung, dass es kein islamisches Kopftuchgebot gebe, lediglich die Scham und die Brüste müssten bedeckt sein.[10] So verhüllte sich auch die Schwester von Hassan und Gamal al Banna nicht. Und bei diesen Ansichten verwundert es nicht, dass sowohl sein Neffe Said wie auch sein Großneffe Tariq Ramadan seine Expertise bis heute gänzlich ignorieren. Passt er so gar nicht in ihr Konzept des politischen Islam und dessen Frauenbild.

Eine andere Haltung in der Frage des Kalifats vertrat Raschid Rida. Nachhaltig entwickelte er den heutigen Islamismus und den Entwurf eines islamischen Staates, nachzulesen in seinem 1923 erschienenen Buch *Das Kalifat oder Groß-Imamat*. Seine Ideen verbreitete er auch durch die 1898 gegründeten Zeitschrift *Al-Manar* (Der Leuchtturm) und in Geheimgesellschaften. Er vertrat die Haltung, dass die *'ulama* (Religionsgelehrten) die natürlichen Repräsentanten des Volkes seien und damit auch ein Garant für »Demokratie«. Die *ahl al-hall wal-`aqd* (Rat für Auflösung und Bindung), die den Kalifen (Herrscher) bestimmten, seien ebenso für die Gesetzgebung zuständig. Zwar sieht er eine *shûra* (Ratgebergremium) vor, die eine Konsultation zwischen Herrschenden und Untertanen ermögliche, doch wer über die Zusammensetzung der *'ulama* bestimmen solle, lässt er offen.

Demokratie sieht wahrscheinlich anders aus, aber ohnehin sollte es die Scharia richten, die übrigens kein Gesetzbuch im klassischen Sinne ist, sondern ein Regelwerk, das die Religionspraxis sowie einen Teil der strafrechtlichen Belange behandelt und eine Interpretation koranischer Verse und der Hadithe (Prophetentradition) darstellt und erst nach dem Tod des Propheten bis ins 10. Jahrhundert entwickelt und erfasst wurde. Auch hier werden heutige Anhänger des Islamismus nicht umhin kommen, als menschliche und fehlbare Wesen darüber nachzudenken, was all diese Überlieferungen und Koranverse für muslimisches Leben gegenwärtig und weltweit bedeuten.

Wie willkürlich dies in der Praxis aussehen kann, lässt sich am jüngsten Beispiel der Muslimbruderschaft in Ägypten betrachten. Nachdem ihre Partei mit dem hochtrabenden Namen Freedom and Justice mit Mohammed Mursi als Präsident durch demokratische Wahlen an die Macht gekommen war, brachen sie nicht nur ihre Wahlversprechen – fairerweise soll nicht unerwähnt bleiben, dass dies nichts spezifisch islamistisches ist –, auch waren ihre politischen Bestrebungen im Amt 2012 nicht im Sinne einer Demokratie, geschweige denn im Sinne des Volks, das sich nach den Aufständen und Proteste nach sozialer und wirtschaftlicher Gerechtigkeit sehnte. Alles andere also als »Frieden und Gerechtigkeit«. Die Muslimbruderschaft arbeitete nach dem Wahlsieg nicht mehr mit den Säkularen und Linken zusammen, sondern mit der salafistischen Al-Nur-Partei. Auch isolierten sie im Parlament die Opposition. Hinzu kam, dass Mursi bis zur Verabschiedung einer neuen Verfassung ausschließlich mit Dekreten regierte, gegen die kein Einspruch erhoben werden konnte. Zu vergleichen ist das mit staatlich verhängten Ausnahmezuständen, was in der Regel geradewegs in die Despotie führt. In der Bevölkerung regte sich zudem Protest, als Mursis Regierung versuchte, die Scharia nach ihrem Verständnis in die Verfassung reinzuschreiben. Hieß es vorher noch, »die Prinzipien der islamischen Scharia sind die Hauptquelle der Gesetzgebung«, sollte es nun heißen: »Die Prinzipien der islamischen Scharia beinhalten deren sämtlichen Beweise, ihre rechtsschöpfenden Grundlagen und die Quellen, die von allen sunnitischen Rechtsschulen anerkannt werden.«[11] Was vor allem Nichtmuslime mit großer Wahrscheinlichkeit zu Ägyptern zweiter Klasse gemacht hätte, bedenkt man die Bedingungen der islamischen Rechtslehren für Nichtmuslime. Stichwort: *dhimma* (Schutzvertrag). Dieses Verfassungsdetail war der Muslimbruderschaft weit wichtiger, als sich um die Lebensbedingungen und wirtschaftlichen Zuständen im Land zu kümmern. So hatte sich die Lage des ägyptischen Volks nach den Protesten und Neuwahlen nicht verbessert.

Weitere Proteste blieben daher nicht aus. Die militärische Intervention ist allerdings genauso wenig demokratisch und ebenso zu kritisieren. Der ägyptische Blogger Simon Hanna findet daher folgende Worte: »Unter Mubarak haben wir unsere Würde verloren, unter Tantawi unsere Unschuld, unter Mursi unseren Glauben und unter Sisi unsere Menschlichkeit.«[12] Der ägyptische Politikwissenschaftler Amro Ali wirft unter anderem auch der Muslimbruderschaft vor, dass die eigentliche Tragödie des Massakers von Rabaa am 14. August 2013 nicht allein die getöteten Frauen, Männer und Kinder waren, sondern »dass dieses Verbrechen gerechtfertigt und bejubelt wurde von einer unbarmherzigen Gruppe von Faschisten«.[13] Unter unbarmherzigen Menschen versteht er Nachbarn, gute Freunde oder Familien, die durch einen absurden Führerkult, Medien und Propaganda, den die Muslimbruderschaft betreibt, verblendet und diese Personen dadurch nicht wiederzuerkennen sind. Sicherheitskräfte hatten das Protestlager eines Sit-ins der Muslimbrüderschaft im Kairoer Viertel Rabaa im August gestürmt. Mindestens 817 Tote soll es an einem einzigen Tag gegeben haben. Nach dem Militärputsch 2013 und dem Sturz von Mursi lieferten sich Anhänger der Muslimbruderschaft und der Staatsgewalt immer wieder heftige Kämpfe.

Die Frage ist: Warum sollte ein politischer Islam im 21. Jahrhundert weniger totalitär und frauenverachtend sein als im 19. Jahrhundert? Vor allem angesichts der heutigen Akteure? Ihre Haltungen basieren auf ausgewählten Schriften von Gelehrten, wie Ibn Taimiya oder al-Ghazali, die zu ihrer Zeit bereits wussten, wie sie Frauen in ihrer freien Entfaltung einschränken konnten – trotz all der bedeutenden muslimischen Vorreiterinnen und Persönlichkeiten im Umfeld des Propheten sowie im Koran, wie zum Beispiel Bilqis, Maryam oder Hagar. Vor allem aber vor dem Hintergrund, dass säkulare Gesellschaften den Menschen weit weniger schaden als eben jene totalitären, als islamisch deklarierten Staaten. Solange Gesetze als heilig angesehen werden, ist Ungerechtigkeit vorprogrammiert.

Ist die allgemeine Freiheit in der pluralistischen Gesellschaft für die Anhänger und Anhängerinnen des Islamismus denn wirklich so bedrohlich? Fürchten sie sich vor der eigenen Bedeutungslosigkeit? Wer den Islam als Religion in säkularen Staaten praktizieren möchte, wird in keiner Weise daran gehindert. Niemandem wird verboten zu beten, zu fasten, zu spenden, die *'umra* oder die *hadj* nach Mekka zu unternehmen oder gar ein Kopftuch und einen Niqab zu tragen. Nicht alle Muslime leben ihren Glauben ohne Konflikte und Diskriminierung, was vor allem verhüllte Frauen zu spüren bekommen. Manchmal ist ihr Leben bedroht, wie im tragischen Fall von Marwa El-Sherbini. Und keine Frage: In einigen Bevölkerungsgruppen Deutschlands bedarf es einer gründlichen Auseinandersetzung und des Willens zur Akzeptanz muslimischen Lebens. Doch all das geschieht. Es ist seit Jahren viel in Bewegung. Die Auseinandersetzung steht nicht still. Wer aber moralische und politische Macht über Gesellschaften ausüben möchte, um seinem Geltungsbedürfnis zu folgen oder seine gefühlte Unbedeutsamkeit zu kompensieren, der wird gerne in extremistischen Gruppierungen welcher Art auch immer aktiv. Oder sie wenden sich dem Salafismus zu, der schon mal auf den Marktplätzen deutscher Städte auf Massenkonvertierungen mit Salafistenpredigern wie Pierre Vogel und Co. setzt. Doch auch Geburtsmuslime, die sich grundsätzlich diskriminiert fühlen, finden Gefallen an der Ideologie dieser Vordenker. Utopien haben schon immer einen großen Reiz auf Menschen ausgeübt. Wer träumt nicht davon, in einer gerechten und perfekten Welt leben zu können? Was liegt da ferner, wenn einige Muslime glauben, dafür nur den »perfekten Islam« auf Erden errichten zu müssen? Mal davon abgesehen, dass es immer Menschen geben wird, die nicht an einen Gott glauben oder keine Muslime sein wollen. Und die schon gar nicht unter einem *dhimma*-Gesetz leben wollen. Da wir also fehlbar sind und nicht frei von Ego und Eigeninteressen, wird dieses Unterfangen nicht glücken. So auch nicht bei Herren wie Muhammad ibn 'Abd al-Wahhab, Dschamal ad-Din al-Afghani, Muhammad Abdu, Raschid Rida, Hassan al-Banna oder Ayatollah Khomeini.

Eine breite Auseinandersetzung mit dem Islamismus und späteren Auswüchsen des Dschihadismus ist aufgrund des komplexen Themas und Umfangs an dieser Stelle nicht möglich. Dennoch hilft die Einführung der wichtigsten Akteuren und ihrer Ideologie, um im Weiteren die heutigen Auswüchse besser zu verstehen.

Setzlinge des Extremismus

Die Initialzündung zum heutigen Islamismus gab Mitte des 18. Jahrhunderts der hanbalitische Gelehrte Muhammad ibn 'Abd al-Wahhab aus Nadschd im heutigen Saudi-Arabien. Auf ihn geht, wie der Name verrät, die Religionslehre des Wahhabismus zurück, die zwingend mit seiner Loyalität dem saudischen Königshaus gegenüber einhergeht. 'Abd al-Wahhab prägte das reaktionäre Islamverständnis von dem reinen Glauben des Tauhid (Monotheismus), der keine individuelle Auslegung des Islam erlaubte und den drei anderen Rechtsschulen vorwarf, in der Frage des Tauhid zu einem falschen Konsens gekommen zu sein, vor allem bei der Heiligenverehrung, die bei mystischen Sufis und Schiiten üblich war und von 'Abd al-Wahhab zum *shirk* (Vielgötterei) erklärt wurde. Jeglicher Kontakt zu jenen Muslimen war zu unterbinden, sonst drohte man selbst zum »Ungläubigen« zu werden.

Ich kann mich noch gut daran erinnern, wie mich als Kind der Kult um die sogenannten Marabouts (Lokale Heiligengräber) in Marokko große Augen machen ließ. Haare, Kerzen oder Geldspenden wurden als Opfergaben hinterlassen. Die Frauen weinten und beteten um Genesung, riefen den Dorfheiligen um Hilfe an, auf dass sie bald den heiß ersehnten männlichen Erben gebären oder von ihren Ehemännern nicht verstoßen oder nicht ungefragt mit einer zweiten oder vierten Ehefrau konfrontiert würden oder einfach nur Segen erhofften. Mich amüsierten Rituale wie die, das Grabmal sieben Mal zu umlaufen und an den Tuchfetzen zu zupfen, die von den vorrangig weiblichen Pilgerinnen mit Wünschen angebracht wurden. Oder eine schwere Kanonenkugel über die Beine zu bewegen, um etwas vom Segen auf sich zu laden, wie mir meine Tante die mühsame Prozedur erklärte. Denn ganz in meinen kindlichen Kopf wollte mir das nicht dringen. Hatte ich doch gelernt, dass es nur eine Pilgerstätte gab, und die lag in Mekka, und nicht in marokkanischen Städten wie Meknès oder Moulay Bousselham. Die Verzweiflung in erster Linie der weiblichen Pilgerinnen war einigen ins Gesicht geschrieben. Aber was war ihnen als arme, sozial und gesellschaftlich Abgehängte auch anderes geblieben? Es sollte nicht das erste Mal sein, dass ein Vordenker auf Armut, Unterdrückung und mangelnde Bildung mit religiös begründeter Ignoranz und Diktatur antwortete. Die sozialen und politischen Umwälzungen in den arabisch-osmanischen Territorien jener Epoche führten sogar dazu, gegen Kaffee- und Tabakgenuss zu protestieren, wie es in Kairo vorkam, um die Ablehnung gegenüber den osmanischen Herrschern zum Ausdruck zu bringen. Quasi die ersten Vorläufer der späteren Israel- und Dänemark-Boykottaufrufe.

'Abd al-Wahhab berief sich in seiner neuen Religionsauslegung vor allem auf die Ausführungen des im 14. Jahrhundert aktiven syrischen Theologen Ibn Taimiya. Wie nicht anders zu erwarten, spielten für dessen radikales Denken ebenfalls die politischen Umstände seiner Zeit eine Rolle: die Abschaffung des Kalifats durch die Kreuzzügler, Plünderungen in Bagdad sowie die Invasion der Mongolen. Ibn Taimiya soll mit außergewöhnlicher Intelligenz ausgestattet gewesen sein. Sein Angriff galt unter anderem der Philosophie innerhalb der islamischen Theologie, die vor allem Ibn Rushd befördert hatte und die in den Hochzeiten des islamischen Denkens die Wissenschaften erblühen ließ und dem Westen den Weg zur Aufklärung ebnete. Ibn Taimiya erklärte esoterische Sekten zu Häretikern, mit dem Vorwurf, sie gäben der Hermeneutik den Vorzug. Genauso verfuhr er mit Sufis, die die Theorie und Erfahrung der Einzigartigkeit des Seins predigten und lebten. Nebenbei erklärte er sie auch gleich für gefährlicher als Christen, denn das Fundament des Glaubens könne nur der ungeteilte Monotheismus sein, und die Christen waren der Auffassung, dass Gott nur einmal durch die Inkarnation in Erscheinung eines Menschen trat. Die Sufis hingegen eröffneten dem Menschen die Erfahrung des Göttlichen, die einem etwa durch trancehafte Sitzungen mit Gebeten und Gottesanpreisung widerfahren. Das widersprach nach Meinung Ibn Taimiyas der Idee des Ein-Gott-Glaubens. Außerdem veröffentlichte er das Manifest Die Politik im Namen des Göttlichen Rechts zur Einführung der richtigen Ordnung in den Angelegenheiten des Hirten und der Herde. Der tunesisch-französische Schriftsteller Abdelwahab Meddeb schrieb dazu, der »einmal (...) von einem solchen Werk ausgehende Radikalismus erfüllt alle Erwartungen der Fundamentalisten. Allein dieser Text hätte eine ausführliche Analyse verdient, die dabei behilflich sein könnte, Symptome dessen auszumachen, was ich die Krankheit des Islam nenne.«[14]

Zum Maßstab jedes Gesetzes sollte laut Ibn Taimiya vor allem die Züchtigung gemacht werden. Wie zum Beispiel die Steinigung wegen Ehebruchs, das Auspeitschen bei Bezichtigung des Ehebruchs oder des Konsums von Wein. Weiter geht es mit dem Abschlagen der Hand bei Diebstahl, während Straßenräubern je nach Schwere ihrer Tat – mit Mordtatbestand oder nicht – Hände und Füße abzuschneiden oder sie zu kreuzigen waren. *Huddud* (Grenze, Ende) heißt dieses Strafrecht. Ohne Diskussion sei es zu handhaben, denn das sei der Glaube an Gott und das Recht Gottes. Die Rechtsschulen fanden mildere Strafen, weil diese Straftaten gegen menschliches Recht verstießen. Dies blendete Ibn Taimiya aus.

Doch zurück zu al-Wahhab. Mit Muhammed Ibn Saud schloss er den Pakt, dass der Wahhabismus zum Staatsislam werden und die Verbreitung des Wahhabismus voranzutreiben sein solle, sofern ihm, Ibn Saud, die uneingeschränkte politische Macht vorbehalten blieb. Gemeinsam mit weiteren Stämmen des heutigen saudischen Gebiets und den in der Region bereits präsenten Briten gelang dem Gespann 1932 die Gründung des Königreichs Saudi-Arabien mit den weltweit zweitgrößten Erdölreserven. Die Entdeckung des Erdöls ließ die Wahhabiten und die Ibn Sauds glauben, von Gott für den Wahhabismus gar belohnt worden zu sein. Weswegen Gott wohl Norwegen, USA oder Brasilien segnete, das wissen nur die Saudis. Mit ihren reichlich vorhandenen Erdöleinnahmen gründeten sie diverse Stiftungen und Organisationen, um die wahhabitische Lehre weltweit zu verbreiten: 1962 die Muslim World League, Organisation of the Islamic Conference und 1972 die World Assembly of Muslim Youth (WAYM).

Wichtiges Werkzeug der Missionierungsarbeit sind die zahlreichen wahhabitischen Schriften, die in alle möglichen Sprachen übersetzt, gedruckt und kostenlos in die Welt verschickt werden, sodass immer mehr Muslime nicht nur mit dem Wahhabismus in Kontakt treten, sondern ihn in Form des Salafismus annehmen.

Egal ob als malikitischer, hanbalitischer oder schiitischer Muslim oder als Nichtmuslim: Weltweit konvertieren Millionen Menschen zum Salafismus. Laut Statistischem Bundesamt wurden für das Jahr 2014 6000 Salafisten allein in Deutschland gezählt – und dazu zählen vor allem die als klassisch wahrgenommenen Salafisten, die mit langen Bärten, Hochwasserhosen und Niqab in Erscheinung treten. Das Ausmaß der anderen salafistischen Spielarten hierzulande ist noch gar nicht bekannt, weil auch eine inhaltliche Auseinandersetzung bis dato nicht stattgefunden hat. Mittels kostenloser Literatur, vertrieben über Online- wie auch herkömmliche Buchhandlungen, wird die Ideologie in vielen Sprachen ebenso verbreitet wie durch salafistische Prediger, die über soziale Medien agieren. Wie der Wahhabismus orientiert sich auch der Salafismus an den ersten drei Generationen der Muslime, den *al-salaf al-sahih* (den frommen Altvorderen), die bis ins 8. Jahrhundert lebten. Die darauf folgende islamische Geschichte der letzten 1400 Jahre wird schlicht ignoriert.

Salafisten sind darum bemüht, das Leben jener Generationen nach ihren Vorstellungen haarklein zu kopieren, jegliche *bid'a* (Neuerung) lehnen sie ab. Was sich in der Orthodoxie vor allem darin äußert, dass nichts Anwendung findet, was andere, islamfremde Denker erdacht haben. Deshalb auch die Ablehnung einiger Entwicklungen und Denker der islamischen Geschichte. Dass bereits im 12. Jahrhundert Ibn Rushd erklärte, es sei sinnlos, seine Zeit damit zu vergeuden, Dinge neu zu denken oder zu erfinden, die schon gedacht waren oder die es schon gab, weswegen es nötig sei, auch auf antike griechische Denker zurückzugreifen, spielt für die Salafisten keine Rolle.

Zwar wünschen sich viele Salafisten wie alle Islamisten ein islamisches Gemeinwesen und die Scharia als Rechtsordnung, sind aber weniger politisiert und mehr auf Fragen des Glaubens und seiner Praxis fokussiert. Dies äußert sich darin, dass Männer häufig Hochwasserhosen oder kurze Tuniken tragen, da bis zum Boden reichende Gewänder als Zeichen der Arroganz verstanden werden. Die eigene Arroganz, die sie mit ihrer Haltung als Auserwählte und wahre Muslime präsentieren, scheint ihnen bei all den oberflächlichen Detailfragen entgangen zu sein. Außerdem lassen sie sich einen Vollbart mit freier Oberlippe stehen, weil es der Überlieferung nach der Prophet ebenso gehandhabt haben soll. Frauen verhüllen sich komplett mit einer meist schwarzen Abaya, weil sie dem Vorbild der Prophetenfrauen folgen wollen. Meist mit und ohne Niqab, einem Gesichtsschleier, der fälschlicherweise immer wieder gern als Burka bezeichnet wird. Dass aber selbst diese Kleidung und alle anderen Gebrauchsgegenstände sowie das Leben um sie herum durchdrungen sind von Neuerungen und damit auch Fortschritt, der ihnen auf vielen Ebenen zugutekommt – Rasierklingen etwa, Binden, öffentliche Verkehrsmittel, Autos, Fernseher, Sonnenbrillen, Smartphones oder das Laptop, auf dem sie überhaupt erst ihre Prediger sehen können –, blenden sie geflissentlich aus. Im Fokus stehen die stumpfe Imitation und die Einhaltung ritueller Details plus angenehme Errungenschaften der Moderne. Perfekt für jene in ihren Reihen, die Politik als Reformsalafisten machen wollen. Denn das gibt weniger Konkurrenz und mit großer Wahrscheinlichkeit weniger Fragen, da die anderen mit Imitieren beschäftigt sind.

Die Salafia-Bewegung ist weitgehend zersplittert und lebt stark von einer Lehrer-Schüler-Beziehung, wie sie uns hierzulande aus den einschlägigen Moscheen bekannt ist. Wanderprediger fahren bundesweit von Moscheeverein zu Moscheeverein, obendrein verbreiten sie ihre Predigten auf Youtube. Trotz seiner Inhomogenität lässt sich der Salafismus laut dem jordanischen Islamismusexperten Mohammed Abu Rumman in vier Gruppen unterteilen: in die Traditionellen Salafisten, die Jami-Salafisten, die Haraki-Salafisten sowie die Dschihadistischen Salafisten.

Die Traditionellen Salafisten sind häufig akademisch ausgebildet. Ihr Fokus liegt auf der Missionierung, um gesellschaftliche Veränderungen anzustreben. Politische Partizipation wird abgelehnt. Ihr bekanntester Vertreter, der syrisch-albanische Nasir al-Din al-Albani, rief 1994 beispielsweise die Palästinenser dazu auf auszuwandern, weil in den palästinensischen Gebieten und Israel kein islamkonformes Leben möglich sei.

Die Jami-Salafisten sind nach dem äthiopischen Vordenker Muhammed Bin Aman al-Jami benannt, der in der zweiten Hälfte des 20. Jahrhunderts in Saudi-Arabien lehrte. Sie gelten als obrigkeitshörig. Es gilt, sich dem jeweiligen muslimischen Herrscher zu unterwerfen, nicht an Wahlen teilzunehmen und in keinen Parteien aktiv zu werden. Politische Opposition ist zu unterlassen. Sie sind Kritiker der Muslimbruderschaft, die politische Partizipation anstrebt und gegen herrschende Regime agiert.

Die Haraki-Salafisten sind, wie das arabische Wort *haraki* (bewegen, wackeln) verrät, die aktiven Salafisten. Sie lehnen für die Erlangung ihres Ziels einer islamischen Ordnung Gewalt ab, sind aber bereit, politisch zu partizipieren und Parteien, wie zum Beispiel in Ägypten oder im Golf, zu gründen. Oder parteipolitisch aktiv zu werden. Auch in nichtmuslimischen Ländern.

Die Dschihadistischen Salafisten legitimieren Gewalt. Je nach Gruppierung kann dies auch in einem muslimischen Staat erfolgen oder gegen eine von ihnen als Besatzungsmacht eingestufte

Regierung. Aber auch Attentate im Ausland gegen Staaten umfassen, die das von ihnen abgelehnte Regime vor Ort unterstützen, wie im Falle von Afghanistan, Irak oder Tschetschenien geschehen. Im Visier stehen Staaten wie die USA oder europäische Länder. Dabei orientieren sich diese Gruppierungen, wie zum Beispiel die Hamas oder al-Qaida, an Schriften von Sayyid Qutb.

Endstation Terror

Womit wir zu einer weiteren modernen Gruppierung kommen: der Muslimbruderschaft. Ihr Islamverständnis basiert ebenfalls auf salafistischen Theorien. Im Laufe ihrer Entstehung und Weiterentwicklung wurden sie von Denkern wie al-Afghani, al-Maududi oder Rashid Rida beeinflusst, deren Denken sich in ihren Publikationen und Glaubensinhalten widerspiegelt. Ihre Anhänger sind vor allem in zwei Lager geteilt, die sich an den zwei einflussreichsten Köpfen der Muslimbrüder orientieren. Bei beiden, Hassan al-Banna, dem Begründer der Muslimbrüder, und Sayyid Qutb, handelte es sich um Volksschullehrer. Al-Banna war weniger theologisch geprägt und auch dem Sufismus zugeneigt. Sein Bestreben lag in der Mission, der Etablierung einer islamischen Moralität und dem Abwehren europäischer Einflüsse. Qutb, der erst später den Islam für sich und seine politischen Zwecke entdeckte, verstand den Islam als Lösung für die sozialen Missstände, als den Weg gegen Mutlosigkeit und Sittenverfall und als Kitt der Gesellschaft. 1949 erschien sein Buch *Die soziale Gerechtigkeit im Islam*, worin eine gewisse Nähe zum europäischen Sozialismus zu erkennen ist – allerdings unter Ablehnung von Elementen wie Klassenkampf oder Atheismus. Seine Verbindung zur Muslimbruderschaft brachte ihn ins Gefängnis, wo er seine radikalen Thesen zum Terror entwickelte.

Laut Petra Ramsauer, Journalistin und Autorin des Buchs *Muslimbrüder. Ihre geheime Strategie. Ihr globales Netzwerk*, zählt die Muslimbruderschaft weltweit rund hundert Millionen Mitglieder, Sympathisanten nicht mitgerechnet, deren Zahl schwer zu benennen ist, da sich viele nicht öffentlich zu erkennen geben. Wobei noch erwähnt werden muss, dass nicht jeder oder jede einfach Mitglied werden kann. In gewisser Weise einem Geheimbund vergleichbar, muss man der Muslimbruderschaft zugutehalten, dass sie aufgrund ihrer gut ausgebildeten Mitglieder oft die Lücken füllt, die muslimische Staaten gerade im sozialen Bereich nicht zu schließen in der Lage sind, ob durch Spenden oder ehrenamtliche Tätigkeit. Wie zum Beispiel im Gesundheits- oder Bildungswesen. Das stärkt ihren Rückhalt in der ärmeren Bevölkerung. Im Westen sind sie vor allem in der Jugendarbeit, Seelsorge und Missionierung tätig und werden daher als legalistische Organisationen bezeichnet. In Deutschland gehört hierzu auch die IGMG[15], die als türkische Version der Muslimbruderschaft bezeichnet werden kann.

Unter den Islamisten hat die Muslimbruderschaft die Indoktrinierung wohl am besten und breitesten entwickelt. Viel lässt sich an ihrer Ideologie kritisieren, einiges muss man ihnen aber auch zugestehen. Sie sind fleißig und verfügen über einen langen Atem. Wer einen funktionierenden und autonomen islamistischen Staat will, braucht eine fähige und vor allem unterwürfige Bevölkerung. Daher arbeitet die Muslimbruderschaft tatkräftig daran, Bildungseliten heranzuziehen. Wer eine Mission hat, muss früh aufstehen. Im Falle der Muslimbruderschaft heißt das, er muss früh die zukünftige Gefolgschaft auf Kurs bringen. Und wer eignet sich dazu besser als der Nachwuchs? Das Konzept hierfür entwickelte unter anderem Zainab al-Ghazali, die auch schon einmal als islamistische Feministin bezeichnet wird. Eine Titelkombination, die, wie wir gelernt haben, mehr als widersprüchlich und irreführend ist. Denn die Lage von muslimischen Mädchen und Frauen zu verbessern, macht noch niemanden zu einer Feministin. Islamistisch war sie vor allem, weil sie sich für ein Bündnis mit der Muslimbruderschaft entschied, statt mit den ägyptischen Frauenrechtlerinnen zusammenzuarbeiten. Sie entschied sich damit bewusst gegen Freiheit und Gleichberechtigung und für die Geschlechtertrennung und die Stärkung des politischen Islam. Doch dazu später mehr.

Mit ihrem wirkungsmächtigen Verfechter, dem Antisemiten Sayyid Qutb, bekam die Bewegung der Muslimbruderschaft eine neue Qualität. Noch heute findet diese Ideologie aufgrund seines ausgeprägten Antisemitismus neue Anhänger. Qutbs Schriften sind hierzulande in einschlägigen islamistischen Online-Buchhandlungen erhältlich. Islamistisch deshalb, weil in ihnen neben reich verzierten Koranen vorrangig islamistische Bücher aus islamistischen Verlagen verkauft werden. Literatur aus Publikumsverlagen stimmen ein in die gängigen und bei Islamisten beliebten Verschwörungstheorien. So finden sich neben Büchern, die den Islam erklären wollen, auch Publikationen wie *11.9. – zehn Jahre danach. Der Einsturz eines Lügengebäudes* oder *Die Israel-Lobby*, außerdem Bücher des ehemaligen Kommunisten und zum Islam konvertierten Antisemiten Roger Garaudy sowie Titel von Jürgen Todenhöfer, der den Westen heute zum größten Unruhestifter erklärt, während er in seinem Buch *Ich denke Deutsch* noch die Meinung vertrat: »In erster Linie strömen in unser Land Schein- und Wirtschafts-Asylanten, was für ein Land nicht akzeptabel ist, das bis unter den Dachfirst überfüllt ist.« Aber auch die Schriften von Sayyids Bruder Muhammed Qutb sind dort zu erwerben. Übersetzt im Übrigen wieder einmal von einer Konvertitin, nämlich von Amina Saleh-Ronnweber, die aus der deutschen NS-Geschichte offensichtlich keine Lehren gezogen hat und mithilft, den Antisemitismus dieser Herren zu verbreiten, indem sie deren Werke einer breiten deutschsprachigen Leserschaft bekanntmacht, vor allem jungen Muslimen hierzulande. Die Muslimbruderschaftsideologie und den Reformsalafismus mit der Neuen Rechten zu vergleichen, trifft meines Erachtens einen wichtigen Punkt, wenn berücksichtigt wird, wie beide den Gedanken teilen, den Extremismus, den sie verinnerlicht haben, durch einen intellektuellen Zugang zu erneuern. Die Distanzierung von extremen Gruppen, die Gewalt anwenden oder, wie der IS, Massaker anrichten, bedeutet nicht, dass das Fundament ihrer Ideologie überwunden ist. Zu beobachten bei der AfD genauso wie beim ZMD.

Sayyid Qutb nahm die dschihadistische Idee al-Bannas auf, der 1946 wahre Lobeshymnen auf den Großmufti Muhammed Amin al-Husseini von Jerusalem schrieb, bekanntlich ein Bewunderer Nazideutschlands: »Der Mufti ist so viel wert wie eine ganze Nation. Der Mufti ist Palästina, und Palästina ist der Mufti. O Amin! Was bist Du doch für ein großer, unbeugsamer, großartiger Mann! Hitlers und Mussolinis Niederlage hat Dich nicht geschreckt. Was für ein Held, was für ein Wunder von Mann. Wir wollen wissen, was die arabische Jugend, Kabinettsminister, reiche Leute und die Fürsten von Palästina, Syrien, Irak, Tunesien, Marokko und Tripolis tun werden, um dieses Helden würdig zu sein, ja dieses Helden, der mit der Hilfe Hitlers und Deutschlands ein Empire herausforderte und gegen den Zionismus kämpfte. Deutschland und Hitler sind nicht mehr, aber Amin al-Husseini wird den Kampf fortsetzen.« Qutb war es, der alle Juden zum Hauptfeind erklärte und zum Kampf gegen das »Weltjudentum« aufrief. Dabei ähneln seine verschwörungsideologischen Thesen stark den fiktiven Protokollen der Weisen von Zion. In seinem Buch *Unser Kampf mit den Juden* imaginierte Qutb 1950 eine

»jüdische Verschwörung gegen den Islam«. Er schrieb: »Allah hat Hitler gebracht, um über sie zu herrschen; (...) und Allah möge (wieder) Leute schicken, um den Juden die schlimmste Art der Strafe zu verpassen; damit wird er sein eindeutiges Versprechen erfüllen.« Zunehmend kam er zu der Erkenntnis, dass für die Durchsetzung einer Gottesherrschaft auf Erden auch der gewaltsame Kampf in Form von Selbstmordattentaten notwendig sei.

Auch Yusuf al-Qaradawi, der aktuelle theologische Ideologe der Muslimbruderschaft, befürwortet, wie bereits angeführt, Selbstmordattentate im Kampf der Palästinenser gegen Israel. In einem solchen Fall sei der im Islam streng verbotene Suizid erlaubt und schließe Frauen und Kinder nicht aus, da die ganze israelische Gesellschaft militarisiert sei. »Es ist durch islamisches Recht festgelegt, dass Blut und Gut der Menschen des Dar al-Harb (Haus des Krieges) nicht geschützt sind. Denn sie kämpfen gegen die Muslime und sind ihnen feindlich gesinnt, sie haben den Schutz ihres Blutes und Gutes verwirkt«.[16]

Damit erweitert sich die Rolle der muslimischen Frauen. Sie soll nicht nur den islamischen Nachwuchs als Frau und Mutter empfangen und gebären, sondern ihn auch im Sinne der islamistischen Sache erziehen.

Islamistische Vorkämpferin

In einer demokratischen Rechtsordnung sind Menschen- und Frauenrechte nicht nur hart erkämpft, sie bieten zudem einen Hort der Sicherheit für die Bürgerinnen und Bürger – explizit auch für die queeren Bürger, die so manch einer jenseits der Norm empfindet. Andernorts kämpfen vor allem muslimische Feministinnen für die Erlangung dieser Rechte. Umso bedauerlicher ist es, dass sich so manche Muslima gegen diesen Kampf entscheidet, ein an totalitären und theokratischen Staaten orientiertes Modell bevorzugt und sogar konzeptionell im Sinne der islamistischen Sache arbeitet. Als die bedeutendste Vorkämpferin der islamistischen Frauenbewegung gilt die 2005 verstorbene Zainab al-Ghazali. Als Teenagerin war sie Mitglied in der von Huda Sha'rawi gegründeten Egyptian Feminist Union, die sich an der westlichen Suffragetten-Bewegung orientierte. Doch al-Ghazali war von dieser Herangehensweise zunehmend frustriert. Die muslimischen Feministinnen hatten es sich zum Ziel gemacht, durch die Säkularisierung die Lebensbedingungen der Ägypterinnen zu verbessern. Al-Ghazali war allerdings stets der Auffassung, dass der »Islam kein Mehrparteiensystem akzeptiert, weil es ein in sich abgeschlossenes System hat«.[17] Die von Menschen geschaffenen Systeme seien »dem des Islam unterlegen«. Weil die Geschlechterdurchmischung, die an den Universitäten zu Tage trat, ihrem Islamverständnis widersprach, konnte sie sie nicht gutheißen. Als Sha'rawi gemeinsam mit ihren Mitstreiterinnen Nabawiyya Musa und Saiza Nabarawi, die 1923 als ägyptische Delegation in Rom an der Konferenz der International Alliance of Women teilgenommen hatten, bei ihrer Rückkehr am Kairoer Bahnhof ihren Schleier ablegten, muss das für al-Ghazali zu viel des Guten gewesen sein und ein Verrat an ihrem Islam. Dabei ist es vor allem Sha'rawi und ihren unnachgiebigen Mitstreiterinnen zu verdanken, dass 1956 das Frauenwahlrecht unter Gamal Abdel Nasser eingeführt wurde. Doch da hatte al-Ghazali die feministische Gruppe längst verlassen und 1936, mit gerade einmal zwanzig Jahren, den Frauenverein *Jama'at al-Sayyidat al-Muslimat* gegründet.

Sie war stark von al-Bannas reformatorischen Gedanken geprägt, der die westlichen Einflüsse in Gestalt der britischen Kolonialherren ebenso bekämpfte wie den Verlust der »islamischen«

Werte. Muslimische Feministinnen, die wie die Westlerinnen Gleichberechtigung einforderten, wurden eher verabscheut. So kam es, wie es kommen musste. Durch al-Ghazalis Engagement für die islamische *nahda* (Erneuerung) wurde al-Banna auf sie aufmerksam und bot ihr an, die Leitung der Muslimschwestern zu übernehmen. Sie lehnte ab, arbeitete aber mit der Muslimbruderschaft zusammen. Erst als unter Nasser 1948 die Muslimbrüder verboten wurden, versprach sie al-Banna ihre persönliche Gefolgschaft. Sie gelobte, die Ziele der Muslimbruderschaft zu unterstützen, um durch Bildung, Beeinflussung und Moral zur Errichtung eines ägyptisch-islamistischen Staats beizutragen.

Der Höhepunkt ihrer konzeptionellen Zielsetzung fußt auf der Begegnung mit den Schwestern des seinerzeit inhaftierten Sayyid Qutb. Sie bekam die ersten unveröffentlichten Kapitel seines Manifests *Milestone*, das auf dem deutschsprachigen Markt *Wegmarken* heißt, zu lesen, in dem er sich der muslimischen Avantgarde widmete. Die hatte ihm zufolge dafür zu sorgen, die ägyptische Gesellschaft auf die Übernahme des islamischen Rechts vorzubereiten. Al-Ghazali schrieb in ihrem Buch *Return of the Pharao:* »Es wurde beschlossen, dass wir nach dreizehn Jahren islamischer Ausbildung der Jungen, Alten und Kinder eine umfassende Studie des Zustands durchführen. Wenn diese Studie ergab, dass mindestens 75 Prozent der Anhänger glaubten, dass der Islam eine vollkommene Lebensweise ist, und von der Errichtung eines islamischen Staates überzeugt sind, dann wollten wir zur Gründung eines solchen Staates aufrufen.«[18] Dreizehn Jahre deshalb, weil auch der Prophet Mekka erst nach dreizehn Jahren verließ, um in Medina die erste islamische Gemeinde zu gründen. Damit war auch sie zur Gegnerin des Staates unter Nasser geworden. Sie wurde wegen Verschwörung zum Mord an Nasser und zum Sturz der Regierung angeklagt. Die Erlebnisse während ihrer sechs Jahre anhaltenden Gefangenschaft, in der sie genauso wie ihre Mitstreiter aufs unmenschlichste gefoltert wurde, um belastende Zeugenaussagen gegen Qutb und Co. zu erlangen, schrieb sie später nieder. Qutb wurde aufgrund seiner Schriften zum Tode verurteilt. Al-Ghazali blieb bis zu ihrem Tode ihren Überzeugungen treu. Sie verachtete die weibliche Befreiungsbewegung in den westlichen Gesellschaften, vor allem, weil der Islam wie in keiner anderen Gesellschaft den Frauen vor langer Zeit schon Rechte zugesprochen hatte. Das Gefühl der Unterlegenheit gegenüber dem Westen wird einmal mehr auch in Geschlechterfragen deutlich. Lieber leidet Frau für muslimisch-männliche Ideologie und wird zur Handlangerin von faschistoiden Ordnungen, anstatt für das Allgemeinwohl jedweder Etikette zu kämpfen. Besonders treffend bringt es der libanesische Lyriker Abbas Beyoun auf den Punkt, der erklärt, dass jene Muslime selbst in ihrem Hass auf den Westen noch vom Westen beeinflusst bleiben und dass ihr Hass auch Selbsthass sei.

Als Muslima kann niemand al-Ghazali und anderen Muslimas ihr islamisch-weibliches Erbe nehmen, welches vor allem ein immaterielles Erbe für alle Frauen darstellt. Doch Gesellschaften und Konzepte entwickeln sich weiter, und das sollten einige Muslimas endlich ungekränkt begreifen lernen. Was al-Ghazali hingegen tat und den Folgegenerationen hinterließ, ist im Grunde ein Bekämpfen der Frauenrechte. Es ist tragisch, wenn Frau bedenkt, wie viel Kraft und Erniedrigung dieses Festhalten am Islam-Etikett bis heute gekostet hat. In Ägypten zum Beispiel ist es erst seit dem Jahr 2000 möglich, dass eine Frau sich scheiden lassen kann, ohne beweisen zu müssen, dass ihr Ehemann sie misshandelt hat oder schuld an der Zerrüttung der Ehe ist. Bis heute sind laut UNICEF neunzig Prozent der Ägypterinnen noch immer an ihrer Klitoris verstümmelt. Für die Erhaltung der Genitalverstümmelung warben die Muslimschwestern 2011 im ägyptischen Wahlkampf. Besonders erschreckend wird es, wenn Muslima im Westen feststellen muss, dass Salafistenprediger nun auch hierzulande die Klitoris ins Visier ihrer Perversion nehmen. Denn Ibn Taimiya, der Lieblingsgelehrte der Salafisten, soll auf diese Frage mit »Ja, sie sollten beschnitten werden«[19] geantwortet haben.

Nun werden einige Muslimas empört sagen: Lass die doch spinnen, die nimmt sowieso niemand ernst. Leider doch! Die Betreiber des As-Sunna-Verlags beschäftigen sich mit allem, was ihre Anhänger brauchen. So auch mit der Frage nach dem richtigen Benehmen auf der Toilette. Youtube bietet mit dem Video *Die Notdurft – Das richtige Benehmen auf der Toilette*[20], verbunden mit der unvermeidlichen »Koran und Sunna«-Floskel, nun auch in diesen Fragen Abhilfe. Beim Ansehen habe ich mich ehrlich gefragt, ob das Satire ist. ZDF Heute Show undercover? Oder Jan Böhmermann in seiner größten Rolle? Aber nicht nur diese Gestalten beschäftigten sich mit der Klitorisverstümmelung, auch die Rechtsschulen haben sich darüber Gedanken gemacht. Ergebnis: Malikiten und Hanbaliten befürworten die Verstümmelung, während Schafiiten sie als Pflicht erachten und nur die Hanafiten die weibliche Genitalverstümmelung ablehnen. Die Bejahung geht ausschließlich von der Prophetenüberlieferung aus, die, je nach Gelehrten, mal mehr, mal weniger glaubwürdig eingestuft wird. Wie bei allen Hadithen gibt es auch hier keine Garantie dafür, wie echt diese tatsächlich ist. Der Koran äußert sich nicht zu diesem Thema – weder zur weiblichen noch zur männlichen Beschneidung. Vielmehr sagt Sure 95, Vers 4: »Wir erschufen den Menschen in bester Gestalt.«

Mit diesem mehr als fragwürdigen Ergebnis dürfen sich nun Mädchen und Frauen herumschlagen, während ich mich als Muslima wieder einmal frage, wo eigentlich der Aktionismus unserer jungen und selbstbewussten Kopftuch-Feministinnen aus Österreich oder Deutschland bleibt. Es sollen sich ja nicht immer die weißen Feministinnen in unsere Angelegenheiten einmischen. D'accord! Aber könnten wir uns vielleicht darauf einigen, dass sie sich auch als Konvertitinnen nicht immer so einschneidend einmischen? Denn leider haben wir ihnen allzu oft erst diese extremistische Lesart hierzulande zu verdanken. Ein Beispiel aus Österreich zeigt, wie hegemonial sie auftreten. So veröffentlichte die Konvertitin Carla Amina Baghajati das Buch *Muslimin sein: 25 Fragen – 25 Orientierungen*. Sie ist die Ehefrau von Tarafa Baghajati und gründete mit ihm die *Initiative muslimischer ÖsterreicherInnen*. In der Verlagsankündigung ihres Buchs, also lange vor dessen Erscheinen, bildete das Buchcover ursprünglich eine tuchtragende und eine nichttuchtragende Muslima ab, nun zieren aber zwei fröhliche Kopftuchträgerinnen das Cover. Die 25 Antworten lesen sich höchst interessant und geben viel von dem Islamverständnis der Autorin preis. So thematisiert sie in keiner Weise tiefgehende frauenfeindliche Gelehrtenmeinungen im Islam. Wie so oft bei Konvertitinnen wird alles Negative ausschließlich auf die arabische oder türkische Herkunftskultur der muslimischen EinwanderInnen geschoben. Und so lässt sie ihre Leserinnen auch im Dunkeln tapsen, was den vergötterten Ibn Taimiya angeht. Stattdessen stellt sie klar, dass er zu Unrecht als Wegbereiter des Salafismus gilt.

Da hat ihr Ehemann den Muslimas schon einen größeren Gefallen getan. Wenn auch nicht ganz effektiv. 2009 holten er und der Menschenrechtsaktivist Rüdiger Nehberg bei Yusuf al-Qaradawi eine Fatwa gegen Female Genital Mutilation (FGM) ein. Wen wundert es schon, dass al-Qaradawi, wie im vorigen Kapitel dargestellt, seine Haltung später wieder über Bord warf. Wenn es dem Image dient, erlässt Islamist schon einmal eine Fatwa. Aber nur, solange die eigenen Anhänger nicht Sturm laufen. Wie Einstein, selbst zwar auch kein Feminist, einmal treffend sagte: »Probleme kann man niemals mit derselben Denkweise lösen, durch die sie entstanden sind.« Ibn Taimiya zumindest wäre stolz auf seine misogynen Nacheiferer und Nacheiferinnen gewesen. Und so erklärt Frau Baghajati lieber, warum Muslime sich nicht die Hände reichen und der Koranübersetzer Muhammad Asad mit seiner Kopftuch-ist-keine-Pflicht-Interpretation daneben lag, als sich den eigentlichen Problemen zuzuwenden. Großartige Leistung!

Die Logik dieser Strategie zeigt, wie stark die Frauen die jahrhundertealten tradierten Geschlechterrollen durch alle Kulturen hindurch bereits verinnerlicht haben und je nach Gruppierung religiös begründen. Auch viele Jahrzehnte nach der Unabhängigkeit vom verhassten Kolonialismus herrschen noch immer die Hierarchien der Klassen, Eliten und Geschlechter. Die Frau hat sich, als Letzte in der Gesellschaft, zuallererst dem Mann unterzuordnen, selbst wenn sie über Einfluss und Status verfügt. Sei es nun in der Familie oder in einem politischen Amt. Vor allem soll sie im Interesse der Muslimbruderschaft handeln, sodass es kaum verwundert, dass die ehemalige ägyptische Abgeordnete und Muslimschwester Azza al-Garf 2008 gegen die Abschaffung der Genitalverstümmelung protestierte und sie als eine islamische Praxis verteidigte. Die Brüder protestieren übrigens nicht gegen diesen Eingriff. Dieser Brauch der weiblichen Verstümmelung kontrolliert und schränkt die Frau noch mehr ein als jede verordnete Verhüllung. In Tunesien, wo die El-Nahda agiert, ein Ableger der Muslimbruderschaft, würde diese Forderung mäßigen Erfolg haben. Tunesien ist diese Tradition im Gegensatz zu Ägypten fremd. Wenn auch salafistische Anhänger diese Praxis einführen und sich dabei auf die malikitische Rechtsschule berufen könnten, wird sie womöglich nur jene erreichen, die sich in dieser Gemeinschaft dahingehend bequatschen lassen. Eine tiefgehende Auseinandersetzung mit allen Gelehrten ist daher unabdingbar und sollte vor allem von Frauen nicht verhindert oder gebremst werden. Wenn sie schon nicht selbst eingreifen können oder als Theologinnen aktiv werden, sollten sie andere mutige Frauen nicht darin hindern und sie anfeinden.

Das Patriarchat ist weltweit präsent, wenn auch in unterschiedlicher Ausprägung. Was sich auch an dem Beispiel der jungen Ägypterin Salwa al-Husseini zeigt, die alleine den Mut hatte, ein tiefgehendes Tabu anzusprechen. 2011 kritisierte erstmals eine Frau die sogenannten Jungfräulichkeitstests, bei denen festgenommenen Frauen durch Polizeiärzte der Finger in ihre Vagina eingeführt wird. So vermehrt geschehen während der Proteste in Ägypten.

Muslimische Frauen könnten heute viel weiter sein, würden sie nicht wie die Männer den Oberflächlichkeiten nachhängen – ob bestimmte Rechte nun vom Islam inspiriert worden sind oder von einer westeuropäischen Jüdin, Christin oder Atheistin. Unfreiwillig erinnert das unaufhörliche Der-Islam-kannte-das-schon-immer-Getue an die Ricola-Werbung, in der ein Schweizer darauf beharrt, von seinem Gegenüber hören zu wollen, dass diese wohltuenden Lutschbonbons von den Schweizern erfunden worden sind. Ob Islam, Orient oder Okzident oder das Spaghettimonster, alle Kulturen und Religionen haben sich gegenseitig befruchtet, tun es noch heute und hätten ohne einander nicht zu ihren epochalen Hochzeiten gefunden.

Achtung Frauengeschichte

Um die Ursachen der heutigen Lebensumstände muslimischer Frauen auf der Welt einordnen und nachvollziehen zu können, gilt es, einen Blick in die Geschichte zu werfen. Die von muslimischen Gelehrten interpretierten islamischen Quellen führten im Laufe der Jahrhunderte nicht nur in eine politische, kulturelle und wirtschaftliche Stagnation. Den weiblichen muslimischen Vorbildern zum Trotz, allen voran Aischa, hielt man selbst so grundlegende Kenntnisse wie Lesen, Schreiben und Rechnen sowie religiöse Bildung von zahlreichen Mädchen fern. Und dies auf unterschiedliche Weise und bis heute. In Ländern, in denen keine Schulpflicht herrscht, bleiben die Mädchen daheim. Im Westen hält Mann sie von den Quellen fern und diktiert ihnen und überschwemmt sie mit erzkonservativen Ansichten.

Im Unterschied zu anderen unterprivilegierten Gruppen wären sie aber in der Lage, sich eines Besseren zu besinnen und den gewaltlosen Kampf gegen jegliche Unterdrückung im Namen des Islam anzugehen.

Wenn aber gebildete Muslimas hinnehmen, dass ein Buch mit dem Titel *Die rechtschaffene Ehefrau – Ihre Eigenschaften im Lichte von Qur' ān und Sunnah* damit wirbt, dass gegen die Frau »regelrecht eine Invasion stattfindet, eine Invasion so, wie sie zuvor noch nie stattgefunden hat«, weil »Keuschheit, Frömmigkeit, Ehre und Tugendhaftigkeit« aus der Sicht des Frauenverstehers heutzutage Fremdworte sind, dann ist das an Hohn nicht zu überbieten. Weiter heißt es hier: »Es ist zum einen eine Ermahnung für den Vater und zum anderen soll diese Abhandlung der Mutter verhelfen ein gutes Vorbild zu sein und den Vater dabei unterstützen, seine Tochter zu einem guten Heranwachsen und respektvollen Leben zu leiten.« An die Verbesserung der Rechte der Frau wird nicht gedacht, im Gegenteil geht es wieder nur darum, Mädchen und Frauen mit einer gehörigen Portion Augenwischerei zu entrechten und sie nach den eigenen moralischen Vorstellungen zu formen. Auch wenn es für jene Frauen attraktiv wirken mag, sich von den Angeboten hiesiger Gesellschaften die

Bequemlichkeit zu erhoffen, Verantwortung abgeben und sich in der Rolle der Hausfrau und Mutter oder akademischen Untergebenen einrichten zu können – was keiner Frau verwehrt sein soll –, kann und darf diese nicht zum allein gültigen Konzept einer säkularen und pluralistischen Gesellschaft werden. Und schon gar nicht darf es zu einer als islamisch deklarierten Gesellschaft führen, die alles Weibliche in der Geschichte des Islam und den Gleichberechtigungssinn der Offenbarungen negiert. 'Abdurrazzaq bin 'Abdulmuhsin al-Badr, der Autor dieses Machwerks, und Eyad Hadrous, sein Übersetzer aus Berlin, folgen – wenig überraschend – dem Salafismus.

Ohne Frage herrschen Konkurrenzdenken und Benachteiligung unter Geschlechtern auch in Industriestaaten vor, davon zeugen Genderdebatten allzu oft. Ich halte diese für äußerst notwendig, auch wenn sie von so manchem als lästig empfunden werden und einen immer wieder das Gefühl beschleicht: »Bitte nicht schon wieder!« Doch daran wachsen Gesellschaften und entwickeln sich. Dennoch sind die Lebensbedingungen innerhalb eines Sozialstaats (selbst für Mitglieder der Unterschicht) nicht mit denen in Entwicklungsländern zu vergleichen.

Geschlechterungerechtigkeit soll nicht all den weltweit unterentwickelten Bevölkerungen oder einer Religionsgemeinschaft in die Schuhe geschoben werden. Schließlich sind es einige wenige, die für diese Bevölkerungsgruppen entscheiden. Vor allem aber ist es im Laufe der islamischen Geschichte zahlreichen muslimischen Gelehrten gelungen, Frauen aus einer einstmals emanzipatorischen Ausgangslage dorthin zu verdrängen, wo zahlreiche Muslimas heute unvorteilhaft und zum Teil in einigen Regionen entrechtet stehen.

Mit dem Tod des Propheten wurden die Frauen schrittweise aus den Moscheen, von der politischen Einflussnahme, vom

Schlachtfeld, kurzum generell aus dem öffentlichen Leben entfernt und ins Heim oder in den Harem verbannt. Wird überliefert: »Verwehrt den Frauen Gottes nicht den Zutritt zu den Moscheen Gottes«[21], so bedeutet dies, dass zu Zeiten des Propheten alle gemeinsam gebetet haben. Es gab keine getrennten Räume. Frauen beteiligten sich an den Diskursen – auch mit dem Propheten. Doch der persische Hadithgelehrte Imam Nissai, der von 829 bis 915 n. Chr. lebte, machte sich ungefragt die Mühe, eine neue Ordnung zu schaffen. Der hanbalitische Gelehrte Imam Ibn al-Dschawazi, der von 1116 bis 1201 in Bagdad lebte, ging sogar so weit, dass er erklärte, die Gebete eines Mannes, der hinter einer Frau betet, würden nicht erhört. Der indische Gelehrte Mohammed Sadiq al-Qannudschi setzte noch eins drauf, indem er festlegte, für wen das Freitagsgebet in der Moschee nicht verpflichtend war: für Kinder, Sklaven und Frauen. Es war kein Prophet mehr da, der sich schützend vor die Frauen hätte stellen können. Und wie alle Muslime wissen, wird auch kein Prophet oder gar Prophetin mehr folgen und den Frauenhass jener Muslime in die Schranken weisen und die Ausgrenzung der Frauen verurteilen. Dies ist wohl auch jenen misogynen Herren bewusst, mit deren Islam-Auslegungen Frauen heute weltweit zu kämpfen haben. Stattdessen maßte sich das Mannsvolk an, Anspruch auf die Propheten-Nachfolge zu erheben und zu behaupten, Gottes Willen auf Erden zu vollstrecken. Selbstverständlich völlig uneigennützig.

Im bürgerlichen Raum oder im aristokratischen Harem sollten Frauen fortan nur noch den Männern zur Unterhaltung und Befriedigung dienen und für die Nachkommenschaft sorgen. Für die Bildung der Jungen und die Versorgung der Frauen gab es Lehrer und Sklaven und andere Bedienstete. Auch wenn es durchaus vorkam, dass Frauen im Harem eine Erziehung genossen, zu der das Dichten, die Musik und auch die Religion gehörte, wurde dieses Recht nur einer sehr kleinen und auserwählten Zahl von Frauen zugesprochen. Und noch heute gibt es unnötig viele Mädchen, die keinen Zugang zu Bildung haben und die somit zu unmündigen Erdenbürgern heranwachsen. Mädchen, die auf Bildung bestehen, setzen in einigen Ländern gar ihr Leben aufs Spiel, wie der Fall der Pakistanerin Malala Yousafzai 2012 gezeigt hat. Sie wurde von pakistanischen Talibanterroristen gezielt angeschossen und überlebte wie durch ein Wunder den misogynen Anschlag. Andere verlassen – nicht immer freiwillig – bereits nach wenigen Jahren mittelmäßige Schulen mit rudimentären Kenntnissen.

Der Arabische Frühling, der sich rasch zum Arabischen Herbst entwickelte, ließ in Ländern wie Ägypten die Demonstranten und Demonstrantinnen auf dem Tahir-Platz lauthals »Brot, Freiheit, Menschenwürde« rufen. Die grundlegendsten Bedürfnisse wurden von Menschenmassen in den öffentlichen Raum katapultiert. Bis zum heutigen Tag, 79 Jahre nachdem Ägypten seine Souveränität zurückerhalten hat, ist es den Machthabern nicht gelungen, ihr Volk auch nur mit den elementarsten Grundrechten zu versorgen, geschweige denn Rechtsstaatlichkeit walten zu lassen. Gerade der untere und mittlere gebildete Mittelstand fiel unter Nasser nach hinten weg, was einigen den Weg in den Islamismus ebnete – mit all seinen Ausformungen, bis hin zur Anwendung von Gewalt, die wir heute in Gestalt der Terrormiliz Islamischer Staat wüten sehen. Weder die Moderne, von der nur ausschließlich die Herrschenden, das Militär und eine kleine Elite profitierten, noch die Kolonialmächte verbesserten je grundlegend die Verhältnisse. Stattdessen bereicherten sich die Eliten auf Kosten der einfachen Bevölkerung, die zum Teil bis heute unter menschenunwürdigen Zuständen ihr Leben fristen muss.

Familien hausen auf Friedhöfen und leben Kopf an Kopf neben Totengräbern. Auch wenn dies einigen Muslimen nicht gefällt, es entspricht auch dem Gedanken der alten Kalifen, die die *ammah* als das niedere Volk ansahen, das keinen Anspruch hatte, Einfluss auf Politik zu nehmen. Nicht einmal als Wählerschaft, wie wir es aus der Demokratie kennen. Hierfür waren die auserwählten Köpfe der *ahl al-hall wal-'aqd* und die *shûra* vorgesehen. Bestenfalls dient das einfache Volk als auszubeutende Masse, als Arbeitskräfte, die man um ihren Anteil an den Landesressourcen und Gewinnen bringen konnte. Der Suezkanal beispielsweise erwirtschaftete allein im Jahr 2014 5,4 Milliarden Dollar Gewinn. Deutschland zahlte 2012/2013 353 Millionen Euro an Entwicklungshilfe. Das Durchschnittseinkommen pro Monat beläuft sich hingegen auf 683 Euro. Wohin alles Geld sickert, wissen die Regierenden am besten.

Die heutigen modernen muslimischen Staaten sind ein undurchdringbares und undurchdachtes Konstrukt; geprägt vom Machterhaltungsdrang, der den alten Geist von Obrigkeit und Fußvolk aufrechterhält, ohne sich je mit Fragen der sozialen Gerechtigkeit auseinanderzusetzen. Wenn auch westliche Staaten durch die Unterstützung autokratischer Herrscher keine rühmliche Rolle spielen, liegt es immer noch in den Händen der jeweiligen Elite, die Mehrheit des Volkes nicht weiter von oben herab zu betrachten und endlich Gerechtigkeit walten zu lassen. So wie nicht überall Islam drin ist, wo Islam draufsteht, so steckt nicht überall Demokratie drin, wo es in der Verfassung steht. Wahlen dienen meist allein dem Showzweck. Demokratie wird inszeniert, nicht gelebt oder begriffen. Während hierzulande zu Recht für den Erhalt der Hebammenversorgung protestiert wird, können ägyptische Frauen von einer regelmäßigen gynäkologische Grundversorgung nur träumen. In Ägypten ist die Belästigung der Frau – egal ob verhüllt oder nicht – ein gravierendes Problem, das den Namen Psychoterror verdient. Eine einfache Busfahrt, ein kurzer Gang zum Bäcker oder der Weg zu Schule, Universität oder zur Arbeit gerät zum Spießrutenlauf, der im schlimmsten Fall in Vergewaltigung mündet. Während des sogenannten Arabischen Frühlings wurde mitten auf dem Tahir-Platz versucht, die *France-24*-Korrespondentin Sonia Dridi vor laufender Kamera zu entkleiden. Der Soziologe Ahmed Yehia Hamid von der Suez-Universität erklärt den abfälligen Blick auf die Frau und den Umgang mit ihr mit der Ideologie der Muslimbruderschaft: »Das Gedankengut der Muslimbrüder ist der eigentliche Grund für die sexuellen Belästigungen. Sie sehen in der Frau ein Wesen, das nur zur Befriedigung der Lust existiert. Das Haar der Frauen, ihr Aussehen, ihre Stimme, ihre Kleidung ist ›unrein‹ ja, sogar ihre bloße Anwesenheit in der Gesellschaft von Männern. Sie haben die Frauen insgesamt für ›unrein‹ erklärt.«[22]

Schriften, die dieses Denken nähren und ihm als theologische Grundlage dienen, sind zahlreich vorhanden. Auch hierzulande. Der viel zitierte und rezipierte Abu Hamid Muhammad ibn Muhammad al-Ghazali, bekannt als Imam al-Ghazali, der 1050 im persischen Maschhad geboren wurde und 1111 verstarb, schrieb in seinem Werk *Neubelebung der Religionswissenschaften* sehr bezeichnend: »(…) der Geschlechtstrieb ist nur geschaffen als wirkender Anreiz, welcher gewissermaßen die Aufgabe hat, beim männlichen Teil die Ausstreuung des Samens und beim weiblichen dessen Aufnahme ins Erdreich zu veranlassen.«[23] Aber auch sein Werk *Das Buch der Ehe* lässt jedes Paschaherz höher schlagen. So erklärt er seinen männlichen Lesern die fünf Vorteile des Heiratens: »Erzielung von Nachkommenschaft, Beruhigung der Sinnlichkeit, Führung des Haushaltes durch die Frau, Vermehrung der verwandtschaftlichen Beziehungen und die mit der Sorge um die Familie verbundene Selbstüberwindung«.[24] Es leuchtet ein, warum sich gerade die islamistischen Reformer gerne auf ihn beziehen und andere Gelehrte eher ausblenden. Auch Tariq Ramadan, die vermeintliche Hoffnung des Westens, was einen zeitgemäßen Islam angeht, ist al-Ghazali verfallen – und damit auch jene Schar naiver junger Mädchen, die fast alles glaubt, was Ramadan von sich gibt. Aber auch der Osnabrücker Professor und Leiter Bülent Uçar findet: »Islam braucht keinen Luther, wie immer wieder in deutschen Medien bevormundend von zumeist nichtmuslimischen Autoren eingefordert, sondern Männer und Frauen im Schlage Gazalis, die den Gelehrtendiskurs und die Islamische Bildungstradition innovativ weiterdenken.«[25] Al-Ghazalis Gedanken entsprechen vortrefflich all den angstbehafteten Vorstellungen von der Frau, die einer eingeschüchterten männlichen Seele entsprungen sind. Wir Frauen erscheinen so übermächtig in unserer allzeit fordernden Sexualität, dass Frau unweigerlich zu dem Schluss kommen muss, dass all die Abfälligkeiten einer sexuellen Versagerangst geschuldet sein muss. Die Frau, die Befriedigung einfordert, könnte durch den Mann unbefriedigt bleiben. Diese unersättlichen weiblichen Objekte, die so verführerisch und stark sind, gilt es zu kontrollieren. »Denn wenn die Sinnlichkeit übermächtig und nicht durch eine starke Gottesfurcht in Schranken gehalten wird, so führt sie zu Ausschweifungen.«[26]

Was liegt näher, als dass der Mann wie bei einem wilden Tier die Bändigung einfordert? Und die Tiervergleiche sind bei vielen dieser Gelehrten und Denker beliebte Werkzeuge ihrer verqueren, weinerlichen Logik. Dem hinterwäldlerischen Denken zahlreicher muslimischer Gelehrter, die erst die Grundlage geschaffen haben, auf die sich unreife und misogyne Männer beziehen, ist das furchtbare Islam-Image zu verdanken, unter dem nicht nur Kinder und Frauen seit Jahrzehnten am meisten leiden, sondern das zum Teil von Frauen selbst weitertradiert wird, die sich durch Unterwürfigkeit Anerkennung erhoffen. Jahrhunderte später greifen die Herren Denker auf die Zeilen ihres Genossen zurück und zeigen sich von der arrogantesten Seite gegenüber allen Frauen, zu denen auch die eigenen weiblichen Familienangehörigen zählen. Die kaum zu übersehende Frauenverachtung ist etwa aus dem 1959 erschienenen Buch *al-Mar'a fi al-Qur'ān* (Die Frau im Koran) des ägyptischen Schriftstellers und Dichters 'Abbas Mahmud al-'Aqqad herauszulesen, das die Notwendigkeit der weiblichen Bändigung mit einem beliebten Gleichnis aus der Tierwelt darstellt: »Im gesamten Tierreich hat das Männchen die biologisch bedingte Macht, das Weibchen zu zwingen, seinen instinktiven (d.h. sexuellen) Befehlen zu folgen. (…) Es gibt kein Beispiel, das diese Macht eher den Frauen als den Männern zukommen ließe.«[27]

Amina El Azhary Sonbol, Professorin für islamische Geschichte und Recht an der Georgetown University, erläutert in ihrer Publikation *Women of Jordan: Islam, Labor, and the Law,* wie sich die meisten modernen *fuqaha'* (Gelehrte), die den Diskurs über Frauen und Berufstätigkeit behandeln, ihren Vorgängern in der Frage einer vermeintlich schädlichen Geschlechterdurchmischung und Moral anschließen. Eine Frau könne ihnen zufolge nicht dieselbe Tätigkeit wie ein Mann ausführen. Als ob es nicht eher von der Erlaubnis des Ehemannes abhinge, konstatiert El Azhary Sonbol.

Die Begründungen zur Verdrängung aus dem öffentlichen Raum speisen sich aus der Stupidität eines biologistischen Verständnisses von Geschlechterrollen. Diese männlichen Genies kommen dabei zu besonders genialen Schlüssen, die einen nicht minder genialen Resonanzboden in allen Bildungsschichten weltweit finden. Al-'Aqqad schreibt weiter: »Die Frau hat sich seit der Vorgeschichte mit der Herstellung von Essen beschäftigt. (…). Sie liebt Essen. Und sehnt sich besonders während der Schwangerschaft besonders nach Vorspeisen (…). Aber auch nach Tausenden von Jahren erreicht sie nicht die Kompetenz eines Mannes, der dafür nur ein paar Jahre braucht. Noch ist sie in der Lage, wie er die Vervollkommnung eines Mahls zu erreichen oder etwas Neues zu kreieren oder altes zu verbessern. Sie ist auch nicht in der Lage, eine Küche mit mehreren Mitarbeitern, ob männlich oder weiblich, zu koordinieren.«[28]

Um die Vormachtstellung des muslimischen Mannes noch deutlicher hervorzuheben, wendet Mann sich gerne einem Koranvers zu, genau genommen einem Satz in einem Vers. Es handelt sich um Sure 2, Vers 228: »doch die Männer haben ihnen (Frauen) gegenüber einen gewissen Vorzug«. Beflissentlich werden alle weiteren, in großer Zahl existierenden Koranverse außer Acht gelassen, die von der Gleichwertigkeit von Mann und Frau sprechen. In diesem Fall kommt hinzu, dass der komplette Vers einfach ausgeblendet wird. Mann hat sich trotz besseren Wissens einfach das herausgepickt, was ihm in den ideologischen Kram passte. Vollständig zitiert heißt es: »Geschiedene Frauen sollen drei Perioden abwarten. Und es ist ihnen nicht erlaubt zu verheimlichen, was Allah in ihrem Mutterleib erschaffen hat, wenn sie an Allah und den Jüngsten Tag glauben. Und ihre Ehemänner haben ein größeres Anrecht sie zurückzunehmen, wenn sie eine Aussöhnung wollen. Und ihnen (den Frauen) steht in rechtlicher Weise (gegenüber den Männern) das gleiche zu, wie (den Männern) gegenüber ihnen. Doch die Männer haben ihnen gegenüber einen gewissen Vorzug. Und Allah ist allmächtig und weise.«

Dieser Vers sowie die Verse davor und danach behandeln die Themen Heirat, Sexualität sowie Scheidung, Schwangerschaft und Verantwortung gegenüber den Frauen. Die Männer werden hier eindeutig gegenüber den Frauen in die Pflicht genommen, und somit stehen sie in den an sie gestellten Anforderungen in der Tat über den Frauen. Aber nicht in ihrer Wertigkeit. Denn wenn eine Frau nach einer Trennung oder anstehenden Scheidung schwanger von ihrem Ehemann beziehungsweise Ex-Mann ist, hat er sich gegenüber der Mutter seines werdenden Nachwuchses zu verantworten. Wie eine Wiederheirat zu handhaben ist, lässt sich in Vers 229 nachlesen: »Die (widerrufliche) Scheidung ist zweimal (erlaubt). Dann (sollen die Frauen) in rechtlicher Weise behalten oder in ordentlicher Weise freigegeben (werden). Und es ist euch nicht erlaubt, etwas von dem, was ihr ihnen gegeben habt, (wieder) zu nehmen, außer wenn die beiden fürchten, dass sie Allahs Grenzen nicht einhalten werden. Wenn ihr aber befürchtet, dass die beiden Allahs Grenzen nicht einhalten werden, dann ist für die beiden keine Sünde in dem, womit (an Geld) sie sich löst. Dies sind Allahs Grenzen, so übertretet sie nicht! Wer aber Allahs Grenzen übertritt, diejenigen sind die Ungerechten.«

Es braucht schon eine gehörige Portion Fantasie, hier eine männliche Überlegenheit und Überbewertung des Männlichen hineinzulesen. Doch wenn männliche Gelehrte unter sich bleiben – und darin waren sie über Jahrhunderte sehr erfolgreich –, gibt es keine Frauen, die ihnen auf die Finger klopfen oder ihnen mal die Leviten lesen können.

Der Ruf der Frau steht für viele Menschen nicht nur in muslimischen Regionen stellvertretend für den Ruf einer ganzen Gesellschaft. So gelten Marokkanerinnen und Tunesierinnen zum Beispiel trotz ihrer traditionellen Staaten und Gesellschaften als so freizügig wie in keinem anderen arabischen Land, sodass man sie gerne als die Prostituierten der arabischen Welt wahrnimmt. Saudi-Arabien brachte es sogar fertig, Marokkanerinnen unter fünfzig die Einreise für die *hadj* und *'umra* zu verwehren[29], da man ihnen unterstellte, anstatt Pilgerfahrt zu betreiben, der Prostitution nachzugehen. Saudische Kleriker gingen gar so weit, ihren Männern Ehen mit Frauen aus dem Tschad, Pakistan oder Birma zu verbieten[30]. Für Marokkanerinnen gibt es eine Ausnahme, sofern sie eine Art Frauen-TÜV bestehen. Sie müssen vor einer Heirat einen medizinischen Nachweis erbringen, der ihnen bescheinigt, weder drogenabhängig noch krank zu sein. Des Weiteren müssen sie ein Führungszeugnis vorlegen. Tunesierinnen werden laut einer 2015 vom saudischen Salafistenprediger Muhammad Salih al-Munajjid ausgegebenen Fatwa gar als haram für muslimische Männer erklärt und dürfen nicht geehelicht werden. Aus einem ganz einfachen Grund: Sie seien zu geschwätzig und stellten Anforderungen. Dass einer islamischen Eheschließung immer ein Ehevertrag vorausgeht, in dem die Frau unter anderem ihre Bedingungen eintragen lässt, hat Herr Einfallspinsel vor lauter Moralaufrechterhaltung übersehen. Darüber hinaus führt er auch an, dass die tunesische Frau sich nicht gegen die von Präsident Habib Bourguiba eingeführten Gesetze zur Wehr gesetzt habe. Der Tunesierin ist nämlich seit 1959 die Abtreibung ohne Angabe von Gründen möglich – in dieser Angelegenheit war ein arabisch-afrikanisch-muslimisches Land weiter als so manche westlichen Staaten bis heute, wenn wir an Liechtenstein, Irland oder Monaco denken. Zudem ist in Tunesien Frauen die Adoption von Kindern erlaubt, dem Mann hingegen die Polygamie gänzlich verboten. Ja, wer als Frau das nicht ablehnt, ist für einen despotischen und selbstgerechten Mann in der Tat nicht die richtige Partie. Für diese Erkenntnis hätte al-Munajjid sich allerdings nicht extra mit einer Fatwa abmühen müssen.

Würden nicht weltweit Millionen von Menschen dieser salafistischen Lesart folgen, könnten diese Positionen unbeachtet bleiben. Doch die Salafisten finanzieren mit ihren Petrodollars nicht nur die Spaltung zwischen Muslimen weltweit. Nein, sie verreisen in arabische Staaten, um Frauen und Männer gleichermaßen zu ihren Sexarbeitern zu machen. Bücher, Medienberichte, Filme oder die temporären DolmetscherInnen und Angestellten dieser Herrenmenschen geben Zeugnis über ihre Perversionen und willkürlichen Gewalttätigkeiten. Hierzulande gehen Anwälte und Manager zum bezahlten Auspeitschen in den Sado-Maso-Keller. Der pädophile Mann vom Golf schnappt sich seinen Geldkoffer und besucht schon mal Flüchtlingscamps, um sich eine blutjunge Jungfrau zu kaufen – eine »Braut« und »Ehefrau« auf Zeit wohlgemerkt. Die Schiiten kennen die *mut'a,* die Zeit- oder Genussehe, schon länger, während die Ägypter erst 1999 und die Saudis 2006 mit ihrer *misyar* auf den Zug gesprungen sind. Zu verdanken haben die ägyptischen und saudischen Männer es ihren Geschlechtsgenossen, die wie immer ein Auge für das Wohl des Mannes haben. Während in Saudi-Arabien gleich der ganze Fatwa-Rat zu diesem bahnbrechenden Entschluss kam, dürfen sich die Männer in Ägypten bei dem Al-Azhar-Mufti Muhammad Sayyid Tantawi bedanken[31]. Jenem Tantawi, den westliche Medien dafür feierten, dass er 2009 an allen Al-Azhar-Fakultäten einen Erlass gegen den Niqab verabschiedete. Mit der Begründung, dieser stelle eine veraltete Tradition dar, sei aber keine Pflicht. Im Gegensatz zum Kopftuch, dass nicht einmal ein koranisches Gebot ist, aber dennoch auch von ihm als verpflichtend angesehen wird. Die Logik ist einmal mehr an Intellektualität kaum zu übertreffen. Sechs Jahre zuvor unterstützte Tantawi in Frankreich das laizistische Kopftuchverbot, da die Mädchen den französischen Gesetzen gehorchen sollten. Es gilt, sich die machtpolitischen und frauenverachtenden Marionetten stets genauer unter die Lupe zu nehmen, bevor Lobeshymnen im Namen der Frauenbefreiung angestimmt werden. Das gilt für die muslimische wie nichtmuslimische Seite. Wen wundert da also sein großes Herz in Sex-Fragen fürs Mannsvolk.

Andere Gelehrte lehnen indes die Zeitehe ab, da sie darin eine andere Form der Prostitution erkennen. So das Egyptian Centre for Women's Rights, das nicht nur eine Verschlechterung der Familien- und Jugendwerte feststellt, sondern auch, dass die saudische Fatwa die Tür zu noch mehr extremen religiösen Interpretationen öffnet. Von den verschiedenen Formen der sexuellen Beziehungen außerhalb der Ehe könnte aufgrund der Fatwa etwa behauptet werden, es handele sich bei ihr um eine Art von Ehe, der Namen wie zum Beispiel heimliche Ehe, Schokoladen-Ehe oder Blut-Ehe zustünden. Saudi-Arabien hält ein weiteres Schmankerl für die Männer bereit, die *nikah bi niyyatu t-talaq* – die Zeitehe mit der Absicht zur Scheidung, unterschieden von der schiitischen Variante, die eine vorgeschriebene Ehedauer vorsieht. Zwischen einer Stunde und 99 Jahren. Dabei ist eine abgesprochene *mahra* (Brautgabe) der Angetrauten ebenso zu entrichten. Des Weiteren können im Vertrag Sondervereinbarungen festgehalten werden, die es in einer klassischen Ehe nicht gibt, etwa eine bestimmte Einschränkung der Sexualität.

In beiden sunnitischen Versionen der Zeitehe hat die Frau auf alle ihre bei einer üblichen Eheschließung zustehenden Ansprüche zu verzichten. Die *misyar* wird vor allem von Frauen geschlossen, die verwitwet oder geschieden sind und in stark patriarchalen Gesellschaften kaum eine Chance auf eine übliche Ehe haben. Gerne werden diese Frauen als Gebrauchtware betrachtet, mit der Mann auch ruhig eine Affäre eingehen kann, da sie ohnehin kein Mann einer unerfahrenen Jungfrau vorziehen würde oder weil diese Frauen in einer Gesellschaft, die alleinstehende Frauen nicht respektiert, einen männlichen Schutz brauchen. So heiratet eine verwitwete Frau zum Beispiel einen Metzger oder Gemüsehändler, um die Versorgung ihrer Kinder oder Familie zu gewährleisten.

Es sind vor allem die äußeren Umstände, die Frauen dazu zwingen, solch eine Ehe einzugehen. Auch junge Paare, die endlich zusammen sein möchten – vor allem sexuell –, aber kein Geld für eine gemeinsame Wohnung und eine Hochzeitsfeier haben – was wiederum von der Gesellschaft erwartet wird –, gehen solche Ehen ein, um vor der Gesellschaft oder ihrem eigenen Gewissen nichts Verwerfliches zu tun. Dies findet auch in Deutschland in Form der Imam-Ehe statt. Die beiden heiraten einfach samt Zeugen bei einem Imam, um ihr Gewissen und das der Gemeinschaft zu beruhigen – sofern dies den Eltern genügt. Denn auch einigen Eltern ist klar, dass diese Ehe keine rechtliche Bedeutung hat. Weder in Deutschland noch in irgendeinem muslimischen Land wird solch eine Ehe anerkannt. Der iranische Innenminister Mostafa Purmohammadi erklärte 2007 im Fernsehen, dass bei einer Bevölkerung, von der sechzig Prozent jünger als dreißig sind, die Zeitehen eine Möglichkeit bieten, soziale Probleme zu lösen.[32] Denn wir erinnern uns: Islam ist die Lösung. Konkret: Männer-Islam ist die Lösung für Männerprobleme. Was für die Männer kein Nachspiel hat, hat es für die Frauen umso mehr. Neben der Folge, dass zahlreiche rechtlich nicht anerkannte Kinder aus diesen Beziehen hervorgehen: Eine Scheidung macht es für die jungen Frauen nicht einfacher. Da sie, erstens, keine Jungfrau mehr sind und, zweitens, jeder in jenen muslimischen Gesellschaften weiß, dass es sich bei der *mutah* um keine klassische Eheschließung handelt, weswegen immer etwas Verachtung mitschwingt.

Die *nikah bi niyyatu t-talaq* kann sogar als hinterhältig bezeichnet werden. Denn die saudischen Kleriker geben damit ihren im Ausland studierenden Jünglingen die Erlaubnis, die Frauen dort hereinzulegen. Es wird ihnen erlaubt, Frauen für die Dauer ihres Studiums zu ehelichen und sie nach Beendigung abzuschießen. Voraussetzung ist ja gerade, dass Mann bei der Eheschließung die Absicht hat, die Frau zu einem bestimmten Zeitpunkt wieder zu verlassen. Zugegeben, die Kleriker sehen das als eine Sünde an, aber dennoch als erlaubt. Schließlich sind ihnen die Hände gebunden: Was Allah erlaubt, darf der Mensch nicht verbieten. All diese Eheformen gehen nämlich auf Sure 4, Vers 24, zurück: »Und erlaubt sind euch alle anderen, dass ihr (Frauen) sie sucht mit den Mitteln eures Vermögens, nur in richtiger Ehe und nicht in Unzucht. Und für die Freuden, die ihr von ihnen empfanget, gebt ihnen ihre Morgengabe, wie festgesetzt, und es soll keine Sünde für euch liegen in irgendetwas, worüber ihr euch gegenseitig einigt nach der Festsetzung (der Morgengabe). Wahrlich, Allah ist allwissend, allweise.«

Während die schiitische Version keine Ehe neben der *mutah* duldet, sind auf sunnitischer Seite häufig bereits verheiratete Männer auf Brautschau. Es wäre an der Zeit, dass die Kleriker bei ihren Interpretationen mehr auf den Gerechtigkeitssinn des Koran blickten und die Verse achteten, statt nur für sich Vorteilhaftes herauszuinterpretieren. Ohne Zweifel lassen sich in nichtmuslimischen Gesellschaften mehr verantwortungsbewusste und liebevolle Beziehungen beobachten, als in so manchen muslimischen Gesellschaften, die ihr ungerechtes Handeln gerne als islamisch erklären und in das Korsett Ehe pressen. Unrecht bleibt Unrecht, egal wie oft es als islamisch bezeichnet wird. Wer als Muslim in Europa immer wieder erklärt, wie verdorben es hier unter den Geschlechtern zugeht, sollte dringend vor der eigenen Haustüre kehren.

Saudi-Arabien hat die Bigotterie nicht für sich allein gepachtet. So manches Tabu wird in muslimischen Gemeinden bewusst nicht angerührt. Selbst die immer wieder gerne von der gesamten muslimischen Welt vereinnahmten Palästinenser bleiben nicht verschont. Zwar will man immerzu Israel ins Meer jagen, um das Unrecht an den Palästinensern zu sühnen – als wären damit alle Probleme aus der Welt geschafft. Aber solange Israel nicht von der Landkarte gelöscht ist, wie einst Khomeini versprach, kann man mit dem Leid vieler Palästinenser ja noch ein Geschäft machen.[33] Als die IS-Brigaden palästinensische Flüchtlingscamps südlich von Damaskus angriffen, blieb nicht nur hier in Deutschland der Ottoman-Normal-Muslim schweigsam daheim. Offenbar sehen sich nur jene Demonstranten immer nur dann genötigt, empört auf die Straße zu gehen, wenn es um jegliche Nichtmuslime vs. Palästinenser geht. Noch immer herrschen Armut und soziale Ungerechtigkeit in arabischen Ländern vor, und so lange das der Fall ist, lässt sich mit dem Leid anderer Geld verdienen, sei es in Form von Entwicklungsgeldern oder Spenden. Und so lange wird es auch mit dem ältesten Gewerbe der Menschheit, der Prostitution, die Möglichkeit geben, Familien zu versorgen oder in die Altersvorsorge zu investieren. Im Jahr 2015 thematisierte der marokkanische Filmregisseur Nabil Ayouch mit seinem Film *Zin li fik – Much Loved* den Sextourismus der Golfies in der Touristenhochburg Marrakesch. In Marokko löste der Film eine Debatte aus, wurde von restriktiv-religiösen Kräften verteufelt und unter dem Vorwand verboten, man müsse den Ruf der marokkanischen Frau schützen. Dass dieser Film vielmehr dem Image der Männer schadet, die an diesem Geschäft vortrefflich verdienen, und dass er den Freiern aus dem Golf in keiner Weise schmeichelt, wird von den temporären Frauenrechtlern mit keiner Silbe erwähnt. Und schon wieder dient die Frau als Vorwand, um vom eigentlichen Problem abzulenken. In starken und verstörenden Bildern schildert der Film den Missbrauch von Armut, gesellschaftliche

Doppelmoral und die Praxis der Pädophilie. Die Hauptdarstellerinnen sind mit allen Wassern gewaschene Kämpferinnen, die ihrer Verantwortung für ihre Familien trotz Ausgrenzung gerecht werden. Besonders absurd ist eine Szene, die sehr gut die Willkür der Männer aufzeigt, wenn es um die Interpretation der islamischen Quellen geht. Zwei saudische Freier richten sich nach einem ausgelassenen Essen mit reichlich Bierkonsum und Lästerei über europäische Freier und ihre saudischen Ehefrauen auf, entschuldigen sich bei den Prostituierten und greifen nach ihren Teppichen, um das Gebet zu verrichten. Als die Hauptdarstellerin sie auf die Absurdität ihrer Handlung hinweist, sie seien doch alkoholisiert, erklären die Freier, dass der Koran ihnen nur den Rotwein verbiete.

In den Golfstaaten geht es nicht minder herablassend zu. Regelmäßig werden dort Haushälterinnen aus den Philippinen oder Malaysia vergewaltigt, die völlig von der Außenwelt isoliert bis zum Umfallen arbeiten und, wie die Männer aus Pakistan oder Ägypten, die auf unzähligen Baustellen oder Bohrinseln schuften, als Menschen zweiter Klasse gelten. Die Golfstaaten mögen in der Region wichtige Arbeitgeber sein, doch fehlt ihnen jedes Mindestmaß an Respekt und die Anerkennung jeglicher Menschenrechte. Im Jahr 2011 erlangte ein Fall internationale Bekanntheit. Eine Indonesierin, die als Dienstmädchen arbeitete, wurde von einem saudischen Gericht zum Tode verurteilt. Sie hatte sich gegen die Übergriffe ihres Peinigers gewehrt, der im Affekt der Auseinandersetzung umkam. Sie konnte dem Urteil nur entkommen, weil die indonesische Regierung Blutgeld in Höhe von zwei Million Rial (375 800 Euro) entrichtete. Daraufhin beschloss die indonesische Regierung, keine weiteren weiblichen Arbeitskräfte mehr zu entsenden, so lange keine Lösung für diese willkürlichen Urteile gefunden wird.

In Krisengebieten wie zum Beispiel Syrien haben besonders Wollüstige ein neues Betätigungsfeld entdeckt. Mithilfe von Kupplerinnen vor Ort werden Jungfrauen, teils junge Mädchen, als Bräute gegen Bares vermittelt. Ohne schlechtes Gewissen nutzen sie das Leid der Flüchtlinge aus, die alles verloren haben und denen sie nun auch noch die letzte Würde rauben, indem sie ihre Töchter entehren und zur Vergewaltigung freigeben. Das Trauma hat sich diesen Mädchen und Frauen für immer in ihre Seelen eingebrannt. Ein Wohlstand, der ohne jegliche Anstrengung zustande kam, hat die Golfmuslime völlig vom islamischen Geist und seinen Werten entfremdet. So sehr sie und auch andere Muslime den westlichen Kapitalismus verabscheuen, sie werden sich nicht der Tatsache entziehen können, dass sie weit verlogener und abscheulicher als ihr Feindbild sind.

Die Perversionen, die durch den hochtabuisierten und lustvollen Sex vom Salafismus befördert werden, tragen auch in Istanbul ihre verdorbenen Früchte. Und wieder einmal sind es Flüchtlinge, die darunter leiden. So werden Homosexuelle und Transgender immerzu bedroht und verteufelt und zur größten Sünde erklärt – doch in einem besonders erfolgreichen Flüchtlingsbordell lassen sich Salafisten genüsslich anal befriedigen, wie mir ein Transgenderflüchtling hier in Berlin erzählte, dem die Flucht nach Deutschland gelang. Die viel beschworene Moral besteht aus abstoßend heißer Wüstenluft.

Undank ist der Staaten Lohn. Noch heute blicken viele Muslime in Europa auf ihre Herkunftsländer, denen sie sich verständlicherweise verbunden fühlen. Wenn auch ein ambivalentes Gefühl vorherrscht. Einerseits lieben sie diese Länder, andererseits sehen sie sich Europa zugehörig und heißen die Lebensumstände in ihren Herkunftsländern nicht für gut. Auch Scham schleicht sich ein. Etwa weil sie in Deutschland auf rassistische Weise mit diesen zum Teil rückständigen Ländern gleichgesetzt werden. Nach dem Motto: Kommst du aus Pakistan, wirst du eh nie die hiesigen Werte annehmen und dich weiterentwickeln oder zivilisiert sein können. Ungeachtet der Tatsache, dass in diesen Ländern zig Menschen leben, die trotz der Umstände in Menschlichkeit, Kultiviertheit und Lebensfreude den Menschen im Westen in nichts nachstehen. Auf ihrer Suche nach Halt finden manche in der Religion eine neue Heimat und Identität. Das haben sie mit ihren strauchelnden Herkunftsländern und mit vielen Islam-Konvertiten gemein. Wobei sich gerade hier die unterschiedlichen Spielarten des Salafismus freudig anbieten.

Bei all dem wird häufig vergessen, dass die Situation, wie sie heute ist, nicht immer so war. Vor weit über fünfzig Jahren sah es in vielen muslimischen Regionen nicht schlecht aus mit der Gleichberechtigung und Unabhängigkeit, die beide nach dem Zusammenbruch des Osmanischen Reichs und der Unabhängigkeit von den Kolonialmächten fest miteinander verwoben waren; allen voran in arabischen Ländern.

Der Kampf um Unabhängigkeit von Fremdherrschern war immer auch ein Widerstand, den die Frauen vor Ort unterstützten. Zum Teil unter Einsatz ihres Lebens. Im acht Jahre währenden Unabhängigkeitskrieg der Algerier und Algerierinnen schmuggelten Frauen unter ihrem Haik nicht nur die Waffen der Unabhängigkeitskämpfer, sie dienten für den Front de Libération Nationale (FLN) auch im bewaffneten Kampf. Die Freude war groß, als 1962 die Unabhängigkeit erlangt war. Endlich waren sie befreit und durften ihr Land selbst verwalten und regieren. Nach zwei Regierungschefs putschte sich 1965 der damalige Verteidigungsminister Houari Boumedienne an die Macht. Eine forcierte Verstaatlichung und die Öffnung zum Ostblock sollten helfen, die wirtschaftliche Abhängigkeit von Frankreich zu überwinden.

Doch die Demokratisierungsbemühungen und die Trennung von Staat und Partei standen lediglich auf dem Papier. Soziale und wirtschaftliche Gerechtigkeit wurden trotz der Erdgasvorkommen kaum verwirklicht. Vielmehr führten Korruption und Misswirtschaft das Land in eine große Depression.

Den Frauen hatten sich durch das sozialistische System vor allem die Tore zur Bildung geöffnet. Algerierinnen gehörten zu den modernsten und gebildetsten Frauen in der arabischen Welt. Allerdings gab es weiterhin Defizite. Zwar existierte kein Schleierzwang, dennoch waren die Frauen rechtlich den Männern untergeordnet. Selbst eine Gesetzesreform im Jahr 2005 verbesserte ihre Stellung in diesem Punkt nicht. Das Fehlen des Schleiers bedeutete nicht automatisch Gleichberechtigung, vor allem, wenn es um Heirat oder Scheidung ging, um das Sorgerecht für die Kinder oder um Erbschaftsangelegenheiten. Die großen Visionen des Landes sollten sich nicht realisieren. Algerien standen noch blutige Jahre bevor, für die Frauen ein großer Schritt zurück in eine Zeit der Unterdrückung.

Die algerische Autorin und Feministin Fadéla M'rabet schrieb 2003: »Ich habe den Eindruck, dass ich vor 69 Jahren geboren wurde und von den immer selben Dingen die Rede ist und ich zu den immer selben Dingen spreche. Dem Schleier, der Polygamie, die Verstoßung.« Die Tochter eines Ulema (Religionsgelehrten) wurde in Skikda geboren und von ihrem Vater nicht nur als erstes Mädchen in die Schule geschickt, sie ging zum Studieren sogar nach Straßburg. Unter anderem verfasste sie die Bücher *La Femme algérienne* (1965) und *Les Algériennes* (1967), die sich mit der Unterdrückung der algerischen Frau beschäftigten. Mit dem Zusammenbruch der Sowjetunion wuchsen die sozialen Missstände im Land, und damit erstarkten auch islamistische Gruppierungen, die mithilfe saudischer Hilfe in Algerien Fuß fassten. Der

Salafismus trat auf die internationale Bühne und schränkte, je nach Standort mit unterschiedlichem Tempo, unsere Menschen- und Frauenrechte ein. Als die Front islamique du salut (FIS) 1991 die Wahlen gewann, die aber auf Druck des Militärs annulliert wurden, brach kurze Zeit später ein Bürgerkrieg aus, der durch das brutale Wüten der Islamisten mehr als 100 000 Menschenleben kostete. 1998 regte Osama Bin Laden die Gründung der Groupe Salafiste pour la Prédication et le Combat (GSPC) an, um den Dschihad gegen die Staatsführung anzuführen. Diese Jahre des blutigen Terrors verhinderten es übrigens, dass der Arabische Frühling in Algerien Fuß fassen konnte. Eine erneute Destabilisierung wollte nach so viel Schrecken niemand mehr riskieren. Auf der Strecke blieben die Minderheiten und die Frauen.

Aber nicht nur die Algerierinnen sollten wegen ihres Einsatzes für mehr Unabhängigkeit am Ende in die hinteren Reihen verwiesen werden. Der Traum von einem iranischen Staat ohne einen übermächtigen Schah, der das Land dem Westen zum Ausverkauf überließ, gegen seine Gegner brutal vorging und mit seiner Familie und seiner Entourage in unermesslichem Prunk lebte, während ein Großteil der Bevölkerung in bitterer Armut dahinvegetierte, sollte sich nach der Revolution von 1979 in einen Albtraum verwandeln. Auch im Iran sollte eine vom Schah initiierte Entschleierung der Frau als Zeichen der Emanzipation in erster Linie ein Scheineffekt bleiben. Das Recht der freien Kleidungswahl verstanden viele einfache Bürgerinnen und Bürger lediglich als Eingriff in ihr Selbstbestimmungsrecht. Verunsicherten und einfachen Frauen den Schleier öffentlich herunterzureißen ist genauso wenig im Sinne der Frau, wie ihnen diesen aufzuzwingen oder perfide einzureden. Die spätere Revolution erfüllte bekanntlich die wenigsten Versprechungen. Waren Kommunisten, Sozialisten und Religiöse gegen Mohammed Reza

Pahlevi zunächst zu einem Bündnis vereint, gingen aus der Revolution von 1979 nur die Islamisten als Sieger hervor. Jegliche Absprachen mit anderen politischen Gruppen wurden für nichtig erklärt. Die Mullahs hielten es dabei ähnlich wie Hitler nach der demokratischen Machtergreifung. Wer nicht mit ihnen war, war gegen sie. Den allmächtigen Schah war man nun los, doch der nächste Herrscher hatte sich die allumfassende Macht bereits gesichert. Ayatollah Khomeini nutzte die Gunst der Stunde und rief die »Islamische Revolution« aus. Gegenproteste und weiteres Chaos waren die Folge, was der einfachen Bevölkerung, vor allem aber den Religiösen nur gelegen kam, um gut organisiert die eigene Macht mit aller Brutalität durchzusetzen.

Der Jurist, Sprachwissenschaftler und zum Mullah ausgebildete Ahmad Kasravi war bis zu seiner Ermordung 1946 in Teheran ein mutiger Kritiker der Kleriker und sprach sich für eine Säkularisierung des Iran aus. 1890 in Täbris geboren, hatte er in seinen Werken unter anderem den Machthunger und den Lebensstil der Prediger kritisiert, die sich »mit dem Erzählen von Lügengeschichten ein bequemes Leben machen, während die ungebildete Bevölkerung in Armut lebt«.[34] In seinen Schriften wandte er sich gegen den schiitischen Klerus und kritisierte die Überbetonung des Dichters Hafis. Mit der Gründung der Universität Teheran erreichte ihn das Angebot einer Professur, das allerdings an eine Bedingung geknüpft war. Er sollte sich von seinen kritischen Artikeln zur iranischen Literatur distanzieren. Er lehnte ab. Doch seine Hauptkritik, die ihm wohl später das Leben kostete, richtete er an den schiitischen Klerus und dessen politischen Machtanspruch. Die Versuche des Klerus, direkten Einfluss auf politische Entscheidungen auszuüben und auch selbst politische Ämter zu übernehmen, stellte eine Gefahr für den iranischen Staat dar.

Der iranische Historiker Abbas Milani schreibt über Kasravi: »Vier Jahrzehnte vor der Gründung der Islamischen Republik machte Kasravi darauf aufmerksam, dass der schiitische Klerus behaupte, dass die Macht im Staat ihm gehöre, und dass jede andere Regierungsform letztlich illegal sei. Seine Warnungen wurden in den Wind geschlagen.«[35] Eine Tragik, die sich kaum in Worte fassen lässt. Denn mit der Gründung der Islamischen Republik begannen für die politischen Gegner und Kritiker erneut harte Zeiten. Repressionen, Verhaftungen, physische und psychische Folter standen auf der Tagesordnung. Nun allerdings im Namen Gottes. Als Khomeini 1988 eine geheime Fatwa erließ, in deren Folge mehrere Tausend iranische Bürger ohne Urteil hingerichtet wurden, fand der Totalitarismus seinen Höhepunkt. Bis heute gibt es keine offiziellen Untersuchungen zu den Verbrechen, viele Funktionäre von damals sind weiterhin im Amt und genießen Immunität.

Unter den Opfern befanden sich auch zahlreiche Frauen, die gefoltert, vergewaltigt und ermordet wurden. Es gab keine Gnade. Für den Rest der weiblichen Bevölkerung wurde die Frauenunterdrückung staatlich geregelt. Alles auf Grundlage zurechtgelegter islamischer Quellen. Auch wenn unter dem Schah eine temporeiche und zum Teil hochgradig oberflächliche Modernisierung vorgenommen wurde, die es selbst dem einfachen Kebab-Händler verbot, seine Waren weiter zu verkaufen, war es der Schah, der den Frauen das Tor zur Unabhängigkeit öffnete. Er gewährte ihnen den Zugang zur Bildung, wenn auch in ländlichen Regionen nicht alle erreicht werden konnten. Und er schreckte – im Gegensatz zum Westen – auch nicht davor zurück, iranischen Frauen bedeutende Ämter in staatlichen und politischen Institutionen zu erlauben. In Ägypten war es Frauen bis weit ins 21. Jahrhundert nicht möglich, ein Richteramt zu bekleiden. Schon im Jahre 1969 trat im Iran eine Frau das Amt an.

Dabei handelte es sich um keine Geringere als die spätere Friedensnobelpreisträgerin und Frauen- und Kinderrechtlerin Shirin Ebadi, die heute im Exil in Großbritannien leben muss. Da die neuen theokratischen Machthaber Männer waren und die Gesetze des Landes nun, wie sollte es auch anderes sein, nach den männlich-islamischen Rechtsquellen erließen, wurde sie 1979 aus dem Amt vertrieben. Die Gnade der Herren war allerdings so groß, dass sie ihr die Möglichkeit gaben, als Sekretärin beim Gerichtshof zu arbeiten, den sie vorher geleitet hatte.

Was sollten die neuen Machthaber auch anderes tun? Sie sind doch nur die Knechte des Allmächtigen. Und eine Frau kann einfach keine Richterin sein. Warum? Das erklärt Ayatollah Dr. Beheschti in einem Interview[36], das auf der Website Enzyklopädie des Islam, eslam.de, zu lesen ist. Fatima und Mihriban Özoguz, Autorinnen des Buchs *Faszination Frau im Islam*, haben dieses Interview aus einer iranischen Frauenzeitschrift übernommen. Ayatollah Beheschti war übrigens von 1960 bis 1965 Leiter des Islamischen Zentrums Hamburg. Nach der Revolution kehrte er in den Iran zurück und wurde dort zum Obersten Richter ernannt. Seine Gemeinde war bis 2004 Mitorganisator des antisemitischen Al-Quds-Tags.

Doch bevor Beheschti zur Sprache kommt, erhalten wir Leserinnen zunächst einmal islamische Berufsberatung durch Fatima und Mihriban Özoguz. Wir lernen, dass »der« Islam den Frauen empfiehlt, den Beruf der Frauenärztin möglichst nur Frauen zu übertragen. Wo und wann »der« Islam ihnen das verraten hat, bleibt das Geheimnis der Autorinnen. Aber sie erklären wenigstens, dass es fast keinen Beruf gibt, der nicht von beiden Geschlechtern ausgeübt werden darf. »Selbst wenn es nicht immer sinnvoll oder ästhetisch ist.« Nun, wenig ästhetisch sähe Pole Dance beispielsweise aus, wenn jemand das nicht wirklich beherrscht. Erfordert schließlich eine große Geschicklichkeit, und mit Tschador rutscht Frau sicher viel zu schnell an der Stange zu Boden und zieht sich womöglich schmerzhafte blaue Flecken zu, die dann ungerechterweise dem Göttergatten zugeschrieben werden könnten. Das dürfte in der Tat weniger ästhetisch aussehen. Aber weit wichtiger ist, dass uns erklärt wird, welche zwei Berufe es gibt, die »im Islam« den Männern als Last auferlegt werden: »Der Imam und Richter, wobei beide ›Berufe‹ direkt miteinander zusammen hängen. Stellt man die Frage, warum eine Frau denn jene Berufe nicht ausüben dürfe, so wird davon ausgegangen, als wenn jemand den Wunsch haben sollte, jene schwere Lasten auf sich zu nehmen. Eine Person aber, die von sich aus den Wunsch hat, solch eine Last zu tragen, ist ohnehin nicht geeignet für solch eine Verantwortung, unabhängig davon, ob es sich um einen Mann oder eine Frau handelt.«[37] Also sucht sich »der« Islam seine Richter offenbar selbst aus. Kommt auf einen Tee vorbei und ernennt den armen selbstlosen Mann. Irdische Männer haben es wirklich nicht leicht.

Aber warum dürfen Frauen kein Richteramt bekleiden? Darauf antwortet der Ayatollah: »Die Frage, ob die Frau Richterin sein kann oder nicht, gehört zu den Themen, die das islamische Recht betreffen. Entsprechend der Entscheidung der überwiegenden Mehrheit der islamischen Gelehrten, der sunnitischen wie auch der schiitischen, kann eine Frau das Amt der Richterin nicht ausüben, wonach sich auch heute unsere islamische Gesetzesordnung richtet.«[38]

Wie praktisch, dass sich Jahrhunderte zuvor der *'ilm al-ridschal* (die Wissenschaft der Männer) durchgesetzt hat. Darauf lässt sich als Mann ohne Eigenverantwortung bis heute ganz vortrefflich zurückgreifen – weil die Männer das damals halt so festgeschrieben haben. Kann Mann auch nix dagegen machen. Und Muslim, allen voran Islamist, will sich erst gar nicht vorstellen, eine Frau richten zu sehen. Schließlich sei ein Richter eine Autoritätsperson. So 2015 der führende Islamistenanwalt Nabih al-Wahsh beim ägyptischen Sender Sada Al Balad TV zum Thema Frauen und Richteramt. Seine größte Sorge galt dabei ihrer Menstruation. Trotz saugfähiger Tampons und Binden heutzutage grauste es ihm vor der Vorstellung, dass Frau ihm eine Fatwa ausstellen könnte, während sie menstruiert.[39] Was offenbar so aufwühlend für ihn war, dass er es, aufgebracht mit den Armen fuchtelnd, gegenüber zwei Damen in der Sendung brüllte. Er zeigte sich wieder einmal von seiner schönsten und zivilisiertesten Seite.

Den Propheten nahm er sich dabei in keiner Weise zum Vorbild, obwohl gerade Islamisten ihre Liebe zu ihm so überbetonen, als ginge es um den Wettstreit, wer den Gesandten Gottes am meisten liebt. Laut Überlieferungen soll er sanft und ruhig gesprochen haben und nicht wie dieser Wahsh. Und er soll sich nicht vor einer menstruierenden Frau gefürchtet oder geekelt haben. Aischa berichtete: Als sie während ihrer Menstruation Wasser aus einem Krug trank, nahm der Prophet den Krug und suchte die Stelle, wo ihre Lippen den Krug berührten, um von derselben Stelle zu trinken.[40]

Offenbar konnte Wahsh einfach nicht anders. Denn sein Name ist Programm. Wahsh bedeutet auf Arabisch Ungeheuer. Die Vergabe der Nachnamen ist vor allem durch die Kolonisierung eingeführt worden, und wer nicht über ein Stammbuch und einen Nachnamen verfügte, wählte etwas aus, das zur Person passte. Meist zauberten die Personen selbst oder das Meldeamt aus der Berufstätigkeit oder eben einer Eigenschaft den Nachnamen. Und wenn Frauen jetzt auch noch Richtersprüche geben dürfen, dann kann Mann sich nur aufregen. Das geht wirklich zu weit. Vor allem, weil der arme Mann von Welt nichts gegen den vermeintlichen Willen Gottes unternehmen kann. Was machen wir Frauen auch immer so einen Wind um das Thema Gleichberechtigung!

Auf die Frage, ob der Koran darüber Auskunft gibt, warum Frau das Recht zur Rechtsprechung nicht erlaubt ist, antwortet Mullah Beheschti: »In den Versen des Heiligen Qur'ans wird dieser Punkt nicht erörtert, jedoch aus einigen Überlieferungen ist im Zusammenhang mit dem Thema ›Richten und Richteramt der Frau‹ zu erfahren, dass der Frau das Amt einer Richterin nicht aufgelastet wird, und unsere Rechtsgelehrten haben sich allgemein auf die Überlieferung berufen, gemäß denen eine Frau nicht Richterin sein kann. (…) Wenn im Hinblick auf ein besonderes Amt eine derartige Bestimmung für die Frau gilt, und diese Aufgabe dem Verantwortungsbereich des Mannes zugeordnet wird, so darf dieses nicht als Diskriminierung oder als Minderbewertung der Frau verstanden oder interpretiert werden.«[41]

Nein, das darf es wirklich nicht. Wie ungerecht wäre dies auch. Denn aufpassen! »Die Geschichte des Lebens einer Frau und eines Mannes in der Gesellschaft ist nicht die von identischen Leben. Es ist die Geschichte gegenseitiger, gleichwertiger und ausgleichender Rechte. Das heißt, der Mann besitzt diese Rechte, die Frau jene! In ihrer Gesamtheit, im Ergebnis sind sie gleichwertig (…). Zum Beispiel hat die Frau das Recht, dass für ihren Lebensunterhalt gesorgt wird, und der Mann ist verpflichtet, diesen zu sichern und bereitzustellen. Können wir deshalb sagen: Du Mann, dieses widerspricht der Gleichberechtigung zwischen Mann und Frau!?«[42]

Nein! Natürlich nicht! Der Mann kümmert sich doch schon. Auch Konrad Adenauer fand, dass Frauen das Herz der Familie seien und deshalb im Inneren schlagen sollten. Herzerwärmend seine Worte. Vor allem auch deshalb, weil es nie zu Gewalt, Unterdrückung und unfairer Rechtsprechung kommt, wenn in einer Ehe mal ganz unerwarteterweise alle Stricke reißen. Vielmehr müssen wir Frauen endlich begreifen, wie das mit der Gleichberechtigung gemeint ist. Nicht wie wir verwirrten Hühner das immer dachten. »Denn, wie könnte erwartet werden, dass die Frau, welche viele Monate ihrer besten Lebensjahre schwanger ist und über eine lange Zeit hinweg die Fürsorge für ihre Kinder zu tragen hat, welches in völlig natürlicher Weise geschehen muss, selbst für ihren Lebensunterhalt sorgen müsse? Es ist völlig natürlich, dass dieses zum Verantwortungsbereich des Mannes gehört.«[43]

Das klingt alles so frauenfreundlich, dass nur Beheschtis ausschweifende Erläuterung zu kritisieren ist.

Wer braucht da bitte Frauenemanzipation? Das konnte 1934 nur Hitler, für den bekanntlich viele Islamisten Bewunderung hegen, auf dem NSDAP-Reichsparteitag so erklären: »Das Wort von der Frauenemanzipation ist ein nur vom jüdischen Intellekt erfundenes Wort. Wir empfinden es nicht als richtig, wenn das Weib in die Welt des Mannes eindringt, sondern wir empfinden es als natürlich, wenn diese beiden Welten geschieden bleiben.« Und so bleibt auch die iranische Frau nach der Revolution, die sie tatkräftig unterstützte, auf der Strecke. Die neuen Herrscher geben seither den Ton an. Mit der Unverfrorenheit, ihr Handeln als göttliche Vollstreckung auf Erden zu bezeichnen.

Nach der iranischen Revolution waren es vor allem Frauen, die ihre Arbeitsplätze räumen mussten, um die zahlreichen arbeitslosen Männer in Lohn und Brot zu bringen. Wie von Zauberhand waren die Arbeitslosenzahlen halbiert. Aber klar, der Platz der Frau war doch eher daheim. Duschudscheh Kabab, Shirin Polo und Mirsa Ghassemi kochen sich schließlich nicht von allein.

Ausnahmen gewährten die Herren trotzdem. Immer dann, wenn es in ihr Weltbild passte. Schließlich gilt die Geschlechtertrennung, und irgendwer muss sich auch mit den Frauen beschäftigen. Also braucht es Gynäkologinnen, Kosmetikerinnen oder Damen für die Sittenpolizei. Die Einhaltung der islamischen Kleidervorschriften wird von Organisationen wie der Revolutionsgarde, den Basij-Milizen oder Ansare Hisbollah kontrolliert. Jetzt, da der Schleierzwang die Frau »beschützt«, muss auch sichergestellt werden, dass der Schleier sie rund um die Uhr auf der Straße »behütet«. Wer seinen Schleier, der ab 1979 zur Pflicht wurde, nicht vorschriftsmäßig trug, hatte ernste Probleme.

Heute sind die iranischen Frauen modisch gekleidet und geschminkt. So manches Tuch rutscht schon fast vom Kopf. Die Frauen und Mädchen testen ihre Grenzen aus. Doch die Lockerung war nur ein laues Lüftchen. Denn 2015 verkündete Nasrullah Pejmanfar, Sprecher der parlamentarischen Kommission für Kultur und Rechtsangelegenheiten, dass Frauen, wenn sie beim Autofahren ihr Kopftuch abnehmen oder auf andere Weise die Kleidervorschriften missachten, künftig mit einem Bußgeld in Höhe von 100 000 Tuman, umgerechnet etwa 30 Euro, bestraft werden. Damit auch nichts übersehen wird, sollen die Ordnungskräfte künftig mit dem Verband der Textilhersteller die Kontrollen durchführen. Sonderbeauftragte sollen Bekleidungsfabriken und Geschäfte strenger kontrollieren, damit sie keine Frauengewänder aus durchsichtigem Material verkaufen. Obwohl 2013 laut offiziellen Angaben insgesamt 593 590 Iranerinnen wegen Missachtung der Kleidervorschriften verwarnt wurden und 3672 von ihnen wegen »nicht islamgerechter Bekleidung« vor Gericht landeten, behauptet die Regierung allen Ernstes, dass Iranerinnen sich freiwillig verhüllen. Frau möchte meinen, dass diese Herren als Kinder einfach zu oft heiß gebadet wurden, wobei der letzte

Funken Verstand verdunstet ist. Oder ist es tatsächlich der Frauenhass, der sie antreibt, ihre eigenen Mütter, Tanten, Schwestern, Cousinen, Schwägerinnen, Töchter und alle anderen Frauen, mit denen sie keinen Verwandtschaftsgrad teilen, das Leben unnötig zu erschweren? Unweigerlich kommt mir Sure 33, Vers 58, in den Sinn: »Und diejenigen, die den gläubigen Männern und den gläubigen Frauen Leid zufügen für etwas, was sie nicht begangen haben, laden damit Verleumdung und offenkundige Sünde auf sich.«

Der Terror im Alltag, Armut, hohe Arbeitslosigkeit, hohe Drogenmissbrauchsrate waren und sind nicht so wichtig wie der Stoff, der eine Frau einwickelt. Der Amerika- und Israelhass führte nach dem opferreichen Irak-Iran-Krieg, der selbst minderjährige Jungen inklusive Paradiesversprechen mit 72 Jungfrauen in den Kampf schickte, zu Sanktionen, die erst 2015, nach dem Atomdeal, aufgehoben wurden. Wirtschaftlich wird dieses Land mit seinen jungen und wie kaum in einem anderen muslimischen Land gut ausgebildeten Bewohnern einen Aufschwung erleben. Ohne Zweifel konnte selbst die Gründung der Islamischen Republik die Wurzeln der alten Kulturnation Persien nicht zerstören. Die Kulturszene ist trotz der Tabus und Einschränkungen lebendig und höchst kreativ. Bekennende Muslime hierzulande könnten sich eine große Scheibe davon abschneiden, statt sich dogmatischen Regeln unterzuordnen und Kultur zu imitieren, statt nur darauf erpicht zu sein, Islamismus-Propaganda zu betreiben. Ob sich durch die Öffnung die Lage der Iranerinnen bessern wird, muss bezweifelt werden. Der klerikale Geist ist zu theokratisch und patriarchal, als dass sich etwas ändern dürfte. Doch der rebellische Geist vieler Frauen und die gute Bildung werden womöglich nicht ewig weiter alles erdulden, was Mann über ihre Köpfe hinweg entscheidet.

Herrscherinnen

Dass es im Koran keine Zeile darüber gibt, dass Frauen vom Richter- oder gar vom Herrscherinnenamt ausgeschlossen sind, führte in der Vergangenheit auch dazu, dass muslimische Gelehrte zu weniger machtbesessenen Schlussfolgerungen kamen, als es ihre Zeit und Situation vermuten lassen. Vielmehr sind die modernen muslimischen Zeitgenossen weit rückständiger und sexistischer als einem lieb sein kann. Obwohl auch Ibn Rushd der Meinung war, dass Frauen körperlich schwächer sind als Männer, kam er zum Ergebnis, dass Frauen in der Lage sind, die Kriegskunst zu erlernen. Es sei an dieser Stelle Aischa erwähnt, die mutig in den Krieg zog. Ibn Rushd bediente sich dabei eines Beispiels, das für die muslimische Welt weniger schmeichelhaft ist. Er machte es anhand der Hundewelt fest. Obwohl Hündinnen schwächer seien, seien sie ebenso wild wie ihre männlichen Artgenossen, wenn es darum gehe, Hyänen zu bekämpfen. Männer und Frauen entsprächen derselben Natur, und deshalb könnten Männer wie Frauen an denselben Dingen teilnehmen, unabhängig von jener Differenz, die sie erst zu diesen beiden Geschlechtern mache. Recht hat er! Wer sich heute umschaut, wird ihm nicht widersprechen. Frauen können dank der langen und kämpferischen internationalen Frauenbewegung alles lernen und werden und sein, was auch Männer lernen und werden und sind. Wenn auch nicht bis zur endgültigen Spitze, was viel mit der eigenen sozialen Herkunft und einigen privaten Entbehrungen auf dem Weg zu tun hat. Dennoch ist die Lage der Frauen hierzulande in keiner Weise mit anderen Regionen der Erde zu vergleichen.

Ibn Rushd kommt in seiner Zeit zur einzig logischen Feststellung in der Herrschaftsfrage: »Frauen von Intelligenz und guten Sinnes kann die Möglichkeit zugesprochen werden, politische

Autorität zu erlangen.«[44] Ansprüche, die umgekehrt leider nur allzu selten auf die Männer angewendet werden. Treffen beide Geschlechter eine Aussage, wird die männliche als glaubwürdiger erachtet. Wobei die Männerseilschaften nicht vergessen werden sollten, ein jahrhundertealtes Auffangnetz für Männer, die Karriere machen möchten, unabhängig davon, dass es je nach Jahrhundert und Tätigkeitsbereich auch schon mal sehr tödlich und gefährlich zugeht. Ein Spiel, das Frauen gleichermaßen beherrschen und damit einen weiteren Beweis dafür liefern, dass sie Männern weder im Friedlichen noch im Brutalen nachstehen.

Doch so wegweisend Ibn Rushds Denken auch war, solange zahlreiche Korangelehrte – damals wie heute – Frauen nicht einmal das kleine Imamat (Führungsauftrag) zugestehen – wie etwa das Leiten einer Moschee – konnte von einem großen Imamat nicht die Rede sein, so deutlich die Voraussetzungen auch sein mochten. Einer der wichtigsten Vorläufer der heutigen Soziologie beschäftigte sich im 14. Jahrhundert ausgiebig mit den Strukturen des Kalifats und auch damit, was jemand mitbringen muss, um sich für ein Herrscheramt zu eignen. Der 1332 in Tunis geborene und 1406 in Kairo verstorbene Gelehrte und Staatsbeamte Ibn Khaldun führte zu einer Zeit, da Europa noch weit von der Aufklärung entfernt war, die Rationalität ins Feld, mit der man die Welt betrachten solle. Den an anderer Stelle bereits zitierten Ibn Battouta kanzelte er als »Scheich aus Tanger« ab, vergleichbar etwa mit dem hiesigen Lügenbaron, seine Reiseberichte seien mit Vorsicht zu genießen, da sie nicht nachprüfbar seien. Allerdings sei auch nicht alles unglaubwürdig, was einem als unmöglich erscheine. Ohne die Rationalität, mit der man die Welt beurteilt, ginge es auch nicht. Ibn Khaldun fordert folgende Kriterien für einen Kalifen ein: *'ilm* (Wissen), *'adala* (Rechtschaffenheit) und *salamat al-hawas wa-l-a'ada* (Entscheidungsfähigkeit und körperliche Eignung).[45] Kurz zusammengefasst: Wer göttliche Gesetze ausführen soll, muss diese auch kennen. Um Rechtschaffenheit gewährleisten zu können, muss ein Leben ohne Exzesse und Zügellosigkeit führen, damit der Kalif weder zu *bid'a* (Neuerung) tendiert noch die *mahzuraat* (sittlichen Gebote) verletzt. Es handelt sich schließlich um ein geistliches Amt. Und zu guter Letzt sollte der Kalif weder blind, taub, verrückt noch stumm sein.[46] Welcher Kalif all diese Anforderungen tatsächlich erfüllte, bleibt wohl ein von Männern gut gehütetes Geheimnis. Sicher ist nur: Damalige Herrscher und heutige Islamisten, die das Ideal eines Kalifats herbeifantasieren – sei es auch als vermeintlich demokratisches Modell à la Muslimbruderschaft –, sie alle eint einzig und allein das Bedürfnis nach Macht und Einflussnahme sowie die Hoffnung auf unermessliche Privilegien.

Wer heutige Anhänger und Anhängerinnen des Kalifats betrachtet, sich mit ihnen unterhält oder ihre Schriften liest, wird ohne große Mühe ihre geistige Haltung feststellen. An dieser Stelle seien nur zwei der zahlreichen Titel zum Lesen empfohlen. Zum einen die *Einführung in das Verhältnis zwischen Muslimen und Nicht-Muslimen.* Zum andern: *Islamische Staatsführung – Feste Rahmenbedingungen und Möglichkeiten zur heutigen Umsetzung.* Letzteres wurde sogar von einer Frau verfasst. Die Widersprüche und augenscheinlichen Täuschungen sind unfreiwillig und auf sehr tragische Weise amüsant. So heißt es im ersten Titel zum Thema *dhimma*, einer Art Schutzvertrag für Nichtmuslime, die zusätzlich eine Steuer entrichten müssen: »Sie sind gegenüber den Muslimen keineswegs Bürger zweiter Klasse. (…) Was die Menschen- und Staatsbürgerrechte anbetrifft, sind sie den Muslimen völlig gleichgestellt. Da der Vertrag einen alles umfassenden Schutz garantiert, sind die Nichtmuslime vom Militärdienst befreit. Als Gegenleistung dafür verpflichten sie sich, in Dingen, die nicht die Religion betreffen, die Gesetze des islamischen Staates zu achten und die sog. ›Dschizya‹, eine Abgabe (...) zu entrichten.« Diese Bücher aus der DIdI-Reihe (Deutscher Informationsdienst über den Islam) dienten als Lektüre für den DAFK-Fernlehrgang, bis dieser durch den Verfassungsschutz unterbunden wurde. DAFK steht übrigens für Deutsch-Arabischer Verein zur Förderung von Religiöser Toleranz und Friedlicher Koexistenz zwischen den Kulturen. Die Betreiber müssen die Welt draußen für äußerst verblödet halten, dass sie tatsächlich glauben, es würde genügen, einfach nur Stichworte wie »Toleranz« und »Koexistenz« in ihre islamistischen Bestrebungen zu streuen, und alle würden erleichtert aufatmen und sie machen lassen. Diese Literatur dient aber nach wie vor auch Predigern in Moscheen oder Universitäten, wo muslimische Studentenvereine die Räume für diverse Vorträge buchen. Aber auch in jedem gut sortierten Islamistenshop sind diese Bücher und vor allem die Inhalte zu finden.

Von jenen halbgebildeten Kalifats-Einforderern besitzt niemand das Format, einen gerechten, irgendwie gearteten islamischen Staat zu führen. Es geht ihnen ausschließlich um uneingeschränkte Autorität. Und die Möchtegern-Kalifen, die in keiner Form dem Propheten das Wasser reichen können, möchten doch als seine Nachfolger wahrgenommen werden. Was umso widersinniger erscheint, wenn man bedenkt, dass der Prophet nie eine Nachfolge bestimmt hat. Und so würden die umtriebigen Verfechter nicht anders handeln als all die anderen Autokraten, die im Laufe der Geschichte der arabischen Staaten ihre Länder geißelten und heute noch geißeln. Wer, wie der Berliner Vorzeige-Imam Ferid Heider, der DIdI-Bücher nicht nur verkauft, sondern auch selbst eines über »Hadithwissenschaften« veröffentlicht hat und Ibn Taimiya oder den pakistanischen Islamisten al-Maududi als Gelehrte zitiert, sollte es mit seinen islamistischen

Vorträgen lassen und sich ein paar vertiefende Gedanken zu Demokratie und Frauenrechte machen. Vor allem sollte er die bildungsfernen Jugendlichen in Berlin nicht für dumm verkaufen und ihnen endlich mit mehr Respekt begegnen. Außer er glaubt tatsächlich, dass der Westen Muslime hasst, dass die Medien von Zionisten gesteuert werden und dass der Islam der Salafisten und Muslimbruderschaft das Heil bringt, während ich, die ich diese Zeilen verfasse, in den Augen dieser Anhänger vom Satan besessen und vom moralischen Weg abgekommen bin. Als Frau bin ich ja ohnehin Unruhestifterin, wie ich bei ihm lernen durfte. Die ihm folgen und seinen Worten Glauben schenken, die Kritiker als Verräter, keine richtigen Muslime oder was auch immer titulieren, werden nicht realisieren, wie wenig Achtung Heider und Konsorten vor ihnen hat und wie sehr er sie als zu manipulierende Mitläufer und Mitläuferinnen behandelt.

Auch das Kalifat war nie ein Hort der Gerechtigkeit von Gottes Gnaden. Das war es nur für die Herrscher und ihre Profiteure, und es wird heute nur von jenen romantisiert, die eigennützig ihre Ziele verfolgen oder hochgradig naiv sind. Die Furcht vor Machtverlust ist der Motor des Kalifats, was auch die Bedenken einiger muslimischer Denker und Gelehrten deutlich machen. Bedenken, die in einer Demokratie, wie wir sie in Europa leben, völlig unberechtigt sind. Muslime sind volle Staatsbürger, sie werden in keiner Form daran gehindert, ihre Religion zu praktizieren. Ganz im Gegenteil: Manche Forderungen, die einer islamistischen Lesart folgen, werden nicht nur gesetzlich berücksichtigt, ihre Vertreter sitzen sogar an Konferenztischen, etwa an denen der Deutschen Islam Konferenz oder bei den Landesministerien, und werden zum Teil mit Steuergeldern gefördert. Nicht der Islam der Toleranz, sondern der Totalität, Einfältigkeit und Frauenverachtung.

Doch was sagen eigentlich die muslimischen Denker zum Kalifat? Ahmad ibn Hanbal, der Gelehrte der hanbalitischen Rechtsschule, sah schon Unheil heraufziehen, sollte die Menschheit einmal ohne Kalifat auskommen müssen: »Die Fitna ereignet sich, wenn es keinen Imam mehr gibt, der die Angelegenheiten der Umma betreut.« Auch al-Ghazali sorgte sich um seine Geschlechtsgenossen: »Die Richter werden entlassen, die *wilayat* (Provinzen) aufgelöst, die Anordnungen der Befehlshaber können nicht mehr ausgeführt werden und die gesamte Bevölkerung wird sich dem Haram annähern.« Im Jahr 2003 bemühte Dr. Abdullah Al-Faqih, Vorsitzender des vom Religionsministerium Katars eingerichteten Fatwa-Zentrums, gar die Fatwa. Nr. 35219. »Während ihrer gesamten Geschichte, von der Zeit ihres Propheten – Allahs Friede und Segen über ihn – und seiner rechtgeleiteten Kalifen, sowie in den Epochen jener, die nach ihnen kamen, standen die Muslime – nahezu immer – unter einer allgemeinen Führung, nämlich der des islamischen Kalifats, bis der westliche Kolonialismus kam und die Länder der Muslime in einem Moment der Unaufmerksamkeit, während des Fehlens eines Wächters, besetzte.« Genau so war es, und nicht anders. Es gab keine Unterdrückung, keine *dhimma,* keine Sklavenhaltung, keinen Hunger, es gab weder fehlende Bildung noch technische, medizinische und gesundheitliche Rückständigkeit, und alle liebten es, vom Osmanischen Reich beherrscht zu werden. Geschichte ist nicht jedermanns Sache und wird gerne vereinfacht wiedergegeben.

Statt kritisch mit sich, den eigenen Führern und diesem Staatskonzept ins Gericht zu gehen, kamen viele Reformdenker vor und nach der Kolonialisierung nur zu dem Ergebnis, einem reaktionären Islamverständnis, dem Salafismus, zu folgen, um damit alle Probleme aus der Welt zu schaffen und zu alter Größe zurückzufinden. Unweigerlich fragt Frau sich, ob dieser Wunsch nach neuer alter Größe irgendetwas anderes kompensieren soll. Denn auffällig ist, dass von sexuell ausgelasteten und befriedigten Muslimen ohne Peniskomplex solche stupiden Forderungen und Sehnsüchte nicht gehegt werden. Der eine kauft sich einen Porsche, andere hängen vor lauter Minderwertigkeitskomplexen einem Großreich hinterher. Eine Nummer kleiner geht's nicht. Glaube kann bekanntlich Berge versetzen, doch gegen Dummheit ist genauso wenig ein Kraut gewachsen wie gegen narzisstische Frauenunterdrückung.

Totalitäre Machtgier und Brutalität gehen Hand in Hand, und so kann die Brutalität des IS in Syrien und Irak eigentlich kaum verwundern. Der IS führt seinen Kampf ums Kalifat lediglich mit moderner Waffentechnik. Es ist für zahlreiche Muslime ein wunder Punkt, anerkennen zu müssen, dass diese Ungerechtigkeit im Namen unserer Religion etwas mit unserer islamischen Geschichte zu tun hat. Den Nährboden hierfür haben Gelehrte geschaffen, deren Gedanken frustrierte und gewaltbereite Männer für ihre Perversionen missbrauchen. Wer heute noch das Kalifat als eine ideale Staatsform erachtet oder meint, ein Schariakonzept sei zeitgemäß und könnte auch demokratisch angewendet werden, oder was auch immer, der ignoriert die Abwehrhaltung der Mehrheitsbevölkerung, zu denen auch zahlreiche Muslime zählen, die sehr zufrieden in der Demokratie leben und sich auch nicht einreden lassen, dass sie Islamfeinde sind. Doch es ist ein Problem, dass jene friedlichen Muslime die Salafisten ignorieren, die den Koran kostenlos verteilen und suchende Jugendliche in ihren Bann ziehen. Zur Demokratie gehört es auch, bürgerschaftliches Engagement zu zeigen und demokratische Werte friedlich zu verteidigen. Es gilt, den Antidemokraten – seien sie nun Rechte oder Salafisten – ihre Grenzen aufzuzeigen. Wer heute noch immer Muslime als eine große vereinte Umma ansieht, in der alle gleich sind, alle dasselbe kulturelle und regionale Erbe teilen, der ist selbstgefällig und nicht weniger hegemonial ausgerichtet, als es einst die europäischen Kolonialmächte waren. Er ist zudem völlig ahistorisch und sieht etwa darüber hinweg, dass sich einige der osmanischen Provinzen vom Reich lösen und nicht von einem Kalifen fremdbestimmt und ausgebeutet sein wollten. Sei es das algerische, tunesische oder ägyptische Gebiet, um nur einige wenige zu nennen. Trotz der verbreiteten Idealisierung eines multikulturellen Reichs, das seine Untertanen sehr wohl in Kategorien einteilte. Eine gründliche Beschäftigung mit dem Osmanischen Reich tut daher gut. Alles andere wäre Geschichtsverfälschung.

Aischa oder das Recht auf Theologie

Kurz und knapp: Das Kalifat ist Menschenwerk, und Menschen sind fehlbar. Wenn überhaupt jemand nach dem Tod des Propheten einen Anspruch auf den Titel des Kalifen gehabt hätte, dann doch wohl Aischa. Vielleicht hätte sie im Laufe der Zeit kluge Antworten und Lösungen gefunden, ohne die lähmende Angst vor der *bid'a* zu verspüren. So weit ist es nicht gekommen, und der Gleichberechtigungsgeist, der aus den Offenbarungen spricht, fand kaum Eingang in die Interpretationen der islamischen Gelehrten. Es seien hier zwei Verse aufgezeigt, die explizit keine Unterschiede zwischen Mann und Frau machen. Sure 3, Vers 195: »Da erhörten sie ihren Herrn: ›Ich lasse kein Werk eines (Gutes) Tuenden von euch verlorengehen, sei es von Mann oder Frau; die einen von euch sind von den anderen.‹« Sowie Sure 40, Vers 40: »Wer etwas Böses tut, dem wird nur gleichviel vergolten. Wer aber rechtschaffen handelt, ob Mann oder Frau, und dabei gläubig ist, jene werden dann in den Paradiesgarten eingehen, wo sie versorgt werden ohne Abrechnung.« Wenn jemand einen Keil zwischen die Geschlechter schiebt, dann nicht Gott, sondern jene Männer, die sich anmaßten, das Zepter der Deutungshoheit ungefragt zu tragen.

Der 1372 geborene und 1449 in Kairo verstorbene Hadith-Wissenschaftler, Historiker und Professor an der Azhar-Universität Ibn Hadschar al-'Asqalani hielt in seinem Werk *Al-isaba fi tamiz as-sahaba* (Der Treffer bei der Unterscheidung der Prophetengefährten) fest, dass Aischa in Religionsfragen gelehrter war als alle anderen und über großes Wissen verfügte. Im Jahr 656 führte sie den ersten bewaffneten Aufstand gegen einen Kalifen an – gegen den vierten Kalifen Ali Ibn Abi Talib. Die Chuzpe musste Frau erst einmal haben in dieser Männerwelt, und es zeigt sich, was für eine mutige Persönlichkeit aus der einstigen Kinderbraut geworden ist.

Die Demokratie als eine ideale Staatsform anerkennen, was natürlich zu einem Bruch mit dem Kalifatskonzept führt, wollen nur all jene nicht, die an Autokratie interessiert sind und wie ein Kleinkind mit Biegen und Brechen ihren Willen gegen jede Vernunft und auch gegen zahlreiche islamische Quellen, die der Abkehr von einem Kalifat nicht widersprechen würden, durchsetzen wollen. Sie haben keine Argumente, zitieren willkürlich Hadithe, Koransuren und jene Gelehrten, die eine Reform zum Terror erst möglich gemacht haben. Und sie behaupten abgebrüht, dass das nicht ihr Wille sei, sondern allein der Gottes. Denjenigen, die das alles glauben, empfehle ich dringend eine inhaltlich breite und gründliche Auseinandersetzung mit der islamischen Geschichte. Wer dann noch glaubt, dass ein Kalifat das Paradies auf Erden sei, wo Gerechtigkeit waltet und die Menschen gleiche Rechte haben, dem sei gesagt, dass er sich diese Vorstellung schon jetzt abschminken darf. Muslimischen Gelehrten und Herrschern ist es in kürzester Zeit nach dem Ableben des Propheten gelungen, die Geschlechtertrennung zum sozialen und gesellschaftlichen Konzept durchzusetzen. Und in diesem Zusammenhang ist Demokratie in der Tat nicht mit »dem Islam« vereinbar. Denn in einer Demokratie gilt nicht: jeder hat seinen zugewiesenen Platz, sondern – weitaus weitsichtiger und fairer: Jeder hat das Recht auf jeden Platz. Durch die Frauenbewegung wurde es dann auch jeder Platz. Wer also lieber Hausfrau sein möchte, kann das ohne weiteres sein, aber es wird gleichzeitig keiner Frau verboten oder nur eingeschränkt, Richterin oder Präsidentin zu werden.

Vom Kalifen ist im Koran im Übrigen an nur zwei Stellen die Rede, und dies im Zusammenhang mit Adam und David. So heißt es in Sure 2, Vers 30 »Und als dein Herr zu den Engeln sagte: ›Ich bin dabei, auf der Erde einen Statthalter (chalīfa) einzusetzen‹, da sagten sie: ›Willst Du auf ihr etwa jemanden einsetzen, der auf ihr Unheil stiftet und Blut vergießt, wo wir Dich doch lobpreisen und Deiner Heiligkeit lobsingen?‹ Er sagte: ›Ich weiß, was ihr nicht wisst.‹« Vers 38 Sure, 26 lautet: »O Dawud (David), Wir haben dich zu einem Statthalter (chalīfa) auf der Erde gemacht. So richte zwischen den Menschen der Wahrheit entsprechend und folge nicht der Neigung, auf dass sie dich nicht von Allahs Weg abirren lässt, denn für diejenigen, die von Allahs Weg abirren, wird es strenge Strafe dafür geben, dass sie den Tag der Abrechnung vergessen haben.« Wer im Internet oder in islamistischen Publikationen auf übersetzte Verse stößt, die mehr Verse mit Kalifen/Kalifat aufzeigen, dem sei verraten, dass es im arabischen Original ausschließlich diese zwei Verse gibt. Wer also mehr Verse findet, ist verantwortungslosen Akteuren auf den Leim gegangen, die wissentlich »Nachfolger« falsch übersetzen.

Erfolgreich wird hingegen ignoriert, dass ohne die Frauen und Töchter des Propheten keine Machtansprüche möglich gewesen wären. Somit hätte auch Abu Bakr, der Vater Aisehas, nicht großspurig verkünden können: »Ich bin nicht der Kalif Gottes, aber der Kalif des Gesandten Gottes.« Geschweige denn, dass es nie Herrscher ohne die Empfängnis, das Austragen, die schmerzhafte Geburt und die Erziehung durch ihre Mutter gegeben hätte. Der männliche Samen ist so viel wert wie die Eizelle, die es nicht befruchtet. Nämlich nichts weiter als ein Klecks weiße, vertrocknete Kruste unter dem Fingernagel einer Helen Memel, wie es Charlotte Roche in *Feuchtgebiete* beschrieb. Um an dieser Stelle mal ein derbes und markantes Beispiel aus der jüngsten deutschen Literatur zu bemühen. Dass selbst koranische Tatsachen ausgeblendet werden, ist eine Meisterleistung der Ignoranz. So zitiert Ibn Rushd den Hofberichterstatter und Philosophen Ibn al-Khatib, dass die meisten religiösen Gesetze für Männer und Frauen gleichermaßen gälten. Dennoch werde das Wort im Koran an die Frauen nicht direkt erlassen, sondern in Form von Gleichnissen, weil Frauen keine Macht ausübten, da sie unter der Herrschaft der Männer stünden. Ibn al-Khatib ignoriert hierbei, dass eine direkte Ansprache sehr wohl stattfand. Er hätte hierzu nur den Koran aufschlagen müssen und beispielsweise die Sure 28, Vers 7, lesen müssen: »Und Wir gaben der Mutter Musas ein: ›Stille ihn. Und wenn du um ihn fürchtest, dann setze ihn in das Wasser und fürchte dich nicht und sei nicht traurig. Wir werden ihn dir zurückbringen und ihn zu einem der Gesandten machen.‹« Ebenso Sure 33, Verse 30 und 32: »Oh Frauen des Propheten, wer von euch etwas klar Abscheuliches begeht, derjenigen wird die Strafe verzweifacht. Und das ist Allah ein Leichtes.« Und: »Oh Frauen des Propheten, ihr seid nicht wie irgendeine von den (übrigen) Frauen. Wenn ihr gottesfürchtig seid, dann seid nicht unterwürfig im Reden, damit nicht derjenige, in dessen Herzen Krankheit ist, begehrlich wird, sondern sagt geziemende Worte.«

Dies hat Ibn al-Khatib entweder übersehen oder beflissentlich ignoriert, um den männlichen Machtanspruch aufrechtzuerhalten und ihn nicht mit dem anderen Geschlecht teilen zu müssen. Denn dieser Vers ruft die Frauen gar dazu auf, sich einzumischen. Kein Wunder, dass Ibn al-Khatib diesen Teil schneller unter den Tisch fallen lässt, als ein Brotkrümel auf die Erde sinken kann.

Verständlicher wird es ohne Zweifel, warum über die Jahrhunderte so erfolgreich die Frauen von islamischen Studien ferngehalten wurden. Auch, warum vor allem eine offene islamische Bildung der Frauen bis heute vernachlässigt wurde.

Jede halbwegs interessierte Frau hätte sich im Falle von Unterdrückungen, die islamisch begründet wurden und bis heute werden, den islamischen Quellen zugewandt. Um dies eigenhändig zu überprüfen – ohne Mittler, die ihre eigenen Interpretationen hinzufügen. Und es ist kein Zufall, dass muslimische Staaten über Jahrhunderte wenig bis nichts für die Verbesserung ihres Bildungswesens unternommen haben. Denn ein gebildetes Volk könnte die Legitimität der Herrschenden in Frage stellen, sie gar zum Einsturz bringen oder, im harmlosesten Fall, Reformen einfordern.

Für Frauen ist jedoch Bildung von weit größerer Bedeutung, da es sich auch auf ihre gesundheitliche Unversehrtheit auswirkt. Denn eine Frau, die aus vermeintlich religiösen Gründen geschlagen wird, die keine Chance zu Abtreibung oder Geburtenkontrolle erhält, die an ihrer Klitoris verstümmelt werden soll, erleidet psychische wie physische Qualen. So verwunderte es nicht, dass sich selbst weit im Alter fortgeschrittene Frauen nach ihrer Alphabetisierung, wie sie 1999 mit der Thronbesteigung des marokkanischen Königs Mohammed VI. landesweit und kostenlos eingeführt wurde, daran machten, den Koran zu lesen, um endlich selbstständig nachzuvollziehen, was ihre Väter, Brüder und Ehemänner ihnen ihr ganzes Leben über vorgemacht hatten. Selbst in der Türkei, wo die weibliche Analphabetenquote nur bei 9,87 Prozent liegt, sagt Nermin, 58, in einem Interview[47]: »Früher war alles nur auf Arabisch, die Predigt, der Koran – ich konnte nichts verstehen.« Necmiye, 45, sagt: »Vor drei Jahren haben sie die Moschee für uns Frauen geöffnet. Gott sei's gedankt. Zum ersten Mal habe ich eine Frau sprechen hören. Nun weine ich manchmal.« Einen emanzipatorischen Befreiungsschlag mit dem Koran, der von Muslimas schon mal als Gender-Dschihad bezeichnet wird, um den als hegemonial wahrgenommenen Feminismusbegriff zu umgehen, dürften sich von den Nichtmuslimen hierzulande nur die wenigsten vorstellen können. Vor allem, wenn jene Koran- und Islamskeptiker gerade noch eine der vielen IS-Horrormeldungen aus Syrien und Irak aus den Medien vernommen haben.

Dass es in der islamischen Geschichte am Ende ganze siebzehn muslimische Herrscherinnen gab, haben diese vor allem dem Umstand zu verdanken, dass sie entweder mit einem Herrscher verheiratet waren, dass sie die Mutter eines Herrschers waren oder einen Vater hatten, der darin keinen Widerspruch zum islamischen Erbe sah. Auffällig ist, dass sie nicht im arabischen, sondern im asiatischen Raum herrschten. Wie zum Beispiel die mamlukischen Sultanin Radija und Schadscharat ad-Durr oder die mongolische Qutlugh Chatun, die persischer Abstammung war. Auf den schönen Malediven herrschte die Enkelin Khadija des Sultan Salah ed-Din Salih al-Bendschalij, dieser Umstand hatte Ibn Battuta bei seiner Reise staunen lassen. Die türkische Historikerin Bahriye Üçök und die 2015 verstorbene, großartige marokkanische Soziologin Fatima Mernissi beschäftigten sich eingehend mit diesen und weiteren weiblichen Führungspersönlichkeiten. Auffällig, dass ihre Publikationen und die anderer wegweisender Autorinnen weder von hiesigen Islamfunktionärinnen noch von den jungen, in den Medien präsenten Muslimas zitiert oder empfohlen werden, selbst wenn sie explizit nach Namen gefragt werden. Lieber verweisen sie ausschließlich auf ihre Mitstreiterinnen, die sowohl den meisten nichtmuslimischen Dialogpartnern als auch Journalistinnen und Journalisten ebenso unbekannt sind wie ihre tatsächliche Haltung zur Emanzipation. Genauso wenig findet sich diese fundierte Lektüre in den einschlägigen »Islam-Shops«. Dabei kamen all diese Frauen weiter als ihre Wegbereiterin Aischa. Aber es erklärt auch, warum die islamistischen Reformer der Auffassung waren, dass der Untergang der islamischen Größe der Dekadenz und *bid'a* jener Herrscher und Gelehrten geschuldet war.

Mit Angela Merkel will jeder muslimische Verbandsvertreter ein Foto, damit avanciert sie gar zum Poster-Girl der eigenen Aufwertung. Endlich wenigstens in der Nähe der Macht.

Weniger reizend fänden sie eine Benazir Bhutto in ihren Herkunftsländern. Schließlich nehmen es die Herren Verbandsvertreter mit der Religion immer besonders genau. Außer sie ließe sich steuern und diente dem außenpolitischen Image.

Benazir Bhutto entstammt einer reichen Familie der Feudalaristokratie aus der Provinz Sindh und war die Tochter Zulfikar Ali Bhutto. Von 1971 bis 1973 war er pakistanischer Staatspräsident, danach Premierminister. 1977 putschte nach Protesten der Muslimliga und der Pakistan National Alliance (PNA) der Oberbefehlshaber der Streitkräfte General Mohammed Zia ul-Haq und inhaftierte Bhutto. 1979 wurde Bhutto trotz internationaler Proteste wegen angeblicher Anstiftung zur Ermordung eines Oppositionspolitikers gehängt. Benazir Bhutto unterstützte mit nicht einmal zwanzig Jahren ihren Vater als seine Assistentin. Mehr als ihre beiden Brüder, die ebenfalls eines gewaltsamen Todes starben. Nach dem Tod ihres Vaters wurde Benazir, die in Harvard und Oxford studiert hatte, unter Hausarrest gesetzt und durfte erst 1988 ins Exil nach Großbritannien ausreisen, von wo aus sie die Pakistan Peoples Party (PPP) ihres Vaters leitete. Nach dem Tod ul-Haqs 1988 kehrte sie nach Pakistan zurück, gewann die ersten demokratischen Wahlen im Land nach 1977 und wurde damit das erste weibliche Staatsoberhaupt eines muslimischen Staates.

Es dauerte nicht lange, bis die selbsternannten Hüter der Religion, die Islamisten, einen heiligen Krieg gegen sie ausriefen und hunderte Menschen sterben mussten. Wir erinnern uns. Nicht einmal Aischa wurde als gebildete, wichtigste Hadith-Übermittlerin im Islam und Ehefrau sowie Beraterin des Propheten politische Macht erlaubt. Warum dann also einer Pakistanerin, die im Ausland studiert hatte und von einem Großteil des Volkes gewählt wurde? So war das mit der Demokratie natürlich nicht gemeint!

1990 wurden Korruptionsvorwürfe gegen ihre Regierung erhoben, die sie bestritt und die in Pakistan nicht zur Anzeige kamen, aber 2003 zu einer Verurteilung in Abwesenheit in der Schweiz führte. Drei Jahre später wurde sie allerdings wiedergewählt, woraufhin die nächsten Korruptionsvorwürfe erhoben wurden. Ihr Weg führte sie ein weiteres Mal ins Exil. Diesmal nach Dubai. 2007 kehrte sie mit der Bestrebung auf eine Wiederwahl zurück. Diesmal in Konkurrenz zum amtierenden Präsidenten Pervez Musharraf, der in Doppelfunktion auch gleich Armeechef war. Obendrein mischte sich 2007 die Terrorgruppe Al-Qaida in die innere Politik des Landes und drohte mit Anschlägen, sollte Bhutto wiedergewählt werden. Es blieb nicht bei der Drohung.

Im selben Jahr wurden im November 139 Menschen bei einem Selbstmordanschlag getötet. Bhutto blieb unverletzt. Sie machte Anhänger des ehemaligen Militärmachthabers und Präsidenten Mohammed Zia ul-Haq dafür verantwortlich. Einen Monat später, auf einer Wahlkampfveranstaltung, starb sie bei einem Selbstmordanschlag mit 23 weiteren Opfern. Die Verantwortlichen wie die genaue Todesursache konnten bis heute nicht geklärt werden, auch weil wichtige Ermittlungsbeamte ebenfalls bei einem Attentat umkamen. Al-Qaida und der pakistanische Anführer der Taliban-Bewegung Tehrik-i-Taliban Pakistan (TTP) Baitullah Mehsud wiesen die Vorwürfe zurück, hinter dem Attentat zu stehen. Bekannt wurde zudem, dass Bhutto noch am selben Tag etwas höchst Brisantes bekannt machen wollte: Pläne des Geheimdienstes und der Wahlkommission über Fälschungen bei den Parlamentswahlen. Demnach wollte die damalige Regierung die Opposition einschüchtern und Krawalle in Wahllokalen organisieren und Wahllisten sowie Stimmzettel fälschen. Das Ganze wollte sie in Form eines Dossiers zwei US-Parlamentariern überreichen.

Politik und Machtspiele sind meist schmutzig und kosten vielen Menschen in so mancher Region das Leben. Da geht es Frauen gegenüber noch weniger zimperlich zu als Männern. Wenn Islamisten rufen, dass ein weibliches Staatsoberhaupt nicht mit »dem Islam« vereinbar ist und dass schon gar keine Kalifin geben kann, dann haben sie recht, weil ihre männlichen Vorgänger in der politischen sowie rechtlichen Zunft für Frauen erfolgreich die Tore zur Macht verschlossen hielten. Wer allerdings auf dieser religiösen Ebene argumentiert, darf auch nicht an Wahlen teilnehmen. Denn dieses Instrument entspringt der Demokratie, und die ist älter als der Islam, da sie im griechischen und römischen Reich bereits Anwendung fand. Aber sie ist eben nicht von den

Erfindern des Kalifats vorgesehen. Damit betreten wir nämlich wieder das verminte Terrain der *bid'a*.

Die Qualifikationen, die etwa Ibn Khaldun von einem muslimischen Herrscher fordert, bringen die wenigsten Herren mit, die einen Anspruch auf Macht erheben. Im Fall von Bhutto war Frau wie so oft weit besser qualifiziert als alle ihre Widersacher zusammen. Egal ob Musharraf, ul-Haq oder ihr Nachfolger von 1990 Nawaz Sharif vom Parteienbündnis Islamische Demokratische Allianz. Doch es werden alle möglichen politischen Werkzeuge genutzt, egal ob traditionell islamisch oder weltlich demokratisch oder kommunistisch, um Frauen an Einflussnahme zu hindern. Hauptsache, Mann kommt zu seiner Autokratie. Daher ist auch das Demokratieverständnis der Muslimbrüder nicht mit den althergebrachten islamischen Führungsaufträgen vereinbar. Vielmehr wird deutlich, dass das Werkzeug der Wahlen aus dem demokratischen Konzept ausschließlich dazu genutzt werden soll, um den Führungsanspruch zu gewährleisten und als zeitgemäß dem Westen gegenüber zu erscheinen. Da bringt es auch nichts, eine *shura* und eine *ahl al-hall wal-'aqd* zu bilden, die den Führungseid an den Herrschenden aussprechen. Der Rest des Volkes bleibt außen vor, so wie es in der Geschichte der Kalifen und der Gelehrten bedacht wurde. Wenn also erzkonservative Salafisten sagen, dass die Muslimbruderschaft *bid'a* betreibt und den traditionellen Islam verfälscht, dann kann dem nicht widersprochen werden. Die Muslimbruderschaft hat weniger Skrupel, alles, was genehm für ihre Ziele ist, in die islamischen Quellen hineinzuinterpretieren. Was zu den absurdesten Deutungen führt. Wie zum Beispiel, dass Analsex unter Männern im Dschihad erlaubt sei.[48]

Es wird die Aufgabe und Herausforderung unserer Zeit sein, als Frauen unser Recht auf islamische Theologie nicht nur einzufordern, sondern uns auch vertiefend und ohne islamistische Instrumentalisierung oder westliche Einflussnahme damit zu beschäftigen. Ohne dabei aufgrund unseres Geschlechts Schranken zugewiesen zu bekommen.

5. TRAUT EUCH! – EIN STRAUSS TABUS

Was lernen wir aus der islamischen Geschichte? Ohne uns Frauen wären die Herrscher, Gelehrten oder auch Kalifen nicht nur nicht geboren und aufgezogen worden, sondern auch in ihrem Treiben nicht besonders weit gekommen. So bedauerlich die Stärkung des patriarchalen Konstrukts auch ist, Hopfen und Malz sind hierzulande noch nicht verloren. Wenn selbst Muslimas in weniger rechtsstaatlichen Ländern sich trauen, für Emanzipation und Freiheit zu kämpfen, dann werden wir Muslimas es hier wohl auch noch hinbekommen, das Ruder wieder an uns zu reißen. Erinnern wir uns an die ersten Einwanderinnen in den 1960er- und 1970er-Jahren, die, aus Marokko, Tunesien oder der Türkei kommend, hier ein neues Leben begannen. Diese Zeiten waren weit frauen- und ausländerfeindlicher als heute. Auch wenn gegenwärtig weder Rassismus, Sexismus noch Diskriminierung aus der Gesellschaft vertrieben sind, stehen uns dennoch weit mehr Möglichkeiten der Entfaltung offen, als noch unserer (Groß) Müttergeneration. Der Wind weht nicht mehr so stürmisch wie zu Adenauers und Kohls Zeiten. Dass es in unseren Herkunftsländern nicht überall rosig zugeht, bedeutet nicht, dass wir unsere Lebensfreude begraben und uns einem Männerdiktat unterordnen sollten, weil sie uns angesichts der Weltlage ein schlechtes

Gewissen einreden wollen. Wir dürfen uns nichts mehr einreden lassen, das jeglicher Grundlage entbehrt. Wir sollten die Augen öffnen und jenen die Hand reichen, die Hilfe und Menschlichkeit suchen und auf uns besser Gestellte angewiesen sind. Egal ob wir dafür irgendwelche Bonuspunkte auf einem imaginierten Hassanat-Konto gutgeschrieben bekommen oder nicht. Es genügt zu wissen, dass keine gute Tat, wie im Koran beschrieben, je von Allah vergessen wird. Ich für meinen Teil kann aus langjähriger persönlicher Erfahrung bezeugen, dass einem nichts fehlt. Der Gedanke, auf Allah vertrauen zu können, gibt mir persönlich viel Sicherheit.

Vielleicht wäre es an dieser Stelle nicht unangebracht, einen Blick auf unsere monotheistischen Geschwister zu werfen. Während wir Muslime bei Wohltätigkeit von Zakat sprechen, heißt es bei den Juden Tzedaqa. Es verbindet uns wohl mehr, als viele uns einreden wollen. Und es täte manchen Muslimen gut, einen Blick auf die jüdischen Richtlinien zu werfen, statt auf irgendwelche Salafisten zu hören. Der jüdische Philosoph, Rechtsgelehrte und Arzt Maimonides, der um 1138 in Córdoba geboren wurde und sich um 1160 im marokkanischen Fes niederließ, bestimmte acht Richtlinien für die Tzedaqa. Unter anderem Hilfe zur Selbsthilfe leisten; so wohltätig sein, dass Spender und Bedürftige nicht voneinander wissen; genauso bleiben die Wohltäter dem Bedürftigen unbekannt. Es soll gegeben werden, bevor um Hilfe gebeten wird, und es soll gegeben werden, nachdem um Hilfe gebeten wurde, und zwar auf freundliche Art und Weise. Angesichts der Refugee-Welcome-Kampagne und jener muslimischer Akteure, die mit einer Extraportion Schmalz von ihrer Hilfsbereitschaft in sozialen Medien berichten, ein kostenfreier Tipp.

Doch bevor wir für irgendjemanden etwas zum Positiven verändern können, gilt es erst einmal, uns selbst in den Fokus zu stellen. Uns selbst zu lieben, darauf zu hören, was unsere wahren Wünsche und Bedürfnisse sind. Ob es tatsächlich unsere sind oder die der Gemeinschaft, Familie oder Gesellschaft. Uns so zu kleiden, wie wir uns wohlführen, sollte unser oberstes Credo sein, und wir dürfen uns von niemanden einreden lassen, dass wir ein paar Pfund abnehmen und uns lieber stylischer, attraktiver kleiden sollten oder eine bestimmte Weise gottgefälliger sei. So oberflächlich kann nur ein Mensch sein, nicht aber ein allmächtiger und barmherziger Gott. Warum auch?

Da Gott nicht oberflächlich ist und die Geschlechter in den Offenbarungen als gleichwertig berücksichtigt, warum sehen einige von uns dann dabei zu, wie andere leiden oder im Namen des Islam ausgegrenzt werden? Sollten wir nicht lieber damit beginnen, die Tabus, die sich mit den Jahrhunderten festgesetzt haben, zu durchbrechen? Warum sollen Muslime unter der Sturheit jener leiden, die Menschen erniedrigen und nicht bereit sind, sich weiterzuentwickeln? Nehmen wir das Thema Homosexualität. Wie kann es sein, dass Ender Çetin, der DİTİB-Gemeindevorsitzende der Berliner Sehitlik-Moschee, in Schulen geht und den Schülerinnen und Schülern erklärt, dass der Islam Homosexuelle nicht ausgrenzt und verdammt, nach dem Vortrag aber auf die Nachfrage der Schüler, was seine persönliche Meinung dazu sei, Homosexualität als ekelhaft bezeichnet? Wenn zwei Frauen sich küssen, sei das okay, zwei Männer hingegen – das sei abartig. Dies berichtete eine LGBT Beraterin und Lehrerin in Berlin. Warum betreiben muslimische Verbände Ausgrenzung und keine gründliche Auseinandersetzung mit diesem Thema? Es gibt genügend Untersuchungen hierzu. Aber nein, dafür wird auf der Verbandsseite halbherzig ein Text zum Thema veröffentlicht, den die wenigsten Muslime lesen und der offenbar nur dazu dient, Imagepflege gegenüber Nichtmuslimen zu betreiben. Die homosexuellen und transsexuellen Muslime sollen sich weiterhin verstecken und bloß nicht zu ihrer Sexualität als Muslime stehen.

Genauso wenig wird über Gewalt und Missbrauch aufgeklärt. Da muss erst der Neurologe Dr. Mimoun Aziz aus Düsseldorf seine Erfahrungen aus dem Klinikalltag öffentlich machen und den Verein Cultursensible Wohlfahrtspflege in Deutschland e. V. aufbauen. So berichtete er, wie junge Frauen und Mädchen von den eigenen Familienmitgliedern vergewaltigt und missbraucht werden und weder auf Unterstützung durch die Verbände noch durch ihre Gemeinde zählen können, weil diese das Patriarchat und die Täter schützen und von ihnen Schweigen einfordern. Nichts spezifisch Muslimisches. Doch diesen Mädchen, die nun auch noch glauben, eine Schande und eine Sünderin im Islam zu sein, wird ihre seelische Last weder von der Mutter noch von einem Imam genommen. Stattdessen bleiben sie sich selbst und einem Suizidversuch überlassen.

Warum wird in einer Gemeinde ein Arabisch-Lehrer gedeckt, der über Jahre hinweg seine Schülerinnen und Schüler missbraucht hat, wie mir eine der damals Betroffenen berichtete? Allein auf pädophile katholische Priester zu zeigen, löst das Problem nicht. Es stärkt nur das tabuisierende Umfeld, das sich gegen die Opfer stellt.

Warum werden in Gemeinden wie der IGMG Frauen ausgegrenzt, die ihr Kopftuch selbstbewusst ablegen? Und warum wird ein Austausch über dieses Thema blockiert, wie es der bundesweit bekannteste Fall von Emel Zeynelabidin zeigt? Ihre langjährigen Bemühungen um die Frauenbildung und die Gründung eines muslimischen Kindergartens in der Gemeinde werden ignoriert. Stattdessen wurde sie bezichtigt, vom Teufel besessen zu sein. Wer heute sagt, es ist in diesen Gemeinden viel in Bewegung, flunkert sich die Welt zurecht.

Warum werden Imaminnen wie Rabea Müller oder die amerikanische Amina Wadud, die gemischtgeschlechtliche Gebete leiten, nicht nur dem Spott ausgeliefert, sondern zu Ungläubigen erklärt? War doch die Urgemeinde eben nicht nach Geschlechtern getrennt, wie wir wissen. Warum dieser Hass? Zu viel Sex im Kopf, bei einem Gebet in Anwesenheit der Frau? Die Sexualisierung wird hiermit nur verstärkt, falls es diesen Geschlechterexperten entgangen sein sollte.

Warum soll es zudem bei den Forderungen einiger Muslimas bleiben, endlich einen größeren und sauberen Gebetsraum in einer Gemeinde zu erhalten? Warum so bescheiden? Eine Schmach, dass dies im Jahre 2015 noch Thema ist. Sollte die Verweigerung und Trägheit nicht langsam zu denken geben?

Wie kann es sein, dass bis heute Eltern und vor allem Gelehrte Frauen untersagen, einen Nichtmuslim zu ehelichen? Warum missachten sie die Offenbarung, Sure 2 Vers 221, die ausschließlich besagt, dass Frau wie Mann keinen Götzendiener ehelichen sollen? Warum werfen so viele Muslime einen Keil zwischen die Liebenden. Weil die Frauen der Gemeinde im Patriarchat gefangen sind, statt das Schweigen zu durchbrechen? Dass jene männlichen Verneiner darauf pochen, ist nur zu verständlich. Bequem und ohne sich weiterzuentwickeln, können sie aus einem großen Pool an Frauen fischen und ihre Töchter wie ein Faustpfand und Lockmittel im Zaum halten. Sie könnte der Gemeinde sogar noch einen zukünftigen Muslim bescheren, indem der zukünftige Gatte für sie konvertiert.

Dass unter diesen Umständen keine tatsächliche Auswahl für Frauen existiert, ist offensichtlich. Kein Wunder, dass sich so manch eine resigniert in ein dunkles Gewand hüllt, damit sie niemand mit ihrem idiotischen Ehemann zusammen erkennt. Die Geschlechtertrennung hat auch den Nebeneffekt, dass andere Frauen nicht sehen müssen, welchen Einfaltspinsel aus dem drögen Männerpool Frau ehelichen musste. Da bleibt die Hinwendung zu Gott allein der einzige Halt. Gäbe es ein Zölibat für Frauen im Islam, die Orden wären heute voll.

Während der Prophet seine Tochter Zainab, die mit dem bis zu seinem Tod unbekehrten Abu al-As ibn al-Rabi' verheiratet war, nicht von ihrem Ehemann trennte und keinen Keil zwischen ihnen trieb, erzählen ignorante Väter bis heute gar in die Fernsehkameras, dass sie ihre Töchter einfach nicht mit einem Deutschen – einem Nichtmuslim – verheiraten können. So sehr ihnen das auch leid tue. Das gehe einfach nicht, wegen der Religion. Was auch sonst. Belegen müssen sie ja nichts. Es gilt das männliche Wort. Es ist Zeit, den Tabuschleier zu lüften, und nicht weiter immerzu über Kopftuch- und Schleierverbote zu schwadronieren. Wenn zudem eine tuchtragende junge Frau nicht immerzu über ihr Kopftuch reden möchte, sollte sie sich vielleicht auch nicht öffentlich immerzu dazu äußern. Und wer keine anderen Probleme in der Gesellschaft sieht, als dass der IS ihr den Style gestohlen hat, dem scheint der Schleier offenbar nicht nur das Haupthaar, sondern auch den Verstand eingewickelt zu haben.

Allen anderen, die tatsächlich etwas verändern und Muslimen ein freies und selbstbestimmtes Leben bescheren möchten, rufe ich zu: Traut euch! Sprecht die Dinge an, die euch bewegen. Lasst euch nicht einschüchtern, weil ihr damit angeblich den Islam beschmutzt. Wir haben gelernt, dass dies ganz andere machen und in der Vergangenheit gemacht haben. Keine Einschüchterungen mehr! Geht euren Weg! Als Gläubige seid ihr Gottes Geschöpfe und geliebt. Egal was euch jemand einreden mag. Vergesst es! Lasst uns lieber die muslimische Gemeinschaft hierzulande beleben und sie in all ihren Facetten sichtbar machen und damit all jenen die Stirn bieten, die eine islamische Vielfalt bekämpfen.

Inspiration gibt es genug in unserem Erbe! Denkt weiter. Macht von eurem Verstand Gebrauch!

Keine falsche Scham mehr! Traut euch und durchbrecht das Schweigen. Viel zu lange schon sind Muslime weltweit in einer muslimischen Form des viktorianischen Sittenkodex gefangen. Vor lauter neidvoller Bewunderung des Westens und gleichzeitiger Passivität glaubten Herrscher, durch eine Adaption christlich-erzkonservativer Werte die eigene Rückständigkeit hinter sich lassen zu können. Doch der Westen erlangte keinen Fortschritt, indem er Homosexualität verbot und Frauen unterdrückte, sondern indem sich Menschen der Wissenschaft und Aufklärung zuwandten und Frauen für ihre Rechte kämpften. Und ich erinnere daran: Solch ein Einstehen und Einfordern ist nie ein Spaziergang, aber ihre Entbehrungen sind unser Gewinn an Freiheit. Für deren Erhalt und Weiterentwicklung sind wir alle gefragt. Egal welcher Konfession oder Nichtkonfession, welcher Hautfarbe, welchen sozialen Standes oder welcher sexuellen Vorlieben. Kosmetische Dekrete sind so sinnvoll, wie oberflächliches Putzen. Vielleicht sollten wir eher von einer viktorianischen Christianisierung des Islam sprechen, statt von der Islamisierung des Abendlands. Da liegt der Hund begraben und nicht umgekehrt! Führen wir erst uns, dann allen anderen unser emanzipatorisches Erbe vor Augen, damit wir alle gemeinsam in Frieden und Freiheit daran wachsen mögen. Keine Freiheit für die Feinde der Freiheit, um Louis Antoine Léon Saint-Just zu zitieren. Oder um den Koran zu zitieren: Seid nicht unterwürfig im Reden!

In diesem Sinne: Keine Ausreden mehr! Hade Yellah. Traut euch!

Quellenverzeichnis

Alle Koranstellen stammen von quran.com. Auf dieser Plattform ist der Koran in sämtlichen Sprachen – auch zum Anhören – verfügbar.

1 Warten auf Prophetin!

1. http://www.dailymotion.com/video/x2yju8s (zuletzt aufgerufen am 7.1.2016)
2. https://www.youtube.com/watch?v=gVDIXqILqSM (zuletzt aufgerufen am 6.1.2016)
3. https://www.youtube.com/watch?v=lKmV9zBENmg (zuletzt aufgerufen am 6.1.2016)
4. https://www.youtube.com/watch?v=xfh6pGGrdus (zuletzt aufgerufen am 1.7.2015)
5. Sure 49, Vers 13: »O ihr Menschen! Wir haben euch aus Mann und Frau (Adam und Eva) erschaffen und haben euch zu Völkern und Stämmen werden lassen, damit ihr euch kennenlernt. Der Edelste vor Gott ist der Frommste unter euch. Gottes Wissen und Kenntnis sind unermeßlich.«
6. Sahih Bukhari Volume 008, Book 075, Hadith Number 414
7. Ibn al-Dschawzi, Kitab ach an-nissa, Beirut 1981, S. 201-209
8. Erlaubtes und Verbotenes im Islam, Al Qaradawi, SKD Bavaria Verlag 1989, S. 25, http://www.way-to-allah.com/dokument/ErlaubtesUndVerbotenes-Qaradawi.pdf (zuletzt aufgerufen am 6.1.2016)
9. http://www.deutschlandradiokultur.de/der-europaeische-islam.1278.de.html?dram:article_id=192385 (zuletzt aufgerufen am 6.1.2016)
10. http://www.globalmbwatch.com/wiki/ingrid-mattson/ (zuletzt aufgerufen am 6.1.2016
    http://www.islamische-theologie.uni-osnabrueck.de/startseite/google_suche.html?q=mattson (zuletzt aufgerufen am 6.1.2016)
    http://www.globalmbwatch.com/2007/06/20/zainab-al-alwani-to-appear-on-islam-online/ (zuletzt aufgerufen am 6.1.2016)
    http://www.islamische-theologie.uni-osnabrueck.de/presse/newsletter/32015.html (zuletzt aufgerufen am 6.1.2016)
11. https://en.qantara.de/content/womens-rights-in-morocco-new-family-code-faces-many-hurdles (zuletzt aufgerufen am 6.1.2016)
12. Ebd.
13. La Charia incomprise, Ramadan, LeMonde, 10. September 2002. http://www.comores-online.com/mwezinet/religion/charia.htm (zuletzt aufgerufen am 6.1.2016)
14. Annali dell'Islam, Leone Caetani, Band III, Mailand 1910, S. 869-871.
15. Head to Head - Has political Islam failed? Al-Jazeera 2014, https://www.youtube.com/watch?v=cpmsqABAmCo (zuletzt aufgerufen am 6. 1. 2016)
16. http://www.orinst.ox.ac.uk/staff/iw/tramadan.html (zuletzt aufgerufen am 6.1.2016)
    http://www.orinst.ox.ac.uk/administration/grants/sheikh_hamad_bin_khalifa_al_thani_studentship.html (zuletzt aufgerufen am 6.1.2016)
    Herder Korrespondenz, Monatshefte für Gesellschaft und Religion – 1/201, Sprachrohr der Muslime im Westen, Tariq Ramadan und sein Konzept einer zeitgemäßen islamischen Ethik, von Hansjörg Schmid

17. https://www.youtube.com/watch?v=sUWjyaVXAzc (zuletzt aufgerufen am 6.1.2016)
18. Abdelwahab Meddeb, Die Krankheit des Islam, Unionsverlag, 2007, S. 23
19. http://www.tagesanzeiger.ch/schweiz/standard/Zentralrat-provoziert-erneut/story/12027559 (zuletzt aufgerufen am 6.1.2016)

2 Ein Islamverständnis richtet sich ein

1. http://saekulare-gruene.de/wp-content/uploads/2015/11/%C3%96zdemir_Beck_Islam-Papier.pdf (zuletzt aufgerufen am 6.1.2016)
2. İbrahim Alboğa, 16. Mai 2015, https://www.facebook.com/photo.php?fbid=10206739166743919&set=a.1592165010165.2084831.1417098400&type=3&theater (zuletzt aufgerufen am 6. 1. 2010)
3. MJD, Elterninfo, http://www.mjd-net.de/elterninfo (zuletzt aufgerufen am 6. 1. 2016)
4. Verfassungsschutzbericht 2014, https://www.verfassungsschutz.de/de/oeffentlichkeitsarbeit/publikationen/verfassungsschutzberichte/vsbericht-2014 (zuletzt aufgerufen am 6. 1. 2016)
5. https://www.verfassungsschutz.de/de/oeffentlichkeitsarbeit/publikationen/verfassungsschutzberichte/vsbericht-2014 (zuletzt aufgerufen am 6.1.2016)
6. https://www.muslimische-jugend.de/mjd-weist-anschuldigungen-des-bundesamtes-f%C3%BCr-verfassungsschutz-zur%C3%BCck (zuletzt aufgerufen am 6.1.2016)
7. https://www.verfassungsschutz.de/de/oeffentlichkeitsarbeit/publikationen/verfassungsschutzberichte/vsbericht-2014 (zuletzt aufgerufen am 6.1.2016)
8. Bundeszentrale für politische Bildung, 2007, http://www.bpb.de/gesellschaft/migration/jugendkultur-islam-und-demokratie/65219/jung-muslim (zuletzt aufgerufen am 6. 1. 2010)
9. Andrea Röpke, Andreas Speit, Mädelssache, Herder Verlag, 2015, S. 91
10. http://www.bpb.de/politik/extremismus/islamismus/36402/jugendorganisationen?p=all (zuletzt aufgerufen am 6.1.2016)
    Jusuf al-Qaradawi, Erlaubtes und Verbotenes im Islam, SKD-Bavaria Verlag, München 1989
11. Magazin ohne und gegen das Kapital – Jürgen Elsässer bringt »Compact« auf den Markt, Roland Gläser, Junge Freiheit, Nr. 49/10, 3. Dezember 2010
12. Frihet, Likhet og Det Muslimske Brorskap, Norway, Walid al Kubaisi, Christian Magnus, Dokumentation 2010
13. Ian Johnson, Die vierte Moschee: Nazis, CIA und der islamische Fundamentalismus, Klett-Cotta, 2011
14. Video-Interview mit Ian Johnson über »Die vierte Moschee«, 2011, https://www.youtube.com/watch?v=grp_SvCbZLs (zuletzt aufgerufen am 6. 1. 2016)
15. Islamforscher Uçar Pariser: Terrorakte haben theologischen Unterbau, Migazin, 2015, http://www.migazin.de/2015/01/15/islamforscher-ucar-pariser-terrorakte-unterbau/ (zuletzt aufgerufen am 6. 1. 2016)

16. Aiman Mazyek, Facebook, 18. Januar 2015, https://www.facebook.com/AimanMazyek2/posts/1452868068301838 (zuletzt aufgerufen am 6. 1. 2016)
17. http://islam.de/11062.php (zuletzt aufgerufen am 6.1.2016)
18. DW Nachrichten, Überraschungseffekt in Riad, 09. März 2015 http://www.dw.com/de/%C3%BCberraschungseffekt-in-riad/av-18303106 (zuletzt aufgerufen am 6. 1. 2016)
19. http://www.zeit.de/gesellschaft/zeitgeschehen/2015-02/mazyek-al-nur-neukoelln (zuletzt aufgerufen am 6.1.2016)
20. Abdul Adhim, Die Rechte des Ehemannes im Islam, https://www.youtube.com/watch?v=9bFLVlHwmIM (zuletzt aufgerufen am 7.1.2016)
21. http://daserste.ndr.de/guentherjauch/aktuelle_sendung/Unsere-Gaeste-,gaeste4962.html (zuletzt aufgerufen am 6.1.2016)
22. http://www.islam.de/1641.php (zuletzt aufgerufen am 6.1.2016)
23. https://fr.wikipedia.org/wiki/Jemaah_Islamiyah (zuletzt aufgerufen am 6.1.2016)
24. Abdul Adhim Kamouss spricht Klartext, 28. Juni 2015, http://www.tatjana-rogalski.de/abdul-adhim-kamouss-spricht-klartext/ (zuletzt aufgerufen am 6.1.2016)
25. Anne Will: Blutiger Nahost-Konflikt - Wer wird für die Eskalation verantwortlich gemacht?, ARD, 30 Juli 2014
26. http://www.zeit.de/2006/46/G-Holy-Holdings/komplettansicht (zuletzt aufgerufen am 6.1.2016)
27. Ebd.
28. http://www.n-tv.de/wirtschaft/So-funktioniert-Islamic-Banking-article14818631.html (zuletzt aufgerufen am 6.1.2016)

3 Schluss mit falschen Komplimenten

1. Thilo Sarrazin, Deutschland schafft sich ab, DVA Verlag, 2010, 1. Aufl., S. 24

2. Sure 24, Vers 31: Und sage den gläubigen Frauen, sie sollen den Blick niederschlagen und ihre Keuschheit wahren und ihre Zierde nicht zeigen, außer dem, was davon sichtbar ist, und sie sollen ihre Tücher über ihren Kleiderausschnitt ziehen und ihre Zierde niemandem zeigen außer ihren Ehemännern, ihren Vätern, Schwiegervätern, ihren Söhnen, Stiefsöhnen, ihren Brüdern, den Söhnen ihrer Brüder und ihrer Schwestern, den Frauen, mit denen sie Umgang haben, den Leibeigenen, den mit ihnen lebenden Männern, die Frauen nicht mehr begehren, und den Kindern, die noch kein Verlangen nach Frauen haben. Sie sollen den Boden nicht mit den Füßen schlagen, um verdeckten Schmuck bemerkbar zu machen. Kehrt alle reumütig zu Gott zurück, ihr Gläubigen, damit ihr Erfolg erzielt!«
   Sure 24, Vers 60: »Für die betagten Frauen, die nicht mehr zu heiraten hoffen, ist es kein Verstoß gegen die guten Sitten, wenn sie ihre Kleider teilweise ablegen, ohne sich durch Schmuck herauszuputzen. Wenn sie sich jedoch dessen enthalten, ist es für sie besser. Gott hört und weiß alles.«
   Sure 33, Vers 59: »O Prophet! Sage deinen Frauen, Töchtern und den Frauen der Gläubigen, sie sollen einen Teil ihres Überwurfs über sich herunterziehen. So werden sie eher erkannt und nicht belästigt. Gottes Vergebung und Barmherzigkeit sind unermeßlich.«

3. Wenn muslimische Mädchen weinen, Sonia-Iman Rassoul, Islamische Bibliothek, http://www.way-to-allah.com/dokument/Wenn_muslimische_Maedchen_weinen.pdf, S: 1 (zuletzt aufgerufen am 6.1.2016)
4. Ebd.
5. Ebd.
6. Ebd.
7. Farid Bang über die Erste Liebe. Und Spielsucht. (Part 5 – Hiphop.de), 2011, https://www.youtube.com/watch?v=FXYJE0K_o6w (zuletzt aufgerufen am 6.1.2016)
8. Farid Bang über Orgi und Vorbild 50 Cent (Part 9 – Hiphop.de) https://www.youtube.com/watch?v=fYC8Z6PBG-k (zuletzt aufgerufen am 6.1.2016)
9. SlutWalk Global – Next Station: Marokko, Gazelle Magazin, 31. Oktober 2011, http://www.gazelle-magazin.de/2011/10/31/slutwalk-global-next-station-marokko/ (zuletzt aufgerufen am 6.1.2016)
10. https://www.youtube.com/watch?v=3SumiF2sB90 (zuletzt aufgerufen am 6.1.2016)
11. Im wahren islamischen Leben wird alles gut?, taz, 08. März 2008, http://www.taz.de/1/archiv/print-archiv/printressorts/digi-artikel/?dig=2002/03/08/a0126 (zuletzt aufgerufen am 6.1.2016)
12. Ebd.
13. 100 Tage Präsident der Türkei. Erdoğan und wie er die Welt sieht, SPON, 5. Dezember 2014, http://www.spiegel.de/politik/ausland/Erdoğan-als-praesident-der-tuerkei-zitate-aus-den-ersten-100-tagen-a-1006618.html
14. Ebd.
15. Viel mehr als ein Stück Stoff, Der Standard, 21. Januar 2005, http://derstandard.at/1925226/Viel-mehr-als-ein-Stueck-Stoff (zuletzt aufgerufen am 6.1.2016)
16. Ebd.
17. Pressemeldung, 24. November 2015: Universität Osnabrück zeigt Fragmente der 800-jährigen Geschichte des Islams in Österreich, http://www.uni-osnabrueck.de/presse_oeffentlichkeit/presseportal/pressemeldung/artikel/universitaet-osnabrueck-zeigt-fragmente-der-800-jaehrigen-geschichte-des-islams-in-oesterreich.html (zuletzt aufgerufen am 6.1.2016)
18. Interview mit Tariq Ramadan, zenith, 16. Januar 2011, http://www.zenithonline.de/deutsch/gesellschaft/a/artikel/der-mainstream-hoert-mir-zu-001348/ (zuletzt aufgerufen am 6.1.2016)
19. Religionswissenschaftler Tarik Ramadan: »Muslime sollen aufhören, sich als Opfer zu inszenieren«, blick.ch, 03. Januar 2012, http://www.blick.ch/news/schweiz/religionswissenschaftler-tarik-ramadan-muslime-sollen-aufhoeren-sich-als-opfer-zu-inszenieren-id54600.html (zuletzt aufgerufen am 6.1.2016)
20. http://tariqramadan.com/blog/2005/04/05/an-international-call-for-moratorium-on-corporal-punishment-stoning-and-the-death-penalty-in-the-islamic-world/, (zuletzt aufgerufen am 8. 1. 2016)
21. Iqra TV (Saudi Arabia) – March 12, 2006, http://www.memritv.org/clip_transcript/en/1093.htm (zuletzt aufgerufen am 12.3.2006)

22. Divorcing a Wife Who Refuses to Wear Hijab, Question, Should the husband divorce his wife if she refuses to wear hijab? Islamonline.net, 11. Dezember 2003, http://islamonline.net/servlet/Satellite?pagename=IslamOnline-English-Ask_Scholar/FatwaE/FatwaE&cid=1119503547698 (zuletzt aufgerufen am 6.1.2016)
23. Riyad us-Salihin Nr. 279
24. Kopftuchdebatte: Im Schutz des Tuches, Zeit Online, 11. Dezember 2003, http://www.zeit.de/2003/51/Kopftuchlehrerinnen_2f_Klenk (zuletzt aufgerufen am 12.3.2006)
25. Birgit Rommelspacher, Rechtsextremer Feminismus – und wir?, hallozenoGene Textsammlung, S. 3
26. Ebd.
27. Islam in een ontzuilde samenleving, Hg. Ria Lavrijsen, Amserdam, Koniglijke Instituut voor de Tropen, 1996, Azza Karam, Muslimischer Feminismus oder die Frage des Dazwischenseins (übersetzt von Dr. Susanne Hagemann)
28. al-Qaradawi, Al-Jazeera, 2010, https://www.youtube.com/watch?v=U2Wg_4IIKe0&feature=related (zuletzt aufgerufen am 12.3.2006)
29. http://www.deutschlandfunk.de/berlin-kopftuchstreit-in-neukoelln.1769.de.html?dram:article_id=322236 (zuletzt aufgerufen am 6.1.2016)
30. Streit in Neuköllner Bezirksamt, Betül Ulusoy will mit Kopftuch Karriere machen, Tagesspiegel, 05. Juni 2015, http://www.tagesspiegel.de/themen/reportage/streit-in-neukoellner-bezirksamt-unsere-gebete-sind-sehr-koerperbetont/11871848-2.html (zuletzt aufgerufen am 12.3.2006)
31. Muslimische Männer – nur Helden in Computerspielen, 06. April 2015, http://betuelulusoy.com/2015/04/06/muslimische-manner-nur-helden-in-computerspielen/ (zuletzt aufgerufen am 6.1.2016)
32. https://www.youtube.com/watch?v=xb5s9yOSuxs&list=PL5EC7B95650BB84C9&index=2 (zuletzt aufgerufen am 7.1.2016)
33. http://www.globalmbwatch.com/2012/08/08/exclusive-family-member-of-hamas-operatives-claims-new-stage-of-islamophobia/, (zuletzt aufgerufen am 8. 1. 2016)
34. https://www.facebook.com/pages/One-Million-Hijabs-for-Shaima-Alawadi/137306256397032 (zuletzt aufgerufen am 6.1.2016)
35. http://www.tabletmag.com/jewish-news-and-politics/116732/falling-for-a-hate-crime-hoax (zuletzt aufgerufen am 6.1.2016)
http://religion.blogs.cnn.com/2012/04/05/my-take-my-hijab-is-my-hoodie/ (zuletzt aufgerufen am 6.1.2016)
http://www.weeklystandard.com/article/hate-crime-wasnt/663530 (zuletzt aufgerufen am 6.1.2016)
36. https://www.facebook.com/islamrat/photos/pb.144407108981837.-2207520000.1451984812./828520327237175/?type=3&theater (zuletzt aufgerufen am 6.1.2016)
37. Islamischer Zentralrat Schweiz (IZRS), 29. August 2015, https://www.facebook.com/islamrat/photos/a.886898824732658.1073741936.144407108981837/886898974732643/?type=3&permPage=1 (zuletzt aufgerufen am 6.1.2016)
38. http://www.gaystarnews.com/article/muslim-cleric-who-says-gays-are-worse-animals-has-uk-uni-tour-axed071113/#gs.qd_qšc8

http://www.independent.co.uk/student/news/universities-cancel-muslim-cleric-s-speaking-tour-over-concerns-about-his-anti-gay-views-8927902.html (zuletzt aufgerufen am 6.1.2016)

39. http://www.vereint-im-islam.de/mohammed-naved-johari/ (zuletzt aufgerufen am 6.1.2016)

40. Mohammed Naved Johari, 4. Dezember 2015, https://www.facebook.com/monajode1/posts/1682695778642085?pnref=story (zuletzt aufgerufen am 6.1.2016)

41. https://www.facebook.com/vereint.im.islam/photos/a.268089269979700.61403.131832053605423/488294864625805/?type=3&permPage=1 (zuletzt aufgerufen am 6.1.2016)

42. Al-Daleel TV, 19. Februar 2010, https://www.youtube.com/watch?time_continue=6&v=pbCiDc9Li7k (zuletzt aufgerufen am 6.1.2016)

43. Kübra Gümüşay, 5 Januar 2013, https://www.facebook.com/kuebraguemuesay/photos/a.407855109246921.97300.407846949247737/519016844797413/?type=3&permPage=1 (zuletzt aufgerufen am 6.1.2016)

44. Zündfunk Netzkongress 2015, br.de, 10. Oktober 2015, http://www.br.de/mediathek/video/zuendfunk-netzkongress-2015-guemuesay-interview-102.html (zuletzt aufgerufen am 6.1.2016)

45. http://www.bpb.de/politik/extremismus/islamismus/36356/antisemitismus-im-islamismus?p=all (zuletzt aufgerufen am 6.1.2016)

[redacted]

47. http://www.taz.de/!5099569/ (zuletzt aufgerufen am 6.1.2016)

48. Amr Khaled, Dream 2 TV, 10. Mai 2008, https://www.youtube.com/watch?v=1M-54VYnyfGE (zuletzt aufgerufen am 6.1.2016)

49. Zentralrat der Muslime, 04. Oktober 2013, http://www.zentralrat.de/22920_print.php (zuletzt aufgerufen am 6.1.2016)

Djerba-Anschlag: Zentralrat der Muslime gerät ins Zwielicht, Die Welt, 06. Mai 2003, http://www.welt.de/print-welt/article692435/Djerba-Anschlag-Zentralrat-der-Muslime-geraet-ins-Zwielicht.html, (zuletzt aufgerufen am 6.1.2016)
http://www.stern.de/investigativ/projekte/terrorismus/christian-ganczarski-osamas-deutscher-general-3148976.html, (zuletzt aufgerufen am 8. 1. 2016)

50. Mit dem Koran für Gleichberechtigung, Deutschlandradio Kultur, 27. Juli 2014, http://www.deutschlandradiokultur.de/muslime-mit-dem-koran-fuer-gleichberechtigung.1278.de.html?dram:article_id=292707 (zuletzt aufgerufen am 6.1.2016)

51. Rolle der Imame – Umfassende Fähigkeiten, Hintergrund: Die Rolle der Imame in den Moscheen ist einer der wichtigen Punkte für Muslime in Deutschland , meint Yasin Alder, Islamische Zeitung, 01.August 2007, http://www.islamische-zeitung.de/iz3.cgi?id=9137

4 Wieder übergehen lassen? Nein, danke!

1. Sure 2, Vers 236: »Es ist keine Sünde für euch, wenn ihr euch von den Frauen scheiden laßt, die ihr noch nicht berührt oder für die ihr die Brautgabe noch nicht ausgesetzt habt. Ihr habt sie aber wohlwollend mit einer Gabe zu versorgen, jeder seinen Möglichkeiten entsprechend, der Reiche gemäß seinem Reichtum und der Arme gemäß seinen beschränkten Mitteln. Das ist eine Pflicht für die Rechtschaffenen.«
2. http://www.telegraph.co.uk/news/worldnews/middleeast/saudiarabia/11419428/Watch-Saudi-cleric-tells-students-Earth-does-not-rotate.html (zuletzt aufgerufen am 6.1.2016)
3. Arnulf Zitelmann, Doro Göbel, Widerrufen kann ich nicht. Die Lebensgeschichte des Martin Luther, Beltz & Gelberg, 2013, S. 111
4. Tilman Seidenstricker, Islamismus, C.H. Beck Wissen, 2015, S. 9
5. Sure 2, Vers 62: »Die Gläubigen, Juden, Christen, Sabäer und diejenigen, die an Gott und den Jüngsten Tag glauben und gute Werke verrichten und sich eines guten Lebenswandels befleißigen, haben ihren Lohn bei ihrem Herrn. Sie brauchen keine Angst zu haben, und sollen nicht traurig sein.«
6. Die Neuen Rechten bei Pegida, 3sat Kulturzeit, 24. November 2015, http://www.3sat.de/mediathek/?mode=play&obj=55623 (zuletzt aufgerufen am 1.12.2015)
7. Rifāʻah Rāfiʻ Ṭahṭāwī, Karl Stowasser, Ein Muslim entdeckt Europa, Bericht über seinen Aufenthalt in Paris, 1826-1831, C.H. Beck, 1989
8. Ebd.
9. Tilman Seidenstricker, Islamismus, C.H. Beck Wissen, 2015, S. 41
10. Gamal al-Banna, al-hijab, dar al-fikr al-islami, Kairo 2002
11. Tilman Seidenstricker, Islamismus, C.H. Beck Wissen, 2015, S. 78-79
12. Unter Sisi haben wir unsere Menschlichkeit verloren, biber, 14. August 2015, http://www.dasbiber.at/blog/unter-sisi-haben-wir-unsere-menschlichkeit-verloren (zuletzt aufgerufen am 6.1.2016)
13. Ebd.
14. Abdelwahab Meddeb, Die Krankheit des Islam, Unionsverlag, 2007, S. 62
15. »Millî Görüş«-Bewegung, Verfassungsschutz NRW, http://www.mik.nrw.de/en/verfassungsschutz/islamismus/legalistische-organisationen/milli-goerues-bewegung.html (zuletzt aufgerufen am 6.1.2016)
16. Asharq al-Awsat, Interview mit Qaradawi, 19. Juli 2003 (engl. Übersetzung: http://www.memri.org/report/en/0/0/0/0/0/0/914.htm, zuletzt aufgerufen am 6.1.2016)
17. Zaynab al-Ghazali, A Woman of Strength, Jamaah Islah Malaysia, 2005
18. Ebd.
19. Majmû' Al-Fatâwa, 21/114
20. https://www.youtube.com/watch?v=7W_Q3CLh0lo (zuletzt aufgerufen am 6.1.2016)
21. Zaynab al-Ghazali, A Woman of Strength, Jamaah Islah Malaysia, 2005

22. Ägypten: Gewalt gegen Frauen, Weltspiegel ARD, 25. Juni 2015, http://www.daserste.de/information/politik-weltgeschehen/weltspiegel/sendung/wdr/2012/aegypten-158.html (zuletzt aufgerufen am 6.1.2016)
23. Abū Hāmid Muhammad ibn Muhammad al-Ghazālī, Neubelebung der Religionswissenschaften, S. 13
24. Ebd.
25. Bülent Uçar, 3 Dezmber 2015, https://www.facebook.com/bulent.ucar.5648/posts/536849553157968?pnref=story (zuletzt aufgerufen am 6.1.2016)
26. Al-Ghazālī, Neubelebung der Religionswissenschaften, Band 2, Von der Ehe, S. 24
27. 'Abbās Maḥmūd al-'Aqqād, al-Mar'a fi al-Qur'ān, S. 25
28. Ebd.
29. http://www.theguardian.com/commentisfree/2010/aug/29/saudi-arabia-ban-moroccan-women-stereotype (zuletzt aufgerufen am 6.1.2016)
30. http://www.moroccoworldnews.com/2014/08/136005/saudi-men-banned-from-marrying-bengali-pakistani-chadian-burmese-women/ (zuletzt aufgerufen am 6.1.2016)
31. Arabischer Sextourismus unter dem Deckmantel der Zeitehe, Die Welt, 02. Mai 2008, http://www.welt.de/welt_print/article1957353/Arabischer-Sextourismus-unter-dem-Deckmantel-der-Zeitehe.html (zuletzt aufgerufen am 6.1.2016)
32. http://www.foxnews.com/story/2007/06/03/iranian-minister-calls-for-temporary-marriages-to-fulfill-sexual-desires.html (zuletzt aufgerufen am 6.1.2016)
33. Islamic State Seizes Palestinian Refugee Camp in Syria, New York Times, 04. April 2015, http://www.nytimes.com/2015/04/05/world/middleeast/islamic-state-seizes-palestinian-refugee-camp-in-syria.html?_r=1 (zuletzt aufgerufen am 6.1.2016)
34. Iraj Parsinejad, A History if Literary Criticism in Iran. Bethesda 2003, S. 164
35. Abbas Milani, Eminent Persians. Syracus University Press, 2008, S. 949
36. Faszination Frau im Islam, eslam.de, http://www.eslam.de/manuskripte/buecher/faszination_frau_im_islam/faszination_frau_im_islam_warum_darf_eine_frau_keine_richterin_werden.htm (zuletzt aufgerufen am 6.1.2016)
37. Ebd.
38. Ebd.
39. Al-Kahera Wal-Nas TV, Sada Al Balad TV, 2015, http://www.memri.org/clip/en/0/0/0/0/0/0/5036.htm (zuletzt aufgerufen am 1.7.2015)
40. Sahih Muslim Book 003, Hadith Number 0590
41. Ebd.
42. Ebd.
43. Ebd.
44. Al Iqtisad fil Itiqad, S. 240
45. Ibn Khaldun, MuqKadima. Betrachtungen zur Weltgeschichte, C.H. Beck, 2011, S. 258
46. Ebd.

47. Vorbeten statt Nachbeten, sueddeutsche.de, 19. Mai 2010, http://www.sueddeutsche.de/politik/religionen-der-welt-vorbeten-statt-nachbeten-1.917824 (zuletzt aufgerufen am 6.1.2016)
48. Egyptian Cleric: Muslim Brotherhood Authorizes ‚Anal JIhad' for lonely Terrorists, breitbart.com, 11. Juli 2011, http://www.breitbart.com/national-security/2014/07/11/egyptian-cleric-muslim-brotherhood-sheiks-issued-fatwa-permitting-anal-jihad/ (zuletzt aufgerufen am 1.12.2015)

Glossar

A

Abaya, vollständig bedeckendes Kleidungsstück aus der Golfregion

Abbasidenreich, nach den Umayyaden die zweite Kalifendynastie und erstreckte sich in Teilen von Nordafrika, Türkei, Irak, Iran und der arabischen Halbinsel. Die Abbasiden herrschten von 750 bis 1258 und gehen auf den Prophetenonkel Al-Abbas ibn Abd al-Muttalib, zurück. Sie gehören zur Haschimitensippe, die heute noch in Jordanien und Saudi-Arabien herrschen.

ʾadala, Rechtschaffenheit

AFD, Partei Alternative für Deutschland

ahl al-hall wal-ʾaqal, Rat für Auflösung und Bildung

Ahmadiyya, islamische Reformbewegung aus Indien. Von Mirza Ghulam Ahmad in den 1880er-Jahren in Britisch-Indien gegründet

AKP, Adalet ve Kalkınma Partisi, deutsch Partei für Gerechtigkeit und Aufschwung, wurde 2001 in der Türkei gegründet. Politische Ausrichtung: Neo-Osmanismus (Islamisierung und imperiale Einflussnahme auf ehemals arabisch-osmanische Gebiete)

Alawiden oder Alaouiten, seit 1664 marokkanische Herrscherdynastie. Ihre Abstammung geht auf den Prophetenenkel Hasan ibn Ali zurück. Seine Nachkommen kamen im 13. Jahrhunderts aus dem Hedschas nach Marokko.

Alawiten, im 9. Jahrhundert im Irak entstanden religiöse Gruppierung, die sich zum schiitischen Spektrum des Islam zählt. Alawiten leben hauptsächlich in Syrien, Libanon und der Türkei. Nicht zu verwechseln mit Aleviten und Alawiden

Aleviten, Glaubensrichtung, die dem schiitischen Spektrum zugeordnet wird und auf das 13. Jahrhundert zurückgeht. Es gibt allerdings unterschiedliche Auffassungen über ihren Ursprung.

Almohaden, herrschten zwischen 1147 und 1269 über den Maghreb sowie al-Andalus und ist eine muslimische Berber-Dynastie. Sie misstrauten aufgrund ihrer Islamaufassung der Hochkultur von al-Andalus und vertrieben ihre Vorgänger, die Almoraviden. Ibn Rushd, den Philosophen und Arzt, in Europa bekannt unter dem Namen Averroes, verbannten die Almohaden wegen angeblicher Häresie.

al-salaf al-sahih, die frommen Altvorderen, darunter werden die ersten drei Generationen verstanden. Zu ihnen zählen alle, die für die Salafia-Bewegung relevante Kontakte (sahab – Gefährten) zum Propheten besaßen oder zu deren Nachfolgern (Tabiʾun).

Amir oder Emir, je nach Zeit und Kontext Befehlshaber, Fürst bzw. Prinz oder Gouverneur

ʿaqīdah, Glaubenslehre

B

Banū Hilāl, ein arabischer Beduinenstamm

Bidʾa, Neuerung

C

Chaarbi, marokkanisch für Volksmusik

D

Dar Al-'Ahd, Haus bzw. Gebiet des Vertrags. Dieser und folgende gehen laut al-Qaradawi auf den Gelehrten Ibn Hanbal zurück. Sie bezeichnen diverse Territorien, in denen Muslime leben, um entsprechende Anweisungen zu geben. Im dar Al-'Ahd haben sich Muslime solange sie keine politische Macht haben den Gesetzen der jeweiligen Regierung unterordnen.

Weitere:

Dar Al-Harb (Haus des Krieges) oder Dar Al-Kufr (Haus der Ungläubigen) ist die gewaltsame Bekämpfung der Regierung bzw. Gesellschaft je nach Leitfigur.

Dar Al-Islam (Haus des Islam) gilt als islamisches Territorium und Führungsherrschaft.

Darbuka, arabisch für Trommel

Darija, marokkanisches Arabisch

Da'wa, Ruf, Einladung zum Islamm bezeichnet die Missionierung und kennt verschiedene Formen. Die Islamische Weltliga und die Muslimbruderschaft betreiben *da'wa* mit einem Herrschaftsanspruch.

Derwisch(e) oder Sufi(s), Angehörige diverser muslimisch-asketischer Ordensgemeinschaften. Sie gelten allgemein für bescheiden und diszipliniert. Sie leben zum Teil in mönchisch zurückgezogener Askese.

Djellaba, vor allem in Marokko von Männern und Frauen getragenes langes, sehr traditionelles Gewand mit spitzer Kapuze.

Drusen, islamische Religionsgemeinschaft, die sich im 11. Jahrhundert von der ismailitischen Schia formierte. Sie leben heute vor allem im Libanon, Syrien, Israel und Jordanien.

Dschihadismus, militante Strömung des Islamismus und dient zur gewaltsamen Durchsetzung eines islamischen Staates.

Dschizya, eine von islamischen Herrschern auferlegte Steuer für nichtmuslimische Schutzbefohlene (*dhimmi*).

E

Euro-Islam, ein säkularer Islam in Europa. Er wurde vom syrischstämmigen Politikwissenschafter Bassam Tibi 1991 eingeführt.

F

Faqih, islamischer Rechtsgelehrter

Fatwa, Rechtsauskunft zu Lebens- und Rechtsfragen von Muslimen. Wird meist von Rechtsgelehrten erteilt.

Fitna, Unruhe oder Versuchung

Fuqaha', Mehrzahl von Faqih

G

Gender-Dschihad, gilt unter Muslimas auch als Alternativbegriff zum westlich dominierten und als paternalistisch empfundenen Feminismusbegriff. Gender-Dschihad ist die Bemühung, Geschlechtergerechtigkeit auf Grundlage islamischer Quellen zu fördern. Im Fokus stehen in erster Linie die Überwindung von Missständen innerhalb der muslimischen Gemeinschaft sowie die Partizipation und Anerkennung von kopftuchtragenden Frauen in mehrheitlich nichtmuslimischen Gesellschaften. Je nach Gruppierung kann Gender-Dschihad auch islamistisch konnotiert sein.

H

Hadith(e), Überlieferung der Prophetentradition sowie Aussagen Dritter aus seinem unmittelbaren Umfeld.

Haik, maghrebinischer weißer Schleier. Meist großes Tuch, in das sich Muslimas einwickelten.

Hadj/Hadja, männlich/weiblicher Ehrentitel für Mekka-Pilger und Pilgerinnen

halal, arab. erlaubt

Hamam, türkisches bzw. arabisches öffentliches Dampfbad

hanafitisch, Hanifiten, die am verbreitetste sunnitische Rechtsschule

hanbalitisch, Hanbaliten, sunnitische Rechtsschule

haram, arab. für verboten

Hasanat, darunter wird die Belohnung für gute Taten verstanden

Huddud, Grenze, Ende

I

'ilm, islamisches Wissen

Imam, je nach Kontext Anführer, Vorbeter, Vorsteher, gilt vor allem als Vorbild in einer islamischen Gemeinde

Imamiten, gilt als Synonym für die Zwölfer-Schiiten. Das Schiitentum kennt eine Rechtsschule, die der Zwölfer-Schia. Entstanden im 10. Jahrhundert im Irak. Demzufolge gibt es zwölf Imame, von dem der letzte in der Verborgenheit lebt, aber am Ende der Zeiten zurückkehren wird, um in Gerechtigkeit zu herrschen.

Iman, Glaube an Gott

Islamophobie, bezeichnet die Feindschaft gegenüber Muslimen und Islam. 1979 wurde diese Bezeichnung von Ayatollah Khomeini als Kampfbegriff etabliert. Alternative Begriffe sind Muslimfeindlichkeit, Islamfeindlichkeit oder antimuslimischer Rassismus. Letzterer Begriff ist ebenfalls umstritten, da der Zweifel besteht, ob Islamfeindlichkeit als eine Form von Rassismus betrachtet werden kann.

Ismailiten, auch Siebener-Schiiten genannt, berufen sich auf den Urenkel Ismail ibn Dschafar und spalteten sich infolge eines Nachfolgestreits von den Schiiten 765 n. Ch.

J

Ja'fariten, siehe Imamiten

Jama'ah, arab. Gemeinschaft

Junge Islam Konferenz, Dialogforum und Multiplikatorennetzwerk. Ein Projekt der Mercator Stiftung und Humboldt-Universität zu Berlin

K

Kaaba, quaderförmiges und mit einem schwarzen Überwurf bedecktes Gebäude in Mekka. Wallfahrtsstätte

Kadi, islamischer Richter bzw. Rechtsgelehrte im Auftrag des Kalifen

Kaissaria, überdachter marokkanischer Basar, nach Warengruppen geordnet

L

LGBT, Abkürzung für Lesben, Schwule, Bisexuelle und Transgender

M

Madhhab, arab. Rechtsschule

Mahr, Brautgabe

Marabout, kleine und regionale Wallfahrtstätten in muslimischen Ländern, wo lokale Heilige begraben liegen

Mediendienst Integration, Journalistendienst zu den Themenbereichen Asyl, Integration und Migration

Medina, arab. Altstadt sowie eine Stadt in Saudi-Arabien

Mekka, für Muslime heilige Stadt in Saudi-Arabien

Mindel, in Nord-West-Marokko von den Frauen getragenes Webtuch

Mullah, pers. Ehrentitel für islamischen Gelehrten

N

Nahda, arab. Wiedererwachen sowie islamistische Partei in Tunesien. Ableger der Muslimbruderschaft

O

Oud, Laute

P

Pegida, rechtspopulistische Bewegung Patriotische Europäer gegen die Islamisierung des Abendlandes

Q

Al-Qarawiyin-Universität, eine der ältesten Bildungseinrichtungen der Welt in Fes, Marokko. Gegründet von Fatima al-Fihri 859 n. Ch.

R

Reformsalafismus, Begriff durch den Islamwissenschafter Tariq Ramadan durch Selbstbezeichnung geprägt. Wird auch als Weg der Mitte/*oustania* verstanden.

S

Salafismus, rückwärtsgewandte und anti-moderne islamische Lehre der Altvorderen

salamat al-hawas wa-l-a'ada, Entscheidungsfähigkeit und körperliche Eignung

Scharia, Weg zur Wasserquelle. Wird fälschlicherweise oft von Muslimen und Nichtmuslimen als Gesetzestext verstanden.

Schiiten, s. Imamiten

Scientology, religiöse Bewegung aus den USA. Wurde vom Science-Fiction-Film- und Buchautor L. Ron Hubbard gegründet. Als Sekte eingestuft, wird sie zudem in Deutschland vom Verfassungsschutz beobachtet.

Shûra, Ratgebergremium

Shirk, Beigesellung, Götzendienst, Polytheismus

Souk, arab. Markt

T

Tarifit, Eigenbezeichnung für marokkanische Berbersprache neben Taschelhit und Tamazight

Taqīya, Vorsicht. Vor allem in der schiitischen Glaubspraxis ist bei Gefahr von Leib und Leben aufgrund der islamischen Religionszugehörigkeit erlaubt, die rituelle Pflichten zu missachten. Islamisten erweitern die Interpretation dahingehend, für die Sache der Islamisierung Lügen zu verbreiten bzw. ihr Gegenüber in die Irre zu führen.

Tauhid, Monotheismus. Glaube an die Einheit Gottes.

Tzedaqa, hebr. Wohltätigkeit

U

Umma, Verständnis von einer weltweiten muslimischen Gemeinschaft, die durch ihren Glauben vereint sind

'Ulamā, Religionsgelehrte

W

Wahhabismus, im 18. Jahrhundert gegründete sunnitisch-reaktionäre Islambewegung, die alle sunnitischen und schiitischen Rechtsschulen sowie den Sufismus ablehnt.

Z

Zwölferschiiten, s. Imamiten

Zakāt, obligatorische Almosenabgabe

Personenregister

Sachregister

W

Z